两希文明哲学经典译丛

包利民 章雪富 主编

强者的温柔
塞涅卡伦理文选

[古罗马]塞涅卡 著

包利民 李春树 陈琪 华林江 伍志萍 译

王之光 校

Philosophical Classics of Hellenistic-Roman Times

中国社会科学出版社

图书在版编目(CIP)数据

强者的温柔：塞涅卡伦理文选 /（古罗马）塞涅卡著；包利民等译. —北京：中国社会科学出版社，2017.8（2024.10 重印）

（两希文明哲学经典译丛 / 包利民 章雪富主编）

ISBN 978-7-5161-9785-1

Ⅰ. ①强… Ⅱ. ①塞…②包… Ⅲ. 伦理学—古罗马—文集 Ⅳ. B502.43

中国版本图书馆 CIP 数据核字（2017）第 018700 号

出 版 人	赵剑英
责任编辑	凌金良　陈 彪
特约编辑	韩国茹
责任校对	石春梅
责任印制	张雪娇

出　　版	中国社会科学出版社
社　　址	北京鼓楼西大街甲 158 号
邮　　编	100720
网　　址	http://www.csspw.cn
发 行 部	010-84083685
门 市 部	010-84029450
经　　销	新华书店及其他书店
印刷装订	环球东方（北京）印务有限公司
版　　次	2005 年 4 月第 1 版 2017 年 8 月第 2 版
印　　次	2024 年 10 月第 4 次印刷
开　　本	650×960　1/16
印　　张	23.25
插　　页	2
字　　数	322 千字
定　　价	69.00 元

凡购买中国社会科学出版社图书，如有质量问题请与本社营销中心联系调换
电话：010-84083683
版权所有　侵权必究

2016年再版序

我们对哲学的认识无论如何都与希腊存在着关联。如果说人类的学问某种程度上都始于哲学的探讨，那么也可以说，在某种程度上我们都是希腊的学徒。这当然不是说希腊文明比其他文明更具优越性和优先性，而只是说人类长时间以来都得益于哲学这种运思方式和求知之道，希腊人则为基于纯粹理性的求知方式奠定了基本典范，并且这种基于好奇的知识探索已经成为不同时代人们的主要存在方式。

希腊哲学的光荣主要是与苏格拉底、柏拉图和亚里士多德联系在一起。这套译丛则试图走得更远，让希腊哲学的光荣与更多的哲学家——伊壁鸠鲁、西塞罗、塞涅卡、爱比克泰德、斐洛、尼撒的格列高利、普卢克洛、波爱修、奥古斯丁等名字联系在一起。在编年史上，他们中的许多人已经是罗马人，有些人在信仰上已经是基督徒，但他们依然在某种程度上，或者说他们著作的主要部分仍然是在续写希腊哲学的光荣。他们把思辨的艰深诠释为生活的实践，把思想的力量转化为信仰的勇气，把城邦理念演绎为世界公民。他们扩展了希腊思想的可能，诠释着人类文明与希腊文明的关系。

这套丛书被冠以"两希文明哲学经典译丛"之名，还旨在显示希腊文明与希伯来文明的冲突相生。希腊化时期的希腊和罗马时代的希腊已经不再是城邦时代的希腊，文明的多元格局为哲学的运思和思想的道路提供了更广阔的视域，希腊化罗马时代的思想家致力于更具个体性、时间性、历史性和实践性的哲学探索，更倾心于在一个世俗的世界塑造一种盼望的降临，在一个国家的时代奠定一种世界公民的身份。在这个时代并且在后续的世代，哲学不再只是一个民族的事业，更是人类知识探索的始终志业；哲学家们在为古代哲学安魂的时候开启了现代世界的图景，在历史的延续中瞻望终末的来临，在两希文明的张力中看见人类更深更远的未来。

十年之后修订再版这套丛书，寄托更深！

是为序！

包利民　章雪富
2016 年 5 月

2004 年译丛总序

西方文明有一个别致的称呼,叫作"两希文明"。顾名思义是说,西方文明有两个根源,由两种具有相当张力的不同"亚文化"联合组成,一个是希腊—罗马文化,另一个是希伯来—基督教文化。国人在地球缩小、各大文明相遇的今天,日益生出了认识西方文明本质的浓厚兴趣。这种兴趣不再停在表层,不再满意于泛泛而论,而是渴望深入其根子,亲临其泉源,回溯其原典。

我们译介的哲学经典处于更为狭义意义上的"两希文明时代"——即这两大文明在历史上首次并列存在、相遇、互相叩问、相互交融的时代。这是一个跨度相当大的历史时代,大约涵括公元前3世纪到公元5世纪的八百年左右的时期。对于"两希"的每一方,这都是一个极为具有特色的时期,它们都第一次大规模地走出自己的原生地,影响别的文化。首先,这个时期史称"希腊化"时期;在亚历山大大帝东征的余威之下,希腊文化超出了自己的城邦地域,大规模地东渐教化。世界各地的好学青年纷纷负笈雅典,朝拜这一世界文化之都。另一方面,在这番辉煌之下,却又掩盖着别样的痛楚;古典的社会架构和思想的范式都在经历着巨变;城邦共和体系面临瓦解,曾经安于公民德性生活范式的人感到脚下不稳,感到精神无所归依。于是,"非主流"型的、非政治的、"纯粹的"哲学家纷纷兴起,企图为个体的心灵宁静寻找新的依据。希腊哲学的各条主要路线都在此时总结和集大成：普罗提诺汇总了柏拉图和亚里士多德路线，伊壁鸠鲁／卢克来修汇总了自然哲学路线，怀疑论汇总了整个希腊哲学中否定性的一面。同时，这些学派还开出了与古典哲学范式相当不同的、但是同样具有重要特色的新的哲学。有人称之为"伦理学取向"和"宗教取向"的哲学，我们称之为"哲学治疗"的哲学。这些标签都提示了：这是一个在巨变之下，人们特别关心人们自己的幸福、宁静、命运、个性、自由等等的时代。一个时代应该有一个时代的哲学。那个时代的哲学会不会让处于类似时代中的今人感到更多的共鸣呢？

另一方面，东方的另一个"希"——希伯来文化——也在悄然兴起，逐渐向西方推进。犹太人在亚历山大里亚等城市定居经商，带去独特的文化。后来从犹太文化中分离出来的基督教文化更是日益向希腊—罗马文化的地域慢慢西移，以至于学者们争论这个时代究竟是希腊文化的东渐、还是东方宗教文化的西渐？希伯来—基督教文化与希腊文化是特质极为不同的两种文化，当它们终于相遇之后，会出现极为有趣的相互试探、相互排斥、相互吸引，以致逐渐部分相融的种种景观。可想而知，这样的时期在历史上比较罕见。一旦出现，则场面壮观激烈，火花四溅，学人精神为之一振，纷纷激扬文字、评点对方、捍卫自己，从而两种文化传统突然出现鲜明的自我意识。从这样的时期的文本入手探究西方文明的特征，是否是一条难得的路径？

还有，从西方经典哲学的译介看，对于希腊—罗马和希伯来—基督教经典的译介，国内已经有不少学者做了可观的工作；但是，对于"两希文明交汇时期"经典的翻译，尚缺乏系统工程。这一时期在希腊哲学的三大阶段——前苏格拉底哲学、古典哲学、晚期哲学——中属于第三大阶段。第一阶段与第二阶段分别都已经有了较为系统的译介，但是第三阶段的译介还很不系统。浙江大学外国哲学研究所的两希哲学的研究与译介传统是严群先生和陈村富先生所开创的，长期以来一直追求沉潜严谨、专精深入的学风。我们这次的译丛就是集中选取希腊哲学第三阶段的所有著名哲学流派的著作：伊壁鸠鲁派、怀疑派、斯多亚派、新柏拉图主义、新共和主义（西塞罗、普鲁塔克）等，希望向学界提供一个尽量完整的图景。同时，由于这个时期哲学的共同关心聚焦在"幸福"和"心灵宁静"的追求上，我们的翻译也将侧重介绍伦理性—治疗性的哲学思想；我们相信哲人们对人生苦难和治疗的各种深刻反思会引起超出学术界的更为广泛的思考和关注。另一方面，这一时期在希伯来—基督教传统中属于"早期教父"阶段。犹太人与基督徒是怎么看待神与人、幸福与命运的？他们又是怎么看待希腊人的？耶路撒冷和雅典有什么干系？两种文明孰高孰低？两种哲学难道只有冲突，没有内在对话和融合的可能？后来的种种演变是否当时就已经露现了一些端倪？这些都是相当有意思的学术问题和相当急迫的现实问题（对于当时的社会和人）。为此，我们选取了奥古斯丁、斐洛和尼撒的格列高利等人的著作，这些大哲的特点是"跨时代人才"，他们不仅"学贯两希"，而且"身处两希"，体验到的张力真切而强烈；他们的思考必然有后来者所无法重复的特色和原创性，值得关注。

这些，就是我们译介"两希文明"哲学经典的宗旨。

另外，还需要说明两点：一是本丛书中各书的注释，凡特别注明"中译者注"的，为该书中译者所加，其余乃是对原文注释的翻译；二是本译丛也属于教育部哲学社会科学创新基地浙江大学基督教与跨文化研究中心项目成果。我们希望以后能推出更多的翻译，以弥补这一时期思想经典译介之不足。

包利民　章雪富
2004 年 8 月

目 录

2016年再版序 | 1
2004年译丛总序 | 1
中译者前言 | 1

论愤怒

第一卷 | 3
第二卷 | 26
第三卷 | 57

美狄亚（悲剧）

第一场 | 101
第二场 | 107
第三场 | 119
第四场 | 133
第五场 | 142

论仁慈

第一卷 | 153
第二卷 | 179

论恩惠（节选）

第一卷 | 187

第二卷 | 202

第六卷 | 226

第七卷 | 256

论贤哲的坚强 | 283

论天意 | 303

论幸福生活 | 323

译名对照表 | 352

中译者前言

塞涅卡（Licius Annaeus Seneca，约公元前4年—公元65年）也许是罗马晚期三大斯多亚思想家中影响最大的一个。他是一位高产的作家。如果说另外两位——爱比克泰德和奥勒留——都只靠一本书立身，而且那"一本书"都是私密的谈话录或随感录，并不想发表，那么相比之下，塞涅卡就表现出了很强的写作欲望和广泛的兴趣，在自然哲学、道德哲学和悲剧等方面都写了不少著作；除了遗失的之外，还流传了许多到后世，它们大多文学色彩浓厚，生动雄辩，细节栩栩如生，格言警句穿插其间，影响了后来的基督教思想家与近代的文学家和哲学家，也成为人们研究晚期斯多亚哲学的重要途径。

与他的博学和著述丰富不无关联的是，塞涅卡的个人性格与爱比克泰德和奥勒留相比也显得更为复杂，在后世受到的褒贬争议也更大；有人批评塞涅卡口是心非，奉承皇帝，有人为他辩护，说他其实高尚，其生与死符合一个斯多亚哲学家的理想标准。我们这里不急于简单地对他的人品进行道德评判。不妨换个角度这样想：塞涅卡的性格确实比其他斯多亚思想家更为丰富，这也许不利于我们了解一个理想化的"斯多亚哲学家"的典型特征，但是这也许更能告诉我们一个在现世的生活中积极活动的斯多亚信徒是怎么想和怎么做的。无论如何，塞涅卡这样的人更贴近我们一般人。

塞涅卡的性格和著作的丰富与他一生跌宕起伏的命运有关。他大约出生在公元前 4 年。父亲是罗马的西班牙行省的一位演说家和官员，生了三个儿子，老大盖里奥后来从政，官至罗马的阿开亚行省总督，在基督教的《新约·使徒行传》中被提到过；老三梅拉性格内向，是罗马著名诗人卢卡的父亲；老二就是哲学家塞涅卡。塞涅卡幼年即被送到罗马，学习对于从政十分重要的修辞学，很有成就。同时，他也喜欢哲学。大约对哲学的热爱耽搁了他对政治的关心。但是，他后来还是决定从象牙塔走出来，走入给他带来人间喜剧、也给他带来人间悲剧的政治生活中。自此，他的命运就和罗马帝国的第一个王朝——所谓"克劳狄乌斯王朝"——的几位皇帝联系起来了。塞涅卡大约在奥古斯都的继承人提比略皇帝的统治时期开始当官，跻身朝廷。在提比略的继承人卡利古拉皇帝的统治时期领略到了真切的死神威胁。卡利古拉是一位臭名昭著的暴君，极端残暴的施虐狂和病态的性格通过帝国的绝对权力得到了放大，种种行径骇人听闻。他因为妒忌塞涅卡在演讲能力上的名望，曾想杀了塞涅卡。塞涅卡之所以能够逃过这一劫，是因为重病（或装病）。到了卡利古拉的继承人克劳狄乌斯皇帝继位（公元 41 年）后，塞涅卡是在劫难逃了。克劳狄乌斯给塞涅卡安的罪名是与皇室贵妇（卡利古拉的妹妹）有染。按照罗马法律，这是应当杀头的。幸运的是，塞涅卡只是被流放。帮助他度过这一段漫长、恐惧和无望的流放生活的是写作。他的大部分哲学著作都是在这一时期写的。命运的摇摆不定在他的流放生活的第 8 年突然又发挥了作用。公元 49 年，克劳狄乌斯的新皇后阿格丽皮娜说服克劳狄乌斯召回塞涅卡，并任命这位文化界名人担任自己儿子尼禄的老师。后来，当尼禄于公元 54 年登基之后，塞涅卡作为太子太傅和元老，从权力、荣耀和财富上都赫然上升到顶点。他忙着给尼禄出主意，提建议，写讲演词。既小心翼翼，又不无成就感地看着这位性格捉摸不定的年轻皇帝可圈可点的各项仁政。可惜，这样的好时光没有持续很久。尼禄登基大约 5 年之后，本性暴露，大干坏事；其残暴荒淫超过历代皇帝。他毒死了自己的母亲，显然他对于母亲当年指派来管教自己的塞涅卡也不会喜欢。塞涅卡很知趣，几次向尼禄请求病退，交出全部个人财产，但是尼禄不准。终于，在公元65年的皮索谋刺尼禄事件败露之后，尼禄找到借口逼迫未曾参与此事的塞涅卡自杀。

  作为一位斯多亚哲学家，塞涅卡面对这些命运的打击，当然主张坚强、不动心，甚至冷酷。这是"斯多亚"的教导给人的最重要的启示：做一个傲然独立的强者。只要你内心不垮，外界的一切打击都可以等闲视之。说到最后，人也可以通过自杀的方式表示自己不会屈服于任何难以承受的命运。塞涅卡的许多著作中，都体现了这样的思想，他的道德英雄无疑是那位勇敢坚强的共和英雄伽图。我们这里选的《论贤哲的坚强》《论天意》等论文中，都可以看到对这种精神的雄辩论证。但是，另一方面，在塞涅卡的文字中也可以察觉出一种与这种严苛的斯多亚精神不甚和谐的"温柔"：塞涅卡对于人间的痛苦，对于情感的狂野与细微之处，对于人性的普遍弱点等，有一种极为敏感的体察。用他自己的话说：他是一位灵魂的医生。他一生多病，对于人们精神上的疾病也认识很深。他对于人的悲伤和忧伤是极为认真的，而非"无动于衷"。这样的重视在古典希腊哲学那里几乎看不到，更不要说在以"强悍"著称的斯多亚哲学家们中了。我们几乎可以说，塞涅卡的心中有一种其他斯多亚哲学家所缺乏的阴柔化的、女性化的素质。这使他看问题不是那么极端，而比较"现实主义"，这使他比较倾向于宽容或宽恕，这也使他不过于虚伪。比如他在《论幸福生活》中对于别人指责他为什么作为一个斯多亚哲学家却那么富裕的回答之一是：他本人并没有达到"贤哲"的层次。然而，也正是因为塞涅卡最痛恨的是对于人的生命和尊严的侮辱与伤害，他对于残暴尤其不能容忍，不遗余力地痛斥声讨。这从本选集中所选的《论愤怒》《论仁慈》《论恩惠》等文章中可以清楚看出。为了使读者更感性地领会塞涅卡思想中的这一方面，我们还选译了他的一部悲剧《美狄亚》。

塞涅卡的道德论文集在目前的哈佛大学出版社 Loeb 古典丛书中分为三册。我们根据以上对塞涅卡的思想的基本认识，选译了第一册的所有各篇：《论天意》（包利民译）、《论愤怒》（李春树译）、《论仁慈》（华林江译）、《论贤哲的坚强》（伍志萍译）。第二册整个是一部篇幅很长的《论恩惠》，一共七卷，我们选译了其中四卷（陈琪译）。第三册包括《论幸福生活》、《论闲暇》、《论心灵的宁静》、《论生命的短暂》和三部"安慰"亲友的作品。我们选译了《论幸福生活》（包利民译）。我们在塞涅卡的九部悲剧中挑选了《美狄亚》（包利民译）。我们在翻译中主要参考的英译本是 Loeb 古典丛书的 1990 年印的拉丁—英文本，同时也参考了其他的一些英文译本。

塞涅卡的思想很丰富。除了我们上面提到的之外，读者还可以在文选中看到自己感兴趣的主题，比如罗马的"理性文明人"是怎么看待"激情与野蛮"的，比如当时刚刚离开罗马共和时期不久的斯多亚哲学家是怎么看待政治哲学的，比如以修辞雄辩闻达的斯多亚哲学是怎样的，再比如斯多亚的思想与当时刚刚出现的基督教的思想的关系，等等，都十分引人入胜。相信读者在读了这些文本后，可以全面看到一个复杂和多面的罗马斯多亚哲学家。

在本书翻译过程中，友人王之光校勘了其中几篇译稿，唐翰编制了译名对照表，非常感谢。香港浸会大学对于我的翻译工作在资料和时间上都提供了宝贵的帮助，也在此表示感谢。

包利民
2004 年 11 月 17 日

论愤怒

| 第一卷 |

诺维图斯①,你曾经不断要求我写一些关于如何减少发怒的文章;并且,在我看来,你完全有理由特别害怕愤怒——这个一切情感中最可怕和发狂的情感。因为在其他情感中还有一些平和与冷静的因素,而愤怒这个情感则是完全猛烈的,是一种内心怨恨的强烈冲击;发怒时伴随着对武器、血腥和惩罚的毫无人性的渴求,只要能伤害他人就完全不考虑自身,迎着刀尖径直猛扑过去,一门心思想复仇,即使同归于尽也在所不惜。因而某些贤哲曾经宣称,愤怒是"一时的发疯"。因为它与疯狂一样缺乏自制,忘记了得体,不顾约束,不管发生了什么,都死死咬住不放,将理性和忠告拒之门外,为一些鸡毛蒜皮的小事而激动,不能认清正确与真实的东西;愤怒对应的就是毁灭,它在哪儿占了上风,就在哪儿撞得粉身碎骨。你只要看见愤怒所拥有的那些特征就会知道发怒者是发疯了。疯子的征兆并不难认——鲁莽而危险的举止,阴沉的额头,激烈的表情,急匆匆的脚步,无休止的手势,改变的脸色,急促而剧烈的呼吸。同样地,这些也是一个发怒者的标志:他的眼睛闪耀着怒火,他的整个脸色因为从心底涌上来的热血而变得深红,嘴唇颤抖,牙关紧咬,怒发冲冠,呼吸急迫而粗重,关节因为身体的扭动而咯咯作响,他呻吟着、咆哮着,迸发出谁也无法理解的言辞,同时不断拍打着

---

① 诺维图斯(Novatus)是塞涅卡的长兄。

双手,以脚跺地;他的整个身体处于极度亢奋之中,并且"怒气咻咻地威胁着";这是被扭曲和膨胀了的疯子的一幅丑陋可怕的画面——你不能说清这个恶〔愤怒〕是否比前者〔疯狂〕更为可恶或可怕。

其他的激情可以隐瞒和偷偷地藏着;愤怒却公然显示自己,表现在脸上,愤怒越强烈,它爆发出来的就越明显。你难道没有看到,每一种动物,一旦当它们被伤害所激怒的时候,是如何表现出预警性的迹象,它们的整个身体是如何地放弃了平静的自然状态,全神贯注于凶猛上?野猪口吐白沫,磨尖獠牙;公牛顶起它们的双角,刨动的蹄子扬起沙尘;狮子怒吼着;蛇鼓起了脖子;疯狗则怒气咻咻。动物并不是本来就这么面目可憎、以命相拼的,但是它一旦受到愤怒的袭击,就显出从未有过的凶猛。我知道其他的情感也同样不容易隐瞒;欲望、害怕和鲁莽都会露出它们的迹象并且能被预先认识到。因为猛烈的骚动只要控制了精神就绝不可能不以某种方式影响面目表情。那么区别到底在哪儿呢?在这里——其他的情感是表现,愤怒则是凸显。

并且,如果你去仔细观察它的结果和危害,就会发现没有任何灾祸使人类付出过比这更为高昂的代价。你将会看到流血和下毒,作恶者卑鄙的反诉,城市的陷落和国家的灭亡,王公贵族被公开叫卖,房子被付之一炬,大火并不止于城墙内,而是急剧地蔓延到了大片的乡村,燃起恶意的熊熊烈焰。看看那些最为辉煌的城市,它们的地基几乎不能辨认——愤怒将它们夷为平地。看看那荒无人烟的清冷之地绵延数十里——愤怒将它们完全废弃。看看那些作为厄运的实例传给子孙后代的首领们——愤怒在床头将这一个刺伤,在神圣的节日中把那一个杀死,在法庭当中、在拥挤的广场上众目睽睽之下将这一个撕成碎片,愤怒还迫使那一个因儿子的谋杀而血溅当场,迫使另一个高贵的喉咙断送于奴隶之手,迫使另一个横尸十字架上。

而且,迄今为止我讲的还都是个人所遭的罪。如果我们暂且不论这些单独感受到怒火力量的人,去看看被刀剑镇压的集会,被士兵们肆意

屠杀的群众，以及在共同的灾难中毁灭的民族……①

好像或者放弃了我们的保护，或者是轻视我们的权威。告诉我，为什么我们看到人们对角斗士怒气横生，并且毫无道理地认为这些角斗士如果不愿去死，就是胆大妄为，冒犯了观众的尊严？人们认为自己被冒犯，他们用表情、手势和暴力使自己从原先的旁观者立场转变为敌对者的立场。无论如何，它其实并非真正的愤怒，而是虚假的愤怒，就像孩童的愤怒一样，他们摔倒了，就想让地面挨揍；他们甚至经常不知道自己因何而发怒——他们仅仅是愤怒，没有任何理由，也没有受到什么伤害；尽管他们也不乏某种受到伤害的外表和急于惩罚的欲望。因而他们受到了想象出来的打击的欺骗，被那些祈求宽恕者虚假的眼泪所抚慰，于是，虚假的愤恨就这样被虚假的复仇所平息。

"通常我们发怒，"某人申辩道，"并不是冲着那些已经伤害了我们的人，而是冲着那些想要伤害我们的人；因而你可以确信，愤怒并不是真的由于受到了伤害。"确实，我们发怒是冲着那些想要伤害我们的人，但是发怒正是被他们伤害的意图所引起的；意图伤害别人的人已经伤害了别人。"但是，"我们的朋友又回答道，"至少你应该知道愤怒并不是急于惩罚的欲望，最弱小的人也常常冲着最强大的人发怒；如果他们毫无施加惩罚的希望，他们也就没有这个欲望。"首先，我说的是急于惩罚的欲望，不是急于惩罚的能力；而且，人们确实会内心欲求那些他们甚至不能实现的事情。其次，也没有人会卑微到甚至连惩罚最显赫者的一点希望也没有；我们所有人都拥有伤害他人的能力。亚里士多德的定义与我的定义几乎没有什么区别，因为他说"愤怒正是想要报复所受苦难的欲望"。仔细辨别他的定义和我的定义之差异会很费时。有人对这两者都不同意，批评说：野兽们也会发怒，尽管它们既不是为受

---

① 此处有阙失。估计塞涅卡在讨论愤怒的原因，古人对激情的定义以及他本人对激情的定义。

伤所激起的，也不是一心想着要惩罚对方，使它遭罪；因为它们即使实现了这些目标也不是有意去做的。但是我们的回答只能是：野兽和所有的动物——除了人以外——都不受愤怒的支配；因为虽然愤怒是理性的敌人，然而它只是在理性所在的地方产生。野兽们具有冲动、疯狂、凶猛和攻击性，但是它们并不拥有愤怒，这正犹如它们并不拥有放纵；尽管在某些享乐中它们比人类更缺少自制。你别去相信诗人的这些诗句：

> 野猪忘记了它的愤怒，雌鹿忘记了它的善奔，熊瞎子也不再想着与健壮的黄牛搏斗。①

这位诗人把动物被激起和发作称为"愤怒"，但是动物并不知道如何发怒，犹如它们并不知道如何宽恕。不会说话的动物不具有人类的情感，但是它们具有与这些情感类似的某种冲动。不然的话，如果它们能有爱憎，它们也能有友谊和仇恨、和睦与不和。在它们身上也确实会出现这些品性的痕迹，但是善与恶的品性却是人类心性所独有的。智慧、远见、勤奋和反思同样被认为是属于人类而不是动物的。不仅是人的优点，而且连人的缺点都不为动物所有。由于它们外在的形式与人类完全不同，所以它们内在的本质也不同于人类；支配和主导动物的内在本质的天性是被用一个与人类不同的模子铸造的。确实，动物们拥有嗓音，但它们的嗓音却是无法理解的、不受控制的，而且也没有说话的能力；它们拥有舌头，但是它们的舌头是受到束缚的，不能够运用自如地做各种不同的运动。同样地，它们身上的支配性原则②也缺少敏锐性和精确性。所以，一旦当它们的内心产生了引起行动的事物印象和观念时，这些观念和印象也是朦朦胧胧、模糊不清的。从而，它们可以有猛烈的发

---

① 奥维德：《变形记》卷8，545。
② 斯多亚派喜欢谈论各种生物的"支配性原则"或"主导原则"，比如人的主导原则就是理性、心灵。——译者注

作和精神上的骚动，但是它们并不能拥有恐惧和焦虑、悲伤和愤怒这些情感，而是拥有某些与此相类似的状态。因而，这些状态会很快地转变到正好相反的状态之中；动物们在表现出急剧的疯狂和恐惧之后，却可以立即开始进食；它们在疯狂的怒吼和猛冲之后，就能平静下来睡眠。

我们已经充分解释了什么是愤怒。它与性情暴躁有明显的区别；这就像醉汉和酒鬼、担惊受怕者和懦夫之间的区别。愤怒的人未必就性情暴躁；性情暴躁的人有时也不一定就发怒。我将忽略那些希腊人用名目繁多的术语为不同的愤怒所规定的其他各种类别，因为我们没有确切的语词来表述它们；然而我们称呼人们"怀恨在心""残酷无情"，也常常称人"脾气暴躁""疯狂暴怒""喧嚣吵闹""苛刻挑剔""气势汹汹"——所有这些都指出了愤怒的不同方面。在这里你也可以把"秉性乖戾者"置于其中，它是暴躁性情中一种比较温和的状态。有些种类的愤怒在吵闹中就会渐渐平息；有些则很持久，而且很常见；有些在行为上猛烈，而在言辞上却沉默少语；有些则通过言辞和诅咒的尖酸刻薄得到发泄；有些不过是一句抱怨，一个冷酷的表情；而另一些则是根深蒂固、持久沉重地在一个人身上慢慢地燃烧。形式多样的恶有上千种不同的样子。

至此我们已经探索了什么是愤怒，它是否不限于人类，也属于其他一切动物，它与性情暴躁如何区别，以及它呈现出多少种面貌。让我们接着来探索愤怒是否合乎自然①，因而是否在一定程度上保持愤怒是有用的并且是应该的。

如果我们把视线转向人类，就会清楚愤怒是否合乎自然。当一个人处于健全的精神状态时，还有什么比他更温柔和善的呢？然而又有什么比一个人的愤怒更残酷无情的呢？有什么比人类更爱他的同类？又有什

---

① "Nature"或"自然"也可以翻译成"本性"。故此处所论的"自然"，也可视为"人的本性"。——译者注

么比愤怒更充满敌意的呢？人类天生就是为了互相帮助，愤怒却是要互相破坏。一方想要团结，另一方却要求分裂；一方想要帮助别人，另一方却要求伤害；一方甚至会帮助素不相识的人，另一方却要攻击最心爱的人；一方甚至随时准备着为别人的利益奉献自己，另一方却只要能够拖别人下水，就随时准备着一头扎入危险之中。因而，还有谁比把这个残酷而致命的恶说成是自然的最美好、最完美的杰作的人对自然的运作方式更无知的呢？愤怒，如我所说，是想要施加惩罚，这样一种欲望居然会在人的最和平的胸怀中都有一席之地，这与人的本性是最为相悖的了；因为人类的生活基于友善与和睦，而且为了互相帮助联合在一起，这不是出于恐惧，是出于彼此的爱。

"你说什么？"你便会说："难道有时候惩戒不是必要的吗？"当然是必要的；但是要用审慎智慧，而不是用愤怒来惩戒。因为惩戒不是伤害人，而是在伤害的外表下来疗救错误。就像我们用火去烤一些弯曲的茅秆，意在使其变直；扎入楔子挤压它们，也不是要折断它们，而是要去掉它们的曲折；同样地，我们也通过对肉体和精神施加的痛苦来矫正被恶习所扭曲的人的本性。显然，在身体轻微失调的病例中，医生在刚开始的时候会尽力不对病人的日常生活习惯做大的改变；他会留下一个关于饮食和锻炼的养生疗法，并尽量只通过生活秩序的改变来改善病人的健康。他接下来所关注的是用量的大小是否会导致健康。如果第一次指示的量和养生疗法不能缓解症状，他就会嘱咐作一些缩减，砍掉一些东西。如果还是不起作用，他就会让病人禁食，以减除身体的负担。如果这些温和的治疗法没有效果，他就会切开病人的一个血管；如果病人的四肢继续再长在他的身体上就会伤害身体并使疾病蔓延，他就会对它们下狠手截肢。只要疗效是好的，治疗就不会显得严厉粗鲁。同样地，作为法律的捍卫者，国家的管理者会用言说去治疗人类的本性，他会尽可能地使用较为温和的治疗方法去实现这个目标，即说服对方做他应该做的事情，赢得他内心对荣誉和公正的渴望，在他的头脑中输入对恶行的憎恶和对善的尊重。如果没有效果，他接着转而诉诸较为严厉的言辞；在此他仍然会以劝诫和斥责为目的。如果还是没有效果，那么最后他诉诸惩罚，但是仍然是轻微的和可以撤回的。他把极端的惩罚仅用在罪大恶极者身上；这样，就没有人会失去生命，除非死亡对于死者本人也是一件好事。只有在一个细节上他［政治家］与医生有所区别：医生对于一个已经无法挽救的病人，会向他提供一个方便的方式，而他则会让死刑犯蒙受着羞耻和公众的侮辱，被强行剥夺生命。这并不是因为他乐于惩罚别人——智慧的人都远离这种非人的暴行——而是因为受惩罚者可以对所有人起到警示作用；既然他们在活着的时候不愿有益于国家，那么无论如何在死的时候总可以对国家有所贡献。也就是说，人类的本性并不渴望复仇，因而，愤怒并不合乎人类的本性，因为愤怒总是渴望复仇。这里我还可以举出柏拉图的观点——只要是为我们所承认的，运用他人的观点又有什么害处呢？他说："好人不伤害别人。"惩罚伤害别人，因而惩罚并不合乎善，既然惩罚与愤怒是一致的，那么愤怒也同样不合乎善。如果好人不会在惩罚他人中感到快乐，那他也不会在那种以惩罚为乐的心态中感到快乐；因而愤怒是与自然相对立的。

尽管愤怒与自然相对立，但是因为它常常有用，是不是也应当接受它呢？它激发和鼓舞人的精神，没有它，在战争中勇敢就做不出辉煌的战绩——除非它能提供熊熊怒火，除非它像鞭子一样激励勇敢的人们，把他们送入危险之中。因而有些人认为，最好的办法是控制愤怒，而不是驱除它；应当通过剔除其过度的部分，把它限制在一个有益的范围内，尤其是要保留没有它行动就会缺少动力、心灵就会丧失力量和活力的那一部分。

［但是，］首先，排除有害的激情比统治这些激情要容易，否决它们进入的权利比允许它们进入后再去控制它们要容易；因为它们一旦站稳了地盘，就会比它们的统治者更加强大，就不会允许谁来约束或削弱

自己了。其次，理性应当掌管力量的缰绳，只有在她远离激情时，才能保持女主人的地位：一旦她与它们混在一起并且受到玷污，她就不能阻止那些她本来可以早就从自己的道路上清理掉的激情。因为心灵一旦受到刺激和动摇，就会成为干扰者的奴隶。有些事物一开始还在我们的控制之下，后来却势头凶猛，赶走我们，使我们无处安身。正如一个被猛地从悬崖上扔下去的人，他根本不能控制自己的身体；一旦被扔出去，除了不可改变地加速以外，既不能阻止下落也不能停留；他被完全断绝了重新思考和悔恨的余地，不得不到达他原本可以避免的目标上；心灵也是如此——如果它陷入了愤怒、爱情或者其他的激情，它就再也没有能力去控制它的刺激；它的重量和恶行所要求的向下趋势必定会促使它仓促地下落，驱使着它达到极点。

最好的办法就是立刻拒绝对愤怒最初的煽动，甚至一有苗头就要抵制它，要千方百计地避免陷入到愤怒中去。因为，如果让它开始引我们走上歧途，再要返回到安全的道路上就很难了，因为一旦我们允许情感进入，通过我们的自由意志认可它有权威性，理性就会变得毫无用处；接着它就会去做它所选择的一切，而不是去做你所让它做的一切。我重申，敌人必须被正好阻止在边境线上；如果他越过了边境，进入城门以内，他是不会尊重由他的俘虏所设定的任何限制的。因为心灵并不是一个与激情分离的器官，它也不可能仅仅客观地看待激情，并从而禁止它们越过应有的限度，而是自身就转变成了激情；因而当它原先有效的挽救职能一旦受到背叛或被削弱，就再也不能够恢复。因为正如我前面所说，理性和激情这两者并不是彼此独立、泾渭分明地并存着，而只不过是心灵朝着更坏或更好方向的转化。那么，在理性向愤怒投降之后，在恶习的攻击和镇压之下，它又如何能够东山再起呢？或者，在一个混杂体中，混入其中的各种最恶劣的品质必然占上风，它又如何能使自己从中获得解放呢？"但是，"有人会说，"有些人甚至在愤怒中也能控制自己。"那么，你是说他们并没有做愤怒所要求的事情，或者只做了其中一些？如果他们什么也没做，那么很明显，愤怒并不是处理生活事务所必需的，而你却是以愤怒比理性强大为理由提倡愤怒的。最后我再问一下，愤怒是比理性更强大还是更软弱呢？如果它更强大，那么，一般说来，既然是不太强大的事物服从于较为强大的事物，理性又如何能够对愤怒进行限制呢？如果它更软弱，那么没有它，理性本身也足以完成我们的任务，不需要来自较弱者的帮助。然而你会说："有些人，即使是在愤怒的时候仍然能够正确对待自己，仍然能够自制。"但是，那是在什么时候？只有在愤怒逐渐地消失和自愿离开的时候，而不是它还处在白热化的时候；那时它是两者之中的更强者。"你说什么？"你会说："难道有时候人们不是即使在发怒当中也会让他们所憎恨的人全身而退并克制自己不去伤害他们的吗？"他们是这样；但那是什么时候？是当激情击退了激情，恐惧或者贪婪达到了自己目的的时候。那时才有了太平，但这不是通过理性的协助，而是通过激情之间靠不住的、邪恶的妥协实现的。

再者，愤怒并不包含任何有用的东西，它也不会激发心灵尚武的精神；因为美德是自足的，绝不需要恶的帮助。无论在任何需要激烈努力的时候，心灵都不会变得愤怒，而是把自身的力量聚集在一起，根据对需要的估计来激发或放松；就如当投掷器射出箭时，操纵者控制着射出时的强度。亚里士多德说："愤怒是必需的，没有愤怒就不能赢得战争——除非它注满心灵、激励灵魂。然而，它必须不是作为一个领导者，而是作为普通的战士发挥作用。"但是这话并不正确。如果愤怒听从理性并且遵循理性的引导，它就不再是愤怒；愤怒的主要特征就是任性。然而，如果它抵制和不服从命令，被它自己的任性和狂暴牵着鼻子走，它就会像无视撤退信号的士兵一样，变成对心灵毫无用处的工具。因此如果愤怒承受了任何对它的限制，它就必须用其他的名字来称呼了——它已经不再是"愤怒"；因为我把愤怒理解成是放纵不羁、无法控制的。如果它不受限制，那它就是有害的东西，而不能算是有益的行为动力。所以，或者愤怒不是愤怒，或者它没什么用。一个人如果不是因为惩罚本身而想惩罚，而是因为惩罚是正当的，那就不能算是一个愤怒的人。有价值的战士应当是知道如何服从命令的人；而激情则是很糟糕的下级，正如它们也是很糟糕的领导。

所以，理性绝不会要求自己无法控制的盲目而剧烈的冲动来帮忙，理性从来不能制伏这些冲动，除非它用同样强有力和相类似的冲动来反对它们，比如以恐惧反对愤怒，愤怒反对懒惰，贪婪反对恐惧。真希望美德能摆脱不断找借口逃到恶习那里去求助的灾难！在这里，心灵不可能找到一种真正的平静；如果心灵依赖于它最恶劣的品质来挽救自己，如果心灵没有愤怒就不能勇敢，没有贪婪就不能勤奋，没有害怕就不能安静，那么它必定会支离破碎，处在风雨飘摇之中——这就是暴政！屈服于任何一种激情奴役的人必定生活在这样的暴政之下。让美德堕落到去依赖恶习，这难道不是一种耻辱吗？此外，如果理性离开了激情就没有力量，那么它就不再有力量，于是就会落到与激情同一层次上，直至与它一样。因为，如果激情无理性则无指导，而理性无激情则无效率，那么理性和激情还有什么区别可言？如果一方不能离开另一方，则双方都处于同一水平上。然而谁会说激情与理性处在同一层面上？有人说："激情如果适度，就是有用的。"不对，一个东西的有用性只能来自其本性。但是，如果它不服从权威和理性，它的适度的唯一结果就是，它越少，则它所造成的伤害就越小。所以，"适度的激情"与"适度的恶"没什么两样。

有人说："但是，在进攻敌人时，愤怒是必需的。"其实，在此愤怒更应该比在其他任何时候都要少；因为进攻敌人不应该是杂乱无章的，而应该是精心布置的，处在控制之下的。野蛮人的身体远比我们强壮，他们也远比我们更能忍受艰苦；那么，使他们变得无能为力的，除了愤怒——这个它自己的最可恶的敌人以外，还能是别的什么呢？同样，就角斗士而言，武技保全他们的性命，而愤怒则是使他们送命的原因。进一步讲,当同样的目标通过理性可以完成时,愤怒又有什么用呢?你觉得猎人是怀着愤怒去找野兽的吗?然而,当野兽来时,他猎取它们,当它们逃跑时,他追踪它们,理性完全可以没有愤怒而做到这一切。无数涌入阿尔卑斯山的辛布里人和条顿人——是什么使他们全军覆灭,以至于连惨败的消息也不是由信使,而是通过传闻送到他们家里去的?不正是他们以愤怒代替了英勇所造成的吗?尽管愤怒有时候能够颠覆和击倒任何妨碍它的东西,但是也更多的是给自己带来破坏。谁能比日耳曼人更勇敢?谁在冲锋中比他们更无畏?他们一生下来就接受着武器的训练和熏陶,他们除了武器对其他概不关心;谁比他们对武器更热爱呢?他们几乎不防护身体,也没有房子来抵御持续不断的严酷气候,有谁比他们更坚强,更能承受各种遭遇?然而正是他们,甚至还未能看上一眼罗马军团,就被不习惯于战争的西班牙人、高卢人以及亚细亚人和叙利亚人杀死了,他们正是愤怒的牺牲品。但是尽管如此,一旦把纪律赋予那些躯体,把理性给予那些尚未经历过娇纵过度和财富的心灵,我们罗马人——不用说别的——必定会被迫返回到古罗马人的生活方式上去。费边①如何恢复受损的国家军事力量,除了知道如何迂回,如何推迟,以及如何等待时机——这些愤怒的人们一无所知的办法以外,还能用别的什么办法呢?国家那时正处在极端危险之中,如果费边冒险去做愤怒所激起的一切,国家必定会遭到毁灭。但是他考虑到了国家的福祉,并且估计了一下它的力量——除非变得一无所有,国家那时已经到了没有什么可丧失的地步,于是,他把所有的怨恨和复仇的想法深埋下去,而只关注权宜得当和合适的时机;他在征服汉尼拔之前先征服了愤怒。那么,斯奇比奥②又怎么样呢?难道他不是把汉尼拔和迦太基人的

---

① 罗马大将费边(Quintus Fabius Maximus)在与入侵的迦太基军队的大将汉尼拔作战时采取拖延战略,牵制和骚扰敌军,使汉尼拔无法速战速决。——译者注

② 斯奇比奥(Scipio)是迦太基战争时期罗马军队统帅。他把战争最后引到非洲,打到迦太基本土,打赢了第二次迦太基战争。——译者注

军队以及所有那些他有理由愤恨的人都抛之脑后,拖延了很久才把战争转移到非洲本土,以至于心地不正的人认为他是一个贪图享乐、懒于行动的人?

另一位斯奇比奥①又怎么样呢?难道他不是坐在努米狄亚王国面前,闲度诸多时光,默默地忍受着对他自己和他的国家这样的指责,即征服努米狄亚要比征服迦太基花费更长的时间?但是通过封锁和包围敌军,他迫使他们陷入绝境,结果用自己的剑杀死自己。因此,愤怒即使在战斗或战争中也是没用的;因为它易于鲁莽,而且它在试图带来危险,却又不能防止危险。智慧最真正的表现是做广泛而深入的审查,审查自己,然后缓慢而坚定不移地向前推进。

"你说什么?"你会问:"如果好人的父亲遭到谋杀,他的母亲在他眼皮底下受到冒犯,难道他就不会愤怒吗?"不,他不会,但他会为他们报仇,会保护他们。况且,你有什么理由怀疑拳拳孝心即使无须愤怒也可以成为一种足够强大的行为动机呢?或者,你倒不如说:"你说什么?如果好人看见他的父亲或儿子处在刀尖之下,难道不会哭泣,不会吓晕吗?"但是我们知道这是妇女们在受到惊吓时的反应。好人则会不受干扰、毫无畏惧地履行他的职责。他会去做一切与好人相称的事情,就如同他不做任何与"人"不相称的事情那样。我父亲正在被人谋杀——我会保卫他;他被人杀害了——我将为他报仇,这不是因为我悲伤,而是因为这是我的责任。"好人被他们所爱的人受到伤害所激怒。"色奥弗拉斯多②,当你这样说时,你就把一个很有英雄气概的信条弄得无人喜欢了——你从审判者转到了旁观者的立场。因为当这样的不幸降临到自己所爱的那些人时,每一个人都会愤怒,而你认为人们会把自己

---

① 此处的斯奇比奥是"迦太基征服者"斯奇比奥,是老斯奇比奥家族的新秀,他于146年打赢了第三场迦太基战争,完全摧毁了这个国家。后来又征服了迦太基的非洲邻国努米狄亚。——译者注

② 同上。

所做的事判定为正当的事，因为作为一种习惯，每个人都会认为他自己的激情是合理的。但是，如果没有得到热水供应，如果一个玻璃酒杯打碎了，如果鞋子沾上了泥浆，他们也会做出同样的举动，愤怒就会突如其来，不是出自爱的情感，而是出自懦弱——这种东西我们在孩子们身上可以看到，孩子们丧失父母时与丢失玩具时流的眼泪是一样多的。所以，为了所爱的人而感到愤怒，这是软弱而不是忠诚的心灵的标志，一个人为了站出来保卫父母、孩子、朋友和同胞，只以他的责任感为指导，自愿而行，运用判断，运用远见，既不被冲动所驱使，也不被怒火所奴役，这才是高贵得体的。没有任何激情比愤怒更急于报复的了，而且正因为如此，我们不宜接受它；就像许多贪欲那样，它无止境的凶狠，挡住了自己向目标的行进。所以，它在和平和战争中都毫无用处，因为它把和平弄得像战争，而在刀光剑影中它又忘了战神并不偏袒他；他既然控制不了自己，那就被别人所控制。进一步来说，不能因为邪恶有时有一定好处就应该拿来用。因为发烧也可能对某些疾病有缓解作用，但是不能由此导出完全摆脱发烧不是更好。一个使健康依靠疾病的治疗方法应当受到鄙视。同样，愤怒就像一种毒药，一次跌落，或是一次海难，尽管它有时具有出人意料的好处，也不应该因此被判定为有益的，因为毒药还经常救人一命呢。

再有，如果一种属性值得拥有，则它越多，它就越好，越值得我们想望。如果正义是一种善，没有人会说它在被减去一些东西以后会变成一种更大的善；如果勇敢是一种善，没有人会希望它受到任何程度的缩减。因此，按照前面的看法，则愤怒越大，它就应该越好；因为谁会反对善的增加呢？然而，愤怒的增长是没有任何好处的；因此，愤怒的存在也不能获得什么好处。一样东西因增加而变成恶的，这样的东西并不是一种善。"愤怒是有好处的，"有人说，"因为它使人们更加尚武好战。"根据这种逻辑，醉酒也是如此；因为它使人们变得大胆和勇敢，很多人之所以更勇于面对刀剑就是因为他们喝得醉醺醺的。根据同样的逻辑，你必定还会说精神错乱和疯狂也是力量所必需的，因为疯狂使人们变得更强有力。但是，请告诉我，恐惧岂不是有时候也能以相反的方式使人变得勇敢？对死亡的恐惧不是也会激发十足的懦夫去战斗吗？但是愤怒、醉酒、恐惧以及诸如此类的东西是不光彩的、游移不定的冲动而已，并不能为美德提供武器；美德从不需要恶行的帮助；不过它们对那种懈怠而又怯懦的心灵确实有点帮助。没有人通过愤怒而成为勇敢者，除非这个人离开了愤怒就不会变得勇敢了。因此愤怒不是美德的帮助，而是美德的替代。如果愤怒是一种善，那么它岂不是会很自然地存在于那些品德最完美的人身上？然而事实却是，孩子、老人以及病人是最容易发怒的，而各种弱者天生就好吹毛求疵。

色奥弗拉斯多①说："好人不可能不对坏人发怒。"根据这个说法，一个人越好，他就越性情暴躁。实际上正相反，一个人越好，越没有人比他更能与人为善，更能摆脱激情，更少地怀有憎恨。事实上，既然是错误驱使人们做错事，好人又有什么理由去憎恨做错事的人呢？没有一个有见识的人会去憎恨犯错误；否则他就会憎恨他自己。如果让他仔细想想，他有多少次违背了道德，有多少行为需要宽恕；那么他也会对自己感到愤怒的。因为没有一个公正的法官会在自己的事情上宣布一种裁决，而在别人的事情上宣布另一种裁决。没有一个人能够宣布自己无罪，所有那些声称自己是清白的人，他想到的一定不是自己的良知，而是想到别人的看法。对犯错误者显出一种和蔼的、慈父般的情怀，不是对他们穷追不舍，而是把他们唤回到正确的地方，这是多么的更有人情味啊！如果一个人迷了路，漫步穿过我们的田地，领他到正路比把他驱逐出去要好。

因此，对犯错误的人，也应该通过劝诫和强迫，通过温和的和严厉的手段而使其改正；而且，为了他们自己，也为了别人，我们要尽

---

① 一位亚里士多德派学者。——译者注

力使他变成一个更好的人。我们要限制的不是我们的责备，而是我们的愤怒。有哪个医生会朝病人发火呢？"但是，"你会说，"他们是不可能被改造好的，在他们身上没有可塑性，看不到这个美好的希望的任何机会。"那么，就让他们从人类社会中被清除出去吧；如果他们所到之处一切会更糟的话，就以这个唯一可行的办法让他们停止为恶吧——但是要丝毫不带仇恨地来做这件事。因为当我把一个人从他自身拯救出来时，我又有什么理由去憎恨这个我正在向其提供最大帮助的人呢？当一个人用手术刀操作于他身体的某些部位时，他会憎恨它们吗？这里没有愤怒，只有要求治愈它们的同情心。对疯狗，我们猛击其头颅；对凶猛残暴的公牛，我们将其杀死；对于生病的绵羊，我们将其拖至屠刀之下以防止它们传染羊群；对于丧尽天良的子女，我们将其除掉；我们甚至溺死一生下来就身体孱弱和不正常的孩子。然而那不是愤怒，而是理性把有害的事物从健康的事物中分离出来。对于掌管惩罚的人来说，没有什么东西比愤怒更不合宜的了；因为如果惩罚是运用判断而施与的话，它就能更好地起到改造的作用。这就是为什么苏格拉底对他的奴隶说："如果我不是愤怒的话，我就揍你了。"他把对奴隶的斥责延迟到一个更为理性的时刻；当时他责备的是他自己。请问，连苏格拉底都不敢信任自己的愤怒，难道还有谁能将激情置于掌控之下？

　　因此没有必要为了制止犯错误和邪恶的东西而在发怒时去纠正错误。因为既然愤怒是一种精神上的严重过失，就不应该通过犯错误去纠正错误。"你说什么？"你会大声嚷道："难道我不该冲一个抢劫者发怒吗？难道我不应该冲一个投毒者发怒吗？"是的，因为当我让自己流血时我是不会冲自己发怒的。我会诉诸每一种惩罚的形式，但是，也只是作为一种补救。如果你还停留在错误的初始阶段，并且正在走向错误，虽不十分严重，但是常常如此，我会尽可能通过责备——刚开始是私下里，然后是公开地，来纠正你的错误。如果你已经走得很远以至于言辞已经不能再让你恢复健全的心智,那么就要通过公开地出丑来阻止你。如果需要用更为激烈的方式,以一种你所能感受到的惩罚来使你刻骨铭心,就会送你去流放,放逐到一个不为人知的地方。如果你的邪恶已经根深蒂固,要求用更严厉的救治办法对付你,我们就会诉诸锁链和国家监狱。如果你的心灵不可救药,一犯再犯,并且不屑于去找那些恶人总能找到的各种借口,而是用错误本身充当你做坏事的充足借口;如果你已经喝干了邪恶之水,它的毒质已经如此地和你身体的重要器官混在一起,以至于不把它们一道切掉它就不能流出来;如果,可怜的苦命人!如果你早就渴望着去死,那么我们会帮你这个忙的——我们会拿走你身上的这种疯狂,正是这种疯狂,在你不断给别人带来麻烦的同时也使自己经受着困扰;我们会很高兴地把这个仍然为你留着的仅有的恩惠——死亡——给予你这个长期在自己和别人痛苦中打滚的人。我为什么要对这个我正要给他最大帮助的人生气呢?有时候处决就是最好的怜悯。如果我经过专业医生的训练后进入一家医院或一个富人的家里,当病人的疾病不一样时,我不会做出同样的治疗。我在无数的心灵中所看到的疾病也是多种多样的,而我的使命是治疗政治;我必须为每一个人的疾病找到合适的治疗办法;让这一个通过自己的自尊来恢复心灵的健康,那一个通过寄居国外,这一个通过痛苦,那一个通过贫穷,这一个用刀剑!因此,即使我作为一名法官要斜穿着长袍、命令吹号召集集会,我也不能心怀愤怒与仇恨,而是要带着法律的威严走上高高的法庭;而当我宣读那些神圣的判词时,我的声音并不显得凶恶,而是庄严而温和,我不是愤怒地,而是严肃地下达执行法律的命令。当我下令把一名罪犯斩首,或把一名杀父的凶手缝入布袋里去淹死,或把一名士兵处死,或把一名叛徒或公众的敌人放到塔尔皮亚岩石上去摔死,我不会有任何愤怒的表情,我的面容和感受都会像是在杀死一条蛇或任何其他有毒动物那样。你说:"为了惩罚,我们不得不愤怒。"什么!你以为法律会对它从不认识、从没见过、希望他再也不存在的人感到愤怒吗?

因此，我们要使我们具有法律的精神——法律所表示的不是愤怒，而是意志的决定。因为，如果好人对恶徒们的罪行感到愤怒是正确的话，那么他对他们的富足感到忌妒也是对的。而且事实上，有什么事情看上去会比某些恶棍生活富足、备受命运恩宠更不公正的呢？他们本该遭受最大的厄运。但是好人不会愤怒地注视他们的罪行，也同样不会以忌妒的眼神盯着他们的幸福。公正的法官对非法的行为进行判决，但他不会恨它们。"你说什么？"你会说，"当智慧的人碰到这样的事情需要处理时，难道他的内心就不会受到这件事的影响，偏离日常的冷静？"我承认会的；它会体验到某种轻度的、表面的情感。因为正如芝诺①所说："甚至连智慧者的心灵在伤口愈合后也会长久地留着它的伤疤。"因此，他会体验到某种激情的迹象和阴影，但是他会从激情本身中解脱出来。

亚里士多德说，某些激情如果加以恰当的使用，就可以发挥武器的作用。如果这些激情真的像打仗的工具那样能够任凭使用者之意拿起和放下，那么这么说是对的。但是，亚里士多德让美德所用的这些"武器"完全是按照自己的命令而战斗的；它们不会等待人的手势，它们不是被人所控制，而是控制着人。大自然已经给了我们一个令人满意的装备——理性；我们不需要其他的工具。理性就是她所赠予我们的武器；它强大、持久、顺从，它并不是双刃剑，不会反过来伤害它的主人。理性本身就足够了，它不仅能提供忠告，而且也能指挥行为。你们以为理性居然要从愤怒中寻求保护——前者忠心耿耿，后者却摇摆不定；前者足可信赖，后者却不值得信任，前者是健全的，后者是病态的，还有什么比这更愚蠢的事吗？即便是在愤怒看起来必不可少的领域——行动实践——当中，理性如果仅仅依靠自己，它不是也拥有更为强大的力量吗？因为理性一旦确立了某个行动的必要性，就会坚持不懈地实现它的目标，因为理性看不出有什么更好的东西可以取代自己；因

---

① 芝诺（Zeno），斯多亚学派创始人。

此，理性的决定一旦作出，就无可更改。但是愤怒却经常为怜悯所逼回；因为它没有持久的力量，它并不是真的强有力，只是在一开始来势汹汹。这就像从地表刮起的风，当它从溪流和沼泽地产生时，它们很强烈，但是不能持久。愤怒也是以强大的冲击力而开始，接着就因过早地精疲力竭而崩溃，尽管它的头脑里充满了残忍的念头和各种闻所未闻的酷刑，然而一旦到了该施刑罚的时候它就已经变得虚弱不堪了。激情会突然地消退，理性则是均衡的。但是，即使愤怒能够坚持，也常常会发生这样的事情：在杀死两三个牺牲品之后它会停止杀戮，尽管还有更多的人应该去死。它的最初几拳是凶猛的；正如蛇，当它们刚从洞穴中爬出来时充满了毒液，但是，在反复地撕咬耗干了毒液后，它们的牙齿就没有危害了。所以，并不是所有犯下相同罪行的人都会受到相同的惩罚，经常是犯下较小罪恶的人受到了较大的惩罚，因为他受到的惩罚来自刚刚发作的怒火。愤怒是完全不均衡的，它时而冲得比它所应该的更远，时而停得比它所应该停的更早。因为它放纵自己的冲动，它的判断反复无常，拒绝听取证据，不给人申辩的机会，顽固地坚持它所随意抓住的任何观点，并且即使是弄错了，也绝不愿意服输。

　　理性会听取双方的意见，然后会要求推迟行动——即便是它自己的行动，以便有时间去筛选出真理；而愤怒却是仓促行事。理性希望它所作出的决定是公正的；愤怒却只希望它作出的决定看上去公正。理性只考虑正待裁决的问题；愤怒却会被毫不相干、鸡毛蒜皮的小事所左右。得意扬扬的举止，过分大声的嗓门，言辞上的鲁莽，着装上的矫饰，资助他人时的炫耀作秀，受到公众的青睐——这些都会使愤怒不可遏制。它会多次指责被告，因为它痛恨他的律师；即使把真理堆到它面前，它还是喜欢错误并抓住不放；它拒绝被说服，并且一旦踏入错误，它会把顽固坚持看得比忏悔更为光荣。

　　我记得有一个叫格纳乌斯·皮索（Gnaeus Piso）的人，这人摆脱了很多恶习，但是却被误导相信顽固就是坚定。有一次，当他愤怒的时候,他下令处死一名没有和他的战友一起返回部队的士兵,理由是如果这个士兵不能交出他的同伴,就一定是已经把他杀了;当这名士兵要求花点时间作个调查时遭到了拒绝。于是这个被判死刑的人被推出城墙外,正当他要引颈受戮时,那名被认为已经遭到谋杀的同伴突然出现了。掌管行刑的军官立刻命令卫兵收剑,把受刑者带回到皮索那里,以免让皮索受人指责;因为幸运已经解救了这名士兵。营地上一片欢腾,一群人伴送着这两位紧紧相拥的战友。皮索却愤怒地登台命令将两名士兵——一个并没有犯谋杀罪的人和一个已经死里逃生的人——都拉出去处死! 还能有比这更不公正的事情吗? 就因为其中一个人被证明是清白无辜的,两个人都要去死。更有甚者,皮索又增加了第三个人去死;因为他命令处死那个把死刑犯推回来的军官。因为一个人的清白无辜,三个人在同一个地方被处死。噢,愤怒在为它的疯狂制造借口时是多么聪明啊!"你,"他说,"我下令将你处死是因为你被判了死刑;你,是因为你使你的同伴被判死刑;你,是因为命令你去执行死刑时没有服从。"就因为它没有理由杀死任何一个人,于是就想出了三条罪名。

我说愤怒有很大的缺陷——它拒绝受到管制。如果真理违背了它的欲望,它就会愤怒地反对真理。它怒吼、吵闹摇摆整个身体,攻击它瞄上的人,冲着他们倾泻辱骂和诅咒。理性并不会这样做。但是,如果有客观需要,它会平静地、毫无生息地把整个家族连根端掉;那些对国家有害的家庭,它会连其妇孺一并除掉;它会拆除他们的房子,把它们夷为平地,会彻底除去自由之敌的名字。所有这一切它都会去做,但是不会咬牙切齿,也不会横眉怒目,不会做任何与法官身份不相称的事情,它的表情在任何时候都会和它在宣布一项重大判决时一样冷静和平静。希罗尼姆斯(Hieronymus)问道:"在你准备给人一顿鞭子之前,有什么必要咬紧自己的嘴唇呢?"如果他看见一个总督因为受刑者的衣服没有撕开就跳下法庭,一把夺过随从手里的权束棒,划破自己的衣服,又会怎么说呢？掀翻桌子，摔碎杯子，以头触柱，披头散发，捶胸顿足，这样做又有什么收获呢？请想想，愤怒真是强大啊，如果它不能迅速尽情地向别人发泄，它就会反过来伤害自己！结果，旁观者不得不去拖住发怒者，求他们不要和自己过不去。

一个从不发怒的人会给每个人施加应有的惩罚，他绝不会做上述这些事情。甚至在发现了一个人的罪行之后，他也会常常放走他。如果对罪行的悔恨能够证实向善的愿望，如果他察觉到罪行并不是出自这个人灵魂的最深处，而是出自灵魂的表层，他就会让这个人免受惩罚；他知道这样做既不会伤害受罚者，也不会伤害惩罚者。有时，在扫除大恶时还不如扫除小恶时更冷酷无情，如果前者所犯罪恶并不是出自残忍，而是一时的软弱，而后者所犯罪恶却出自秘密隐藏、长期形成的狡诈的本能。对于两个犯了相同罪恶的人，他会给予不同的惩罚，如果其中一个是出于疏忽而犯罪，而另一个则是故意为恶的话。在每次惩罚中，他总是心中明白：某一种惩罚形式是用来使坏人变好，而另一种形式则是用来去除他们；在这两种情况中，他都会着眼于将来的改善，而不是抓住过去不放。因而柏拉图说过："一个智慧的人不会为了一个人已经犯下的罪恶而惩罚他，而是为了使他免于罪恶而惩罚他；因为往事不可追，来者犹可止。"① 他会公开处死那些可以充作死不悔改者的邪恶典型的人；这与其说是在毁掉这些作恶者，不如说是用他们阻止其他人作恶。这些都是一个智慧的人必须估量和考虑的事情；并且你会看到，当他着手处理一件需要极为谨慎的事情——运用生杀大权时，他是多么地应该从所有的情感中摆脱出来。把一把剑存放在一个愤怒的人那里是很糟糕的。

再有，你也一定不要认为愤怒会有助于灵魂的伟大。那不是什么伟大，它是一种恶性膨胀；正如当疾病由于大量的化脓腐烂而使身体肿胀

---

① 柏拉图：《法义》卷11，934A。

时，它也不是正常生长的结果，而是一种致命的过度膨胀。所有被灵魂的狂怒提升到超人能力的人都相信他们扬眉吐气，获得了一种崇高和庄严；但是它并非停靠在任何坚实的东西上面，而任何缺少坚实基础的上升都不可避免地会下跌。愤怒没有立足点；它并非从稳定和持久的事物中产生，而是一个吹胀起来的、空洞的东西，正如匹夫之勇不同于勇敢，狂妄自大不同于自信，愠怒不同于严厉，残忍不同于严格一样，愤怒也与灵魂的伟大风马牛不相及。依我说，崇高的灵魂与傲慢的灵魂之间的区别是巨大的。愤怒并不追求壮丽或者美的东西。相反，在我看来，它表现出的是一种虚弱和疲惫的心态，一种意识到自己的软弱和过度敏感的心态，正如当身体生病时那样，它处处是伤口，轻轻一碰，就呻吟不止。因而愤怒是一种最女人气和孩子气的软弱。"但是，"你将会说，"愤怒在男人身上也能找到。"不错，即使是男人也会拥有一些类似小孩和女人的本性。"你说什么？"你会大叫道："愤怒的人所说的话有时候看起来不像是一个伟大灵魂的言辞吗？"对于那些不知道什么是真正的伟大的人而言，是这样的。拿那句著名的话来说："只要他们害怕，那就让他们恨去吧。"这句话是如此的可怕和令人震惊，因而你可能知道它写于苏拉时代。我不能确定哪一种愿望更糟糕——是其能为人所恨还是能为人所惧。"让他们恨去吧，"他说。他想到终有一天人们会诅咒他、阴谋反对他、制伏他，结果他就加上了一句，是什么呢？哦，让诸神诅咒他吧，他想出了如此令人憎恨的一句诅咒："让他们恨去吧！"——那么然后呢？只要他们服从？不！只要他们赞同？不！那么是什么呢？"只要他们害怕！"在这样的条件下，我甚至不会期待被人所爱。你觉得这就是一个伟大灵魂的言辞吗？你在欺骗自己；因为在它这里没有任何伟大的东西——它是令人恐怖的。

你不必相信愤怒所说的话，因为它们大声喧闹而充满威胁，但是内心却非常的怯懦。你也不必把在那位最雄辩的作家提图斯·利维亚斯那里发现的这个说法当真，他说："一个在性格上不好但却伟大的人。"

在性格上不可能有这样的分离；性格要么是善良的，要么是不伟大的，因为灵魂的伟大，如我所理解的那样，是一种不可动摇的事物，从表到里坚实稳固，从头到尾都始终如一、强壮有力——这是不能存在于邪恶本性中的事物。恶人们可以是可怕的、狂暴的、有破坏性的，但是他们从来不会拥有伟大，因为善是伟大的支撑和支柱。然而，他们会通过言辞、努力和所有外在的表现给人留下伟大的印象；他们会说一些你可能认为象征伟大灵魂的言论，就像恺撒那样。他冲着上天发怒，因为它的隆隆雷声打断了那些哑剧演员的表演，他更急于模仿这些演员，而不是观看他们表演，而当天上的雷电——它们显然没击中目标——惊吓了他的享乐时，他向朱庇特神挑战，甚至要与他搏斗到底，嘴里喊着荷马的诗句：

> 要么你把我举起，要么我把你举起。①

多么疯狂！他以为即使朱庇特神也不能伤害自己，或者他甚至能伤害朱庇特神。我认为他的这些话在激励阴谋者的心灵上并没有什么分量；因为要忍受一个不能容忍朱庇特神的人，看来就是忍耐的极限了！

因此，即使当愤怒看起来像神和人那样慷慨激昂、目空一切时，在它那里也没有什么伟大和高贵的东西。否则，那个认为愤怒显示灵魂伟大的人，就让他也去认为奢欲同样显示灵魂的伟大吧：它渴望栖身象牙之上，位处锦衣之列，头戴紫金之冠，渴望移山造海，俯掷江河，仰挂花园②。就让他认为贪婪也预示着灵魂的伟大吧：它念念不忘于金山银堆，它辛苦耕耘于除名声以外的所有领域，它的一个管家就控制着比从

---

① 荷马：《伊利亚特》卷23，724。
② 指人工湖和瀑布。

前分给执政官的土地还要多的田产。就让他也认为性欲同样预示着灵魂的伟大吧：它不避艰险游过海峡，它通过嫖娼使青年丧失性能力，它蔑视死亡，勇敢面对丈夫的利剑。就让他认为野心也预示着灵魂的伟大吧：它不满意每年的职位；如果可能，它会使年历上只填一个名字①，它会在全世界到处建立它的纪念碑。这样的品质，无论它们达到什么样的程度，都是狭隘、可怜和卑下的。只有美德是崇高和庄严的；而且，任何东西只要缺乏宁静，就不可能是伟大的。

---

① 罗马年历上有的月份是以著名皇帝命名的，如朱里乌斯·恺撒的名字命名了7月，奥古斯都（Augustus）的名字命名了8月。——译者注

| 第二卷 |

诺维图斯，我在第一卷中处理的是一个更为丰富的主题；因为向下堕落到恶习中去是很容易的。① 现在我们必须转到一些更为狭窄的问题上；因为我们下面的问题乃是：愤怒是源于选择还是冲动，也就是说，它是完全自发产生的，还是像在我们体内进行的很多其他事一样，在发生时不可能不被我们察觉。但是，为了以后能上升到其他的更为崇高的主题，讨论必须下降到对这些事情的思考。因为在我们的体内，也是首先产生骨骼系统、肌肉和关节，它们构成了整体的框架结构，并且是极为重要的部分，然而绝不美观好看；接下来就是所有漂亮的脸蛋和外表所依赖的那些部分；在所有这些之后，当身体已经完备时，才最后加上最先吸引眼睛的东西——肤色。

毫无疑问，愤怒是被"受到伤害"的直接印象所激起的；但是问题在于它是否会立即紧随着这个印象出现，在没有心智的帮助下就跳起来，或者它只有在心智的认可（assent）下才会被激起。我们的观点是：它从不单独行动，它只是在心智的支持下行动。因为产生已受伤害的印象，渴望为此复仇，并且把"人不应该受伤害"和"人应该复仇"这两个命题结合起来——这可不是毫无意志选择的、纯粹的心灵冲动行为。简单的冲动只是一下子的心理过程，我们这里看到的却是一个复杂

---

① 指因为人性一般来说"向恶"，所以前面的讨论不缺乏丰富的材料。

的、由几个要素组成的心理过程：心灵已经了解了某个事情，已经变得愤怒了，已经谴责了这个行为，于是现在要努力为此复仇了。除非心灵认可了使它激动的印象，否则这些过程是不可能的。

"但是，"你会问，"我们进行这样一种探究的目的是什么？"我会回答说：是为了我们能够知道什么是愤怒；因为如果它违背我们的意志而产生，它就绝不会向理性屈服。因为所有不由我们自己意志产生的感觉都是不可控制和不可避免的，比如当我们被泼了冷水之后的颤抖，碰到某种东西后的退缩；坏消息会使头发直竖，污言秽语会引起满脸通红，当一个人从悬崖上往下看时，就会头晕眼花。因为这些事中没有一件是在我们控制之内的，推理无法阻止它们发生。但是，愤怒有可能被训诫所击退；因为它是心灵的一个弱点，它不是那种由人的一般命运所产生的事物，那些事物甚至会降临到最智慧的人头上，其中首先要提到的是我们形成了某人犯了大罪的印象后所感受到的心理震撼，这会在我们观看舞台上的戏剧演出和阅读历史往事时偷偷地潜入我们身上。我们是多么经常地生克洛狄乌斯（Clodius）的气，因为他流放了西塞罗；生安东尼的气，因为他杀死了西塞罗。谁会不被马略（Marius）拿起的武器和苏拉（Sulla）公布的死刑命令所激怒呢？① 谁会不被色奥多图斯（Theodotus）、阿基拉斯（Achillas）以及那个敢于犯下成人罪行的孩子②所激怒呢？有时候唱歌、加速的节奏以及众所周知的战神号角会使我们激动；我们的心灵会被令人震惊的画面、被虽然完全公正但却令人伤心的惩罚所扰乱；同样，别人的微笑使我们微笑，别人的哀悼使我们悲伤，别人的搏斗也会使我们骚动不安。然而这样的感觉并不是愤

---

① 马略是公元前1世纪初（公元前157—前86）的罗马军事统帅，他开启了军人干政之风。苏拉（公元前138—前78）是第一个著名的罗马独裁者，在内战获胜后在罗马公布"公敌"名单，残酷处死大量敌对派别的人。——译者注

② 指埃及国王托勒密十二世，当庞培被恺撒击败后逃到埃及躲避时，他下令处死庞培，向恺撒献上首级。阿基拉斯是当时埃及军队统帅，色奥多图斯是国王的大臣，他们都参与了杀死庞培。

怒——就如同看到模拟的海难而紧皱眉头并不是悲伤，读到汉尼拔在坎尼城战役①之后包围了罗马而吓得发抖并不是恐惧一样；它们乃是不愿受此遭遇的心灵的情感；它们不是激情，而是激情的开始和萌芽。就如同在和平时期，穿着平民服装的战士会竖起耳朵倾听号角的声音，战马听到兵器的碰撞声会骚动不安。据说当塞诺方图斯（Xenophantus）吹长笛时，亚历山大伸手就去拿他的武器。

这些事情只是偶然地触动心灵，它们没有一件能被称为激情。与其说是心灵引起了它们，不如说是心灵被动地承受了它们。因此，激情并不存在于呈现给心灵的印象所引起的感动中，而是存在于对这些事情的屈服中，以及针对这些偶然刺激采取的进一步行为上。如果有人认为脸色苍白、落泪、对性的渴望、深深叹气、双眼突然放光，以及诸如此类的迹象是表明激情的证据和内在心灵的表现，那么他就错了，他未能明白这些只是身体的骚动。因而，即使是最勇敢的人，当他在装备武器时脸色变白也是很常见的事；最勇敢的战士，当战斗信号发出时他的膝盖也会微微发抖；威风凛凛的指挥官在战斗交火之前，他的心也会提到嗓子眼里；最能言善辩的演说家，在准备演讲前举手投足也会变得不自然。愤怒必定不仅仅是被激起来，而且必须是向前猛冲，因为它是一个积极主动的冲动；而一个积极主动的冲动没有意志的认可是绝不可能产生的，因为一个人在没有心灵的知晓下去复仇和惩罚，这是不可能的。一个人认为自己受到了伤害，想去复仇，但是由于某些顾虑的阻止而立即冷静下来。这个我也不能称之为愤怒；在此，心灵的冲动服从了理性；愤怒则是越过理性，将理性扫地出门。因此，由受到伤害的印象所激起的心灵的最初骚动与受到伤害的印象同样都不是愤怒本身；由此导致的积极主动的冲动不仅认同这种受到伤害的印象，而且还支持这一印

---

① 第二次迦太基战争中，迦太基名将汉尼拔于公元前 216 年在罗马的坎尼平原上以少胜多，打败罗马军队，进军罗马城下。——译者注

象,这样才是真正的愤怒——通过抉择而走向复仇的心灵混乱。毫无疑问,如同恐惧涉及逃跑,愤怒也涉及攻击;故而请想一想,你是否会相信没有心灵的同意就能够攻击或躲避某个事物。

进而,你可以知道激情是如何开始、生长以及发展到狂乱的:可以说,最初的刺激触动是不自觉的,因为它是激情的一个预备,是某种威吓;接下来就结合了意志的行为(尽管还不是不受羁管的那种),即认为"对我来说为自己报仇就是正当的,因为我受到了伤害",或者认为"别人应该受到惩罚,因为他犯下了罪行";第三次的触动则失去了控制,因为它想要去复仇——并非如果它是正当的,而是不管怎样都要这样做,并且已经彻底地征服了理性。我们不可能运用理性来避免心灵所体验到的最初的震动,就像我们不可能避免上述身体体验到的那些感受——别人打呵欠时我也打呵欠的诱惑,手指突然戳过来时双眼的眨动——一样。理性不能克服这样的冲动,尽管偶尔的练习和不断的警觉能够削弱它们。但是由判断所产生的触动就不同了,它可以由判断来消除。

还有一点也应当考虑到,即那些惯于残忍和嗜好杀人者,当他们在杀死那些既没有伤害他们,而且他们自己也不认为受到过其伤害的人时,是否会发怒呢?阿波罗多卢斯(Apollodorus)和法拉里斯(Phalaris)就是这种人。但这不是愤怒,是兽性;因为它并不是因为受到了伤害而去伤害别人,而是只要能伤害别人,甚至就想让别人先伤害他一下;打打杀杀的目的并不在于复仇,而是快乐。为什么会这样呢?这个邪恶的根源就是愤怒;当愤怒在反复放纵和过度后达到了毫无恻隐之心的地步,并且把人类的每一个义务观念都从内心驱逐出去,它在最后就会变得残酷无情。所以这些人才会大笑、欣喜并且体验到巨大的快乐,他们的表情完全不像愤怒,他们是在拿残暴作消遣的乐事。

当汉尼拔看到一条流淌着人血的战壕时,据说他欢呼道:"噢,美妙的景象!"如果这血注满江河或湖泊,那在他看来会是多么的更加的美丽啊!噢,汉尼拔,你生于血泊之中,从小就见惯了屠杀,所以你就能从这种场面中找到特殊的快乐,这还有什么好奇怪的吗?幸运垂顾你,在二十年里让你的残酷心满意足,无论在何处都会把这赏心悦目的景象摆在你眼前;你会在德拉苏麦努斯①看到它,在坎尼城看到它,最后在你自己的迦太基!不久以前,奥古斯都时期的亚细亚统治者弗莱苏斯(Volesus)在一天之内砍了三百个人的头;而当他带着那种取得了辉煌骄人战绩的人才有的神气昂首阔步于部队中间时,他用希腊语大喊道:"多有王者气派啊!"然而,如果让他当上了国王,他会做什么呢?不,这不是愤怒,而是一种更为巨大和无可救药的邪恶。

  有人争辩道:"如果美德崇尚荣誉,那么冲卑劣发怒就是它的责任。"难道他会说美德必须既低下又伟大?但这正是他说的——既然由正义的行动所导致的快乐是辉煌而显赫的,而由别人的罪恶所导致的愤怒是卑劣低下而又心胸狭窄的,他这就是在让她[美德]既高贵又卑下。但美德在抑制恶习的行为中绝不会犯模仿恶习的罪行;她认为愤怒就其本身而言是应受谴责的,因为它绝不会比那些激起愤怒的缺点好到哪里去,甚至比它们还要坏。美德独特而又本质性的特点是愉悦和快乐;愤怒与悲伤一样,都不合乎她的高贵品格。而悲伤却是愤怒的伴侣,因为愤怒之后必然跟着悔恨或失败,其结果都会走到悲伤。此外,如果向罪恶发怒属于智慧者的本性,那么罪恶越大,他的愤怒就会越大,于是他就会经常发怒。结果就是,智慧的人不仅会变得愤怒,而且会容易发怒。但是,如果我们相信在智慧者的内心既没有雷霆大怒的位置又没有动辄发怒的容身之处,我们还有什么理由不让他完全摆脱这个激情呢?显然,如果他愤怒的程度取决于每一个人的行为,那么就会变得毫无限制。因为,要么他对不同的过错怀有同等的愤怒,那他就是不

---

  ① 德拉苏麦努斯(Trasumennus)是罗马的一个湖。汉尼拔从北部进入意大利之后,第一场大战就是在此打的,他用巧妙的伏击战大败罗马军队。——译者注

公正的；要么每当罪行提供发怒的理由时他都怒火中烧，那他就会变得脾气火暴。

自己的激情依赖于别人的邪恶，还有什么比这个与智慧的人更不相称？伟大的苏格拉底会失去把出门时带走的表情带回家的能力吗？但是如果一个智慧的人会被卑鄙的行为所激怒，如果他会被那些罪行弄得悲伤和心烦，那么显然，没有什么比这位智慧的人的运气更惨的了；愤怒和悲伤会贯穿他的整个生活。因为，到何时他才会看不见那些他反对的东西呢？每次出门，他都不得不遇上罪犯、守财奴、挥霍者、放荡者——这些人对自己还很满意。他找不到使他的双眼不再冒火的地方。如果在每个可以发怒的场合他都发怒，那么他就会精疲力竭。所有这些成千上万的人天不亮就赶往法庭——他们的案子是多么卑劣，而他们的辩护律师又是多么的更为卑劣！这个人起诉他父亲的遗嘱，而他本来更应该去尊重它；那一个在法庭上控告他的母亲；还有一个在告密一场犯罪，而他本人被公认是主谋者之一；所选出来的法官，他们所宣判的行为正是他们自己已经做过的行为；而围观的人群被辩护人巧舌如簧的言辞所误导，对邪恶的狡辩理由甚表好感。

但是何必要细数所有这些不同的类型呢？每当你看到人头攒动的法庭，挤满人群的投票场所，以及大多数平民在此显示自己的圆形竞技场，你可能就会确信，那里面的罪恶之多一定不亚于那儿的人数。在你所看到的那些平民打扮的人中间没有什么和平；一点点报酬都能导致他们中的一个人图谋对另一个人的致命打击；没有人不是通过别人的损失来获益；他们憎恨富庶，鄙视贫困；他们厌恶出类拔萃之人，讨厌低劣无能之辈；他们被互相对立的欲望所驱赶；他们为了小小的快乐或赃物不惜看到整个世界的灭亡。他们生活得就像是在角斗士学校里——与他们一起吃饭的那些人，他们也照样与之打架。这是一个野兽的社会，只不过野兽们彼此比较温和，避免撕咬自己的同类，而人却沉湎于互相厮打。他们只是在这一点上区别于不会说话的动物——即动物对于喂养它们的人会十分温和,而疯狂的人却会反咬养育他们的人。

智慧的人一旦开始发怒就停不下来了。每个地方都充满了犯罪与恶行;所犯的罪恶太多了,以至于任何可能的约束都不能将其消除掉。人们在拼命竞争,看谁的邪恶更大。每一天人们作恶的欲望都会增多,而对它的恐惧则在减少;所有对什么是更善、更公正的关注都被驱逐掉了;欲望将自己投向任何它想去的地方,而罪恶也已不再躲躲藏藏了。它们在我们的眼前昂首阔步,邪恶已经到了这样一种公开的地步,赢得了对所有人内心的影响力,以至于清白无辜者不是很少——而是根本就不存在。难道仅仅是个别人或少数人触犯法律吗?就像看到了发出的信号一样,人们从四面八方赶来去抹平是非善恶的所有区分界线:

> 没有客人能免受主人的伤害,也没有岳父能免受女婿的伤害;
> 甚至手足之情也极为罕见。
> 丈夫陷害自己的妻子,妻子陷害自己的丈夫;
> 凶狠的继母们酿造她们可怕的毒药;
> 儿子不久就开始指责父亲的年老无用。①

而这些又是所有罪恶中多么少的一部分啊!这位诗人还没有提及同胞互残的流血内战,被战士的誓言所隔离的父母和孩子,被一个罗马人亲手点燃焚烧罗马的火焰;并没有提及一队队充满敌意的骑兵横扫过大地去搜寻被判死刑的公民的藏身之所;并没有提及被毒药污染的小溪,被人类亲手制造的瘟疫;并没有提及围着遭围攻的父母们的壕沟,拥挤的监狱,把整个城市烧为平地的大火;并没有提及阴毒险恶的暴政,窥伺王权、颠覆国家的密谋,并没有提及那些现在被大肆颂扬、但只要人们有力量将其镇压就依然是罪行的行为——那些甚至让人们议论纷纷的

---

① 奥维德:《变形记》卷1,144。

强奸、淫荡和好色的行为。而且还要再加上这些：国家之间公开的虚假誓言，公然地撕毁条约，以及当人们无力抵抗时被强者掠夺的战利品，还有两面三刀、盗窃、欺诈和矢口否认的债务——这些罪行即使全部三个广场①也不能提供足够的审判场所！如果你以为罪恶的无耻会迫使智慧的人发怒，那他就绝不会仅仅是发怒，而是会发疯。

你应该宁可这样想——没有人应当因人们的错误而发怒。你说，一个人难道应该对那些在黑暗中蹒跚而行的人发怒吗？难道应该对因为耳聋而未听从命令的人发怒吗？对因观看比赛和同伴们愚蠢的体育活动而忘记自己职责的孩子们发怒吗？你会想对那些因生病或年老而变得疲倦的人发怒吗？在人类各种易患的疾病中，我们必须还得加上这一个疾病——充满心灵的黑暗，以及不是被迫迷路，而是喜欢迷失。为了不对个人发怒，你必须普遍地谅解人类，你必须不严格要求人类。如果你因为青年人和老年人犯了错误就向他们发怒，那么你就对婴孩发怒吧；因为他们注定要犯罪。但是谁会向因为太小而不能分辨是非的孩子们发怒呢？然而作为一个人，他甚至比作为一个孩子具有犯错的更大和更真实的理由。这就是我们生下来就注定的命运——我们是这样的动物：既屈服于身体的疾病，也屈服于同样多的心灵的疾病，尽管我们的辨别能力既不迟钝也不麻木，然而我们运用得很差劲，并且在邪恶上彼此成为效尤的榜样。如果有人跟着走错道的人的脚步走，难道他不应该由于引他误入歧途的正是公众大道而得到原谅吗？对于个别的士兵，指挥官可以严厉责罚，但是当整个军队逃跑时，他就必须忍耐了。那么是什么使智慧的人不发怒？罪人太多了。他知道对普遍流行的罪恶发怒，太不公平，也十分危险。

每当赫拉克利特从家里出来时，看到周围那么多的人正过着可怜的生活——不，倒不如说正在可怜地死去——他就会潸然泪下；他碰到的

---

① 即罗马城里的罗马广场、恺撒广场、奥古斯都广场。

所有快乐、高兴的人都会引发他的恻隐之心；他是慈悲心肠，但是太软弱了，而且他自己就是一个需要同情的人。另一方面，据说德谟克利特出现在公共场合时从来都是笑声不断；人们的所谓严肃追求在他看来实在算不上什么严肃的。在所有这些事情中，哪有愤怒的位置？一切事情引起的或者是笑声，或者是眼泪。

智慧的人是不会冲罪人发怒的。你问为什么？因为他知道没有人生而智慧，而是经过学习而变得智慧的，他知道每一个时代只有最少数的人才能成就智慧，因为他完全了解人类生活的状况，而智慧的人不会对自然本性感到愤怒。你想，一个神志清楚的人会因苹果并非挂在灌木枝上而感到惊奇吗？他会因荆棘和石楠树上没有结满有用的果实而感到惊奇吗？没有人会对自然本性所支撑的错误感到愤怒。所以智慧的人和善而公正地对待错误，他不是罪犯的敌人，而是改造者；每天出门的时候，他就会想："我会碰到很多沉湎于酒色的人，很多忘恩负义的人，很多贪图钱财的人，很多被野心的疯狂猛烈抽打的人。"他会像一个医生观察病人那样友好地察看这些人。当一位船长发现他的船的船体结合处裂开了，到处都水如泉涌，他会对水手和船本身发怒吗？不，他会宁愿冲过去营救，把一部分水排在外面，把一部分水舀出去，他会把能看见的口子封死，对于偷偷使水涌进货舱的暗缝，他会不断辛苦劳作，加以克服，他不会仅仅因为涌入的水和舀出的一样多就放松自己的努力。与连绵不断、大量滋生的邪恶作斗争的救援者必须百折不挠，不仅仅只是使其暂时中断，而是制止它，大获全胜。

有人说："愤怒还是有用的，因为它避免被人轻视，因为它使恶人恐惧。"首先，如果愤怒的力量就等于它的恐吓，那么它之所以可怕的原因也同样就是它遭人恨的原因；此外，被人恐惧比被人蔑视还要危险。但是，如果愤怒没有什么力量，那么它甚至更容易遭人蔑视，无法避免被人嘲笑。因为，有什么比愤怒的徒劳无功的咆哮恐吓更为愚蠢的呢？其次，某些事物是较为可怕的，但它们并不会因此而更为可取。我不会这样对智慧的人说:"野兽和智慧的人拥有同样的武器;他们令人害怕。"什么?一个发烧者不是令人害怕吗?痛风不是一种致命的痛苦吗?他们因此从中享有了什么好处没有呢?还是正相反,他们都为人所鄙视、令人讨厌、面目丑陋,而且正是因为这个而不是别的原因,他们被人害怕?因此愤怒就其本身而言只是令人厌恶,而绝不是令人恐惧,而大多数人害怕它也只不过是像孩子们害怕一个令人厌恶的面具一样。而且再想想这样的事实:恐惧总是会反过来伤到制造恐惧的人,令别人害怕的人自己没有不害怕的。在这方面,你不妨回想一下拉拜里乌斯(Laberius)著名的诗句:

　　一个被很多人害怕的人必然害怕很多人。

当这句诗在内战顶峰时期在剧院中被念出来时,它使所有人竖耳倾听,就好像念的台词说出了人们的心声。自然决定了任何通过别人的恐惧来建立自己的强大的事物,必然不会缺乏自己的恐惧。即使是狮子,在听到最轻微的响动时,它的心脏又会怎样的跳动啊!一个影子、一个声音或者一种陌生的气味都会使这个百兽中最勇敢者受到惊吓。令人害怕者必定也同样会战栗。因此,智慧的人既没有任何理由让别人害怕他,也不会仅仅因为愤怒引起恐惧就认为愤怒是一个强大的东西,因为即使最令人鄙视的事物,比如有毒的酿酒、对人有害的尸骨以及咬伤,也同样令人害怕。既然一根悬挂着羽毛的细绳都能阻挡庞大的兽群并把它们引入陷阱,那么,它由于这一效果而被称为"恐惧",是不足为怪的;因为愚蠢的事物对愚蠢者而言也是可怕的。不断加速的二轮赛马车和高速旋转的车轮会把狮子驱回到它们的笼子里,而猪的号叫也会让大象恐惧。因而,我们害怕愤怒就像孩子们恐惧黑暗、野兽们畏惧色彩绚丽的羽毛一样。愤怒就其本身而言,没有什么强大的地方或什么英雄气概,只不过有浅薄的心灵受其影响而已。

有人说：" 如果你要去除愤怒，就必须把邪恶也从自然系统中消除掉；然而，二者都不可能。" 但是首先，人即使是处在自然系统的冬天中也能免受风寒，即使是处在夏日炎炎之时也能免受暑热。人或者可以借助舒适的住所来保护人抵御严寒，或者也可以用生理上的忍耐来克服热和冷的感受。其次，如果反过来说：一个人在发怒前必须把美德从其内心驱逐出去，因为恶习与美德是不相容的，而且一个人也不可能在发怒的同时又是善的，就像他不可能既生病又健康一样。你会说：" 但是把愤怒完全地从内心驱逐出去是不可能的，人类的本性不可能做到这一点。" 然而还没有事情会艰难到不能被人类的智慧所征服、不能通过坚持不懈地钻研来完全地熟悉和了解它，也没有激情会如此猛烈、执拗到不能通过训练来克服。心灵无论给自己下达什么命令，都会坚持贯彻到底。有些人已经达到了从不微笑的程度，有些人则完全断绝了饮酒，也有另外的人完全断绝了性的享受，还有一些人则满足于短暂的睡眠，毫不疲倦地延长不睡的时间；一些人学会了在很细小倾斜的绳子上奔跑，学会了挑很重的、几乎超出人的体能限度的担子，学会了潜入深不可测的水中并能长时间在海底不呼吸。还有上千个例子，都可以表明坚持不懈就可以跨越每一个障碍，表明凡是心灵乐意去忍耐，就没有什么事情是真正的困难。我前面所说的这些人，他们不屈不挠的干劲并没有什么酬劳，或者也没有什么酬劳能够配得上他们的这种干劲，因为他们，那些训练自己在绷紧的绳子上行走的人，把巨大的负荷压载在自己肩头上的人，让自己的双眼顶住睡眠压迫的人，让自己深深扎入海底的人，又能获得什么荣誉呢？然而通过努力，他们实现了他们为之奋斗的目标，尽管这个报酬并不十分巨大。那么当如此巨大的报酬——幸福灵魂的持久平静——等着我们的时候，我们难道不应该鼓起全身力量去承受吗？逃离一切灵魂疾病中最恶者——愤怒，以及与它相伴随的疯狂、凶猛、残忍、狂暴以及其他伺候愤怒的激情，这是一件多么幸福的事情啊！

我们不应该借口说愤怒是 " 有用的 " 或 " 不可避免的 " 来为自己

寻找辩护或为这样的放纵寻找理由；因为，请问，哪种恶习缺少过它的辩护者呢？你不应该说愤怒是"不可根除的"；我们所患的疾病都是能够治愈的，既然我们生来就能做到正确，如果我们想要自己进一步完善，自然本身也会帮助我们的。通向美德的道路并不像某些人想的那样险峻而崎岖；它们可以通过平坦的大道来到达。我现在告诉你的并不是没有根据的无稽之谈。通往幸福生活的路是容易的；你只要踏进去——在神的友善的支持和帮助下！做你现在所做的事情要远比这个艰难。还有什么比心灵的宁静更从容坦然的？又有什么比愤怒更令人疲惫不堪的？有什么比宽大仁慈更自由超脱，又有什么比残酷刻薄更忙碌不堪？心灵的纯洁可以安详地休假，而欲望总是要忙忙碌碌。简言之，所有美德的保持都是容易的，培养恶习的代价却是高昂的。愤怒必须被驱逐——甚至那些认为应该减少愤怒的人也部分地承认这一点。让我们完全地摆脱愤怒吧，它对我们一点好处都没有。没有它，我们会更容易、更公正地消除犯罪，惩罚邪恶者，把他们送上更好的道路。智慧的人会在毫无邪恶帮助的情况下完成他的整个义务，他不会把自己与任何需要忧心忡忡地加以控制的事情连在一起。

因此，任何时候都不应当允许愤怒；有时候如果必须去唤醒听众那迟钝懒散的心灵，我们不得不假装愤怒，正像我们用驱赶棒和烙铁去刺激上路时慢吞吞的马一样。有时候我们必须把恐惧扎入理性对其不起作用的那些人的心灵；然而，发怒与悲伤、害怕一样没有什么用。"你说什么？"你会说："不是会经常发生一些激起愤怒的事情吗？"是的，但那正是我们最最需要与之近身搏斗的事情。克制这种激情也并不难，因为，甚至连那些运动员，尽管他们要对付的是人的最低下的部分，然而为了能够消耗对手的体力，并在时机有利而不是愤怒时给予打击，也能做到忍受打击和痛苦。皮洛士，这位最著名的体育训练师，据说把告诫他的训练者不要发怒当作了训练常规；因为愤怒使技艺失常，它只是寻找伤害人的机会。因此理性经常建议忍耐，而愤怒却总是要求报复；在我们刚刚能够逃脱最初的不幸之际,又被投入到了更大的厄运之中。一些人因为不能冷静地忍受一个侮辱性的字眼而被流放,那些一点点不公正都不愿意忍受的人则被严重的不幸压得粉身碎骨,而对充分自由的任何一点减少都感到愤怒的人,则给他们自己带来了奴役。

　　我们的反对者会说:"你可以确信这一点,即在愤怒中确实有某种高贵的东西,因为你会看到这类自由的民族——如日耳曼人和斯基提亚人(Scythians)——也正是那种最易于发怒的民族。"原因在于那种天生就勇敢、顽强的本性在受到训练的驯服之前是很容易发怒的。由于某些品质天生就只存在于较好的本性中,就像肥沃的土地尽管被忽略,还是会有繁茂的生长;一片高大的森林就是土壤肥沃的标志。因而,天生就具有充沛精力的本性也同样会产生愤怒,由于激动和暴躁,他们根本就不给软弱和虚弱的事物以容身之地。但是他们的精力是有缺陷的,就像未经过培育、只是通过自然本身的慷慨而生长起来的一切事物一样。是的,除非这种本性被迅速地驯化,否则这种倾向于勇敢的性情就会趋向于变得鲁莽和蛮勇。告诉我,难道我们不是发现这些较为温和的缺点,比如怜悯、喜好和害羞是和那些较为温和的性情联结在一起的?因此,我甚至经常能通过一个人自己的罪恶来向你证明他的本性倾向是好的;但是,即使这些罪恶显示出优越的本性,它们也依然是罪行。再者,所有这些像狮子和狼一样由于他们的这种野性而自由放任的民族,甚至由于他们不能屈服于束缚,他们也不可能行使他们的统治。因为他们所拥有的能力并不是那种属于人的能力,而是那种野性的、难以控制的东西;一个人除非自己也能够服从统治,否则他是不能实行统治的。因此,那些控制着帝国的民族一般是那些生活在相当温和的气候中的民族。那些处在靠近天寒地冻的北方的民族拥有残暴的性情——这些性情就像诗人所说的那样,是:

　　　　最像他们本地的天气。

你会说:"那些容易发怒的动物被人认为是最高贵的。"但是一个人不应该把那些在它们身上冲动取代了理性的动物当作人类的典范;在人类身上是理性取代冲动。但是,即使是在这些动物的例子中,同样的冲动也不是都同样地给所有的动物带来好处;愤怒有助于狮子,恐惧则有益于牡鹿,好斗有助于雄鹰,怯懦则有益于鸽子。但是,如果说事实并非是最好的动物最容易发怒,那又如何呢?我相信,那些通过掠夺来获取食物的野兽们,它们越愤怒就做得越好;但是我所要称赞的却是牛和马的忍耐,它们对于缰绳的服从。然而,人拥有整个宇宙和神为标准,所有生灵中,唯有人能理解神,从而可以模仿神,那么,为什么你还要把人类引导到那种低下可怜的标准上呢?你会说:"那些容易发怒的人被认为是所有人中最自然纯朴的。"是的,与那些狡猾的、诡计多端的人相比,他们确实看上去自然纯朴,因为他们不加掩饰。然而我会把他们称为"鲁莽轻率"而不是"自然纯朴"。我们用之于傻子、酒徒、败家子以及所有掩盖其恶行很糟糕的人身上的正是这个术语。

你会说:"有时演说家在愤怒时表现得更加出色。"并非如此,而是在他假装愤怒的时候。因为演员也同样是通过他的慷慨陈词来打动观众的,但不是在他愤怒的时候,而是当他扮演这个愤怒的角色很成功的时候。因此,在陪审团面前,在公共集会上,每当我们用自己的意愿影响其他人的心灵时,我们就必须有时假装愤怒,有时假装害怕,有时假装可怜,这样我们就可以使别人受到同样的感动;对一种情感的假装常常会产生真实的情感无法产生的效果。你又说:"毫无愤怒的心灵是没有活力的。"如果它得不到比愤怒还要强有力的东西的激励,那么也确实会这样。一个人既不应该是拦路抢劫的强盗,也不应该是强盗的受害者。既不应该心肠太软,也不应该残忍无情;前者在精神上太软,后者则太硬。那么就让智慧的人表现适中吧,在需要强有力手段的地方,就让他不要去运用愤怒而是去运用强制吧。

处理完了关于愤怒产生的问题之后，现在让我们思考它的补救办法。在我看来，只有两个规则——不陷入愤怒，以及在愤怒时不做任何错事。正像在照料身体的时候，某些规则是用来保护健康的，另一些是用来恢复健康的。同样，我们也必须用一种方法来击退愤怒，用另一种方法来抑制愤怒。为了能避免愤怒，我们会制定某些应用于整个一生的规则；这些可以划分为两大类——受教育时期和以后的时期。

受教育时期需要最多地加以注意，它也将被证明是最可受益的时期；因为当心灵还很稚嫩的时候去训练它是很容易的，而要去控制那些已经随着我们的长大而长成的恶习则是一件困难的事。炽热的心灵本性上最容易愤怒。众所周知，存在着火、水、气、土四种元素，因此也就有四种相应的性质，热、湿、冷、干。因而，地区之间，动物之间，物质之间，性格之间各种各样的差异都是由这四种元素的混合造成的；因此，如果混合体中拥有某种元素较多，那么在性质上就会显示出朝着某一方面的较大偏向。正是由于这个，我们才把某些地区称为湿的，某些地区称为干的，某些为热的，某些为冷的。同样的区分也适用于动物与人，每个人身上有多少湿的和干的元素，这将造成很大差异；他的性格就由在他身上占据优势份额的元素所决定。心灵的炽热构成会产生狂怒的人，因为火是活跃主动而又难以驾驭的；冷的混合物产生懦夫，因为冷是缓慢而又收缩的。因而我们学派中的一些人就认为，愤怒是由于心脏周围的热血在胸口沸腾所引起的；之所以会把这个特殊的场所指派给愤怒，无非是由于整个身体最温暖的部分就是胸口。在那些拥有更多湿性的人身上，愤怒是逐渐增长的，因为没有现成的热量，而是要通过运动去获得：所以孩子和妇女们的愤怒比较强烈，但不严重，它在开始的时候程度较轻。在生命的干性时期①，愤怒是强大而有力的，但是不

---

① 四大元素的不同构成比例决定了不同年龄和性别的人的自然倾向不同。"冷"是空气的属性，与宁静平和有关。也许它是中年人的特征性气质。

会有什么增长，几乎显不出什么增加来，因为热这时正在衰退，而冷随之而来。老人只是易发怒和爱抱怨，病人、正在康复中的人以及所有由于体能耗尽或血液流失而使身体热量消耗的人也都如此。由于饥渴而憔悴的人和身体贫血、营养不良以及虚弱的人的情形也是如此。酒会引起怒火，因为它增加热量；有些人大醉时会全身沸腾，另一些人则只是微醉就会这样，每个人的情况根据自己的本性而定。红头发和红皮肤的人之所以脾气极端暴躁只是因为他们生来就具有别人在发怒时常常呈现的这种颜色；因为他们的血是活跃不安的。

除了本性使某些人易于发怒，还有一些偶然因素也能起到与本性一样的效果。有些人的愤怒是由生病或身体受伤所导致的，另一些人是由于辛劳和无休止的熬夜，由于焦虑不安夜不成眠，由于长期的思念和陷入爱情所带来的；还有其他损害身体或心灵的事情，也都会产生一种容易抱怨的心理病态。但这些都是开始和原因；发挥最大作用的要数习惯；如果这是根深蒂固的，那么它就会助长缺点。至于本性，是很难改变的，我们不可能改变一生下来就已经一劳永逸地结合在一起的元素；但是始终知道这一点是很有用的，这样，火暴脾气的人应该远离饮酒；柏拉图就认为孩子们应该禁酒，以防止火上加火。① 这样的人也不要使劲塞饱肚子；因为他们的身体会膨胀，而他们的心态也会随着身体而膨胀。他们应该进行辛苦的锻炼，多消耗，以便减少热量，但不会用尽；这样，他们过高的狂热就会消退。游戏也是有益的，因为适度的快乐会使心灵放松并使它平衡。较湿的和较干的本性，以及冷的本性并没有发怒的危险，但是他们必须意识到那些较为卑下的缺点——恐惧、乖戾、气馁以及多疑。因而这样的本性需要激励、放任以及唤起兴奋。某些治疗方法是用来抵制愤怒的，另一些则是用来抵制生闷气的，既然治好这两种缺点不仅要用不同的办法，而且甚至要用相反的办法，那么我们应

---

① 柏拉图：《法义》卷2，666A。

该始终打击已经变得较强大的缺点。

要我说，在一开始就给孩子们以正确的训练是最有好处的；然而指导起来比较难，因为我们要尽一切力量既不在他们身上培养愤怒，又不导致他们与生俱来的勇气锋芒皆无。这件事需要小心注意，因为这两种品质——需要加以鼓励的这种和应该予以制止的这种——是由相似的事物所哺育的，而相似的事物甚至很容易骗过密切观察的人。通过自由，激情①就能得以生长，通过奴役，激情就受到压制；如果称赞并引导激情向往善的事物，它就往上增长，但是这些方法也同样养育出傲慢和脾气；因此我们就必须在这两个极端之间引导孩子，时而使用马勒来约束，时而使用马刺来激励。他应该不屈服于任何屈辱的事情、任何奴颜婢膝的事情；也绝不应该让他不得不谦卑地乞求，即不要让乞求有利可图——相反，应该奖励的是他自己的优点、过去的品行及成功的希望。我们不能允许他在和游玩伙伴的搏斗中被击倒或发怒；为了能够让他在搏斗中养成只想战胜对手而不是伤害对手的习惯，我们必须不厌其烦地关照他友善对待那些与他练习搏斗的人。每当他占据了优势或者做得值得称赞，我们就应让他得到鼓励，但不可让他过分得意，因为快乐会导致过分欣喜，过分欣喜则导致过于自负和自视过高。我们也允许他得到一定的放松和休息，不过不能让他堕入到懒惰和安逸中去，而且要让他远离一切娇生惯养的腐蚀；因为再没别的东西能像娇生惯养那样让孩子脾气变得火暴了。因此，对一个孩子越放纵，监管越随意，他的性情就越容易被宠坏。他不能忍受断然的拒绝，因为他从未被拒绝过任何事情，他的眼泪总是由焦急的母亲帮他擦去，他被允许对他的家庭教师为所欲为。难道你没有注意到，伴随着每一个更高程度的幸运都会出现更大的愤怒倾向？这一点在富人、贵族和官僚中就特别明显，尤其是当他

---

① "激情"是柏拉图心理学三大要素——理性、激情、欲望——中的一种，也可以翻译为"勇气""怒火""血性"。柏拉图认为激情可以帮助理性，也可以帮助欲望。如果是前者，是好的，比如战士帮助政治家。如果帮助后者，则是坏的。——译者注

们眼中的那些轻浮卑琐的家伙由于小人得志而过分膨胀的时候。成功会助长愤怒，尤其是当那些阿谀之徒聚在你周围，趴在你那自豪的耳边低声私语时："什么，那个人竟敢和你顶嘴？你对自己的估计和你的重要地位可不相称；你这是自贬身份啊！"——这样那样的阿谀奉承即使是那些理智的、原本心态平静的人也难以抵挡。因此童年时期应该远离所有的阿谀之辞；要让孩子听到真话，有时甚至要让他害怕，让他总是彬彬有礼，让他在长辈面前起立。不要让他通过愤怒来满足要求；要在他安静时给予他哭泣时被拒绝的东西。而且，还要让他看见父母的财产但是却不能使用。一旦做错了事就要让他承受责备。给孩子们找性情文静的老师和家庭教师对他们的成长有好处。每个小东西总是依恋与之最亲近者，并且会长得像他一样；保姆和家庭教师的性格不久就会在青年人身上得到再现。有一个在柏拉图的家里抚养成人的孩子，在他回到父母身边后看见他的父亲雷霆大怒时，他的话是："我从来没有在柏拉图那里看见过这种事情。"我不怀疑他会比学柏拉图更快地学他的父亲！最重要的是要让他饮食简单、衣着朴素，让他的生活方式与他的同伴一样。你从一开始就应该把他与很多人同等对待，以后他是绝不会冲着被认为与他平等的人发怒的。

这些规则都只是关于我们的孩子的。然而，在我们自己的情况中，我们出生时的命运和我们的教育并不能提供借口——或是出身作为恶习的借口，或是教育作为训导的借口；我们必须对出身和教育所产生的结果加以调节。因此，我们必须抵抗愤怒产生的最初触动因素。愤怒的触动因素是一种受到伤害的感觉，我们不要轻易相信这种感觉。即使目睹了某种公然的和显而易见的行为，我们也不应该急于承认这种感觉。因为有些错误的东西看上去就像是真的一样。我们应该始终给予一定的时间；一天时间就能够揭露事情的真相。不要轻信诽谤者。人类本性有一个弱点，我们必须意识到，并且要对它持有戒心——即我们很愿意相信我们所不愿意听到的东西；并且我们甚至还来不及形成判断，就已经勃然大怒。当我们不仅由于别人的控诉而且由于无端的猜疑而激起愤怒，并且对另外一个人的表情或微笑作最恶劣的解释，冲着无辜的人们发火时，我们会说出什么话来呢？因此我们应该倾听不在场的人的反面意见，让愤怒暂缓发作；因为被推迟的惩罚仍然可以实施，而一旦实施就不能再收回。

大家都知道那件刺杀暴君者的故事。他还没有刺杀成功就被捕了，希比亚斯①为了逼他说出同谋，把他送去上刑；于是他说出了聚集在暴君周围的暴君朋友们的名字，因为他知道，暴君的安全所特别仰仗的正是这些人。希比亚斯按照供出来的名字把他们一一杀死以后，他问还有没有其他人。"没有了，"这位刺客说，"就剩了你一个；我没有漏下任何一个关心你的人。"暴君愤怒的结果就是被想刺杀他的人借刀杀人，杀死了保护自己的人。相比之下，亚历山大是多么的更有勇气啊！在读到他母亲的来信警告他要小心他的医生菲利普下毒以后，他毫不惊慌地拿起杯子一饮而尽。在关于朋友的事情上，他更相信自己的判断。他的朋友配得上澄清自己，配得上证明自己的清白！我之所以更为赞赏亚历山大的这一点，是因为没人比他性情更为暴怒。自制在国王当中越少见，他的这一点就越值得赞扬。恺撒大帝同样显示出这一点，他赢得了内战的胜利，但却非常宽容地对待他的胜利；在截获几包被认为是反对派或中立派的人写给庞培的信以后，他就下令把它们烧了。尽管在一定限度内他有纵情发怒的习惯，然而，他宁愿使自己无法发怒。他认为最高尚的宽恕是不去知道每个人所犯的过错。

轻信是大灾祸的一个源头。一个人甚至应该经常不去听人告发，因为在某些情况下受蒙蔽要比起疑心好。怀疑和猜想是最有欺骗性的挑拨，应该把它们从心灵中驱逐出去。"那人并没有礼貌地问候我；这一个没有回吻我；那一个突然地中断了谈话；这一个没有请我吃饭；那一

---

① 希比亚斯（Hippias），公元前527年继承其父担任雅典僭主。

个看起来在躲着我。"我们不会缺少怀疑的理由的。但是解释这些事情时却需要坦荡直率、宽宏大量。我们应该只相信映入我们眼帘的、明白无误的东西,而每当我们的猜疑被证明是没有根据时,我们就应该斥责我们的轻信;因为这种自我责备会养成不再轻信的习惯。

接下来要谈的是这一点:我们不要被无关紧要、微不足道的小事所激怒。一个奴隶动作太慢,或者掺酒的水不够热,或者床垫被弄乱了,或者桌子摆得太粗心了——被这样的事情所激怒就是疯狂。喝一小口酒就退缩的人,不是病了就是健康状况很差;眼睛对白布感到刺激必定是出了什么毛病;看到其他人在干活他自己就感到痛苦的人,必定是被享受的生活掏空了身心。有个故事说从前有一个锡巴里斯(Sybaris)的公民,名叫明狄里德斯(Mindyrides),他看到有个人正在高处挥舞着鹤嘴锄挖东西,就抱怨说这使他觉得很累,要求那人不要在他眼前干这样的活;这个人还抱怨说,他觉得更糟糕的是他躺过的玫瑰叶子都被压坏了!当快乐已经腐蚀了心灵和身体以后,那就什么都看不下去了,不是因为受这种苦很艰难,而是因为受苦者是个软骨头。为什么某人的咳嗽或喷嚏,对驱赶苍蝇的疏忽,徘徊不去的狗,或者从粗心大意的仆人手中滑落而掉下来的钥匙就能一下子把我们扔进愤怒中去呢?被长凳拖过地板的摩擦声刺伤了耳朵的可怜虫——他能镇静自如地忍受公共生活中的争吵以及在集会上或者议院里倾泻到他身上的辱骂吗?因奴隶把酒和雪混合时的疏忽而冲其发火的人,他能够忍受一次夏季战役带来的饥渴吗?因此,没有东西会比来自享乐生活的放纵和偏执更有助于愤怒的了;因此心灵应该受到艰苦的训练,除了压倒性的打击,什么都别理睬。

我们的愤怒要么是由我们根本不可能受其伤害的事物激起的,要么是由那些我们确实可能受到伤害的事物激起的。某些没有生命的事物就属于前一类,比如因为字迹写得太小而经常被我们扔掉或者因为满是错误而经常被我们撕碎的手稿,或者由于不喜欢而扯成碎片的衣物。但是，冲着那些既不值得我们愤怒、也感觉不到我们愤怒的东西发怒是多么愚蠢啊！你会说："但是，当然是那些制造了它们的人冒犯了我们。"但是，首先，我们常常还没在心里作出这种清楚区分就已经生气了。其次，也许制造者本身还会提供合理的借口：这一位已经尽力了，他手艺不好并不是出于对你的不尊重；另一位的行为并不是想冒犯你。最后，有什么能比先积攒对人的怒气，然后发泄到东西上更为疯狂的呢？但是，既然冲没有生命的东西发怒是疯子的行为，那么冲不会说话的动物发怒也不见得好多少：这些动物是不会伤害我们的，因为它们不可能想这么做；因为除非来自故意，否则不可能有伤害。因此，它们能像剑或石头那样损坏我们，但是它们不能伤害我们。但是有些人认为，当同样的一匹马对一个骑手顺从，对另一个骑手却桀骜不驯的时候，这另一个骑手就受到了污辱，就好像某些动物更容易被某些人驾驭应归于动物的选择而不是更应归于骑手的熟练控制技巧一样。但是冲这些动物发怒，与冲孩子们发怒以及冲那些在智力上和孩子们没有多少差别的人发怒，是同样地愚蠢。因为在一个公正的法官看来，所有这类错误都可以判决为无知，等于无罪。

　　但是有某些行动者，他们不可能对我们造成损害，他们不拥有任何无益于我们的力量，比如，不朽的神，他们既不想也不能伤害我们。他们生来就是温和友善的，他们不能伤害别人就像不能伤害自己一样。因此，那些因为大海的残暴、雨水的过量、冬季的残酷无情而对神指控的人是疯狂和无知的；所有这些有害或有益于我们的现象都不是针对我们哪个人策划的。宇宙并不是为了我们而带来严冬酷暑；这些都有自己的法则，神的计划据此而运行。如果我们认为自己足以成为这类强大运转的原因，那就太高看自己了。因此这些现象的发生，没有一个是为了伤害我们，不仅如此，而且正相反，它们都趋向于我们的利益。我说过有某些行动者不能伤害我们，某些则不会伤害我们。好的地方官，父母双亲，教师和法官都属于后者；我们应该以一种服从外科医生手术刀、食谱养生疗法以及其他虽引起痛苦却带来好处的心态来服从他们对我们的惩戒。我们受到了惩罚；那么就多想想我们做了些什么，而不是我们遭的苦难；让我们召唤自己对过去的生活下一个判决吧；如果我们愿意对自己坦诚相待，那么我们就会承认我们本来应该付出更高的罚金。

如果我们在所有事情上都愿意扮演公正法官的角色，那就让我们首先确信这一点——即无人能免于错误。因为我们的绝大多数愤怒都起于我们的这些说法，"我不应该受责备"；"我没有做错任何事"。我们对某些申斥的指责和惩罚感到恼火，尽管我们这也是在犯错误，因为我们在错误上又加入了傲慢和固执。有这样的人吗，他能宣称说自己在任何法律的眼中都是清白的？但是，就算这是可能的，拿法律来作为美德的标准，那他的清白又是多么的有限！责任的原则要比法律的原则内涵广得多！由责任感对我们提出的要求又有多少呢，博爱、宽容、正义、正直，所有这些都超出了成文的法律典籍！但是，即使在那种极其狭隘的"清白"的定义下，我们也不能为我们的这种宣称作担保。有些罪恶我们犯过，有些我们考虑过，有些我们想要去做，有些我们曾经怂恿过；在有些事情中我们是清白的，只是因为我们没有得逞。把这个牢记在心，让我们更为公正地对待违反法律者，更为留心地倾听那些指责我们的人；尤其是不能对着好人发怒（因为如果我们对好人都要发怒，那么谁还能幸免呢），最不应该的是冲着众神发怒。因为并不是他们的权能，而是我们必然可朽的特征，使我们不得不承受灾难加于我们的痛苦。你会说："但是疾病和痛苦袭击着我们。"然而，无论如何，总有一天会结束的，因为我们得到的是一个脆弱的肉体。

你会听说有人说了你的坏话；那么先考虑一下你有没有说过他的坏话，考虑一下你说了多少人的坏话。就让我们认为，某些人不是在伤害我们，而是在偿还我们；就让我们认为，某些人是被迫做的，另外一些人则是出于无知；就让我们认为，即使那些故意的人，当他们在伤害我们时，目的只限于这一伤害。这一个人是聪明反被聪明误，那一个人确实做了，但不是来妨碍我们，而是因为不把我们推开他就不能实现他的目标；即使是谄媚，在奉承时也会冒犯人。如果有人能回想起来自己是多么经常地陷入到毫无价值的怀疑中去，有多少次他善意帮助的机会却蒙上了伤害的外衣，有多少人他曾经一度憎恨后来却学会了去热爱他们，那么他就能避免所有骤然的怒火，特别是如果每当受到冒犯时，他都能首先默默地对自己说："我自己也曾经犯过这个错误。"但是你上哪儿去找这么公正的一个法官？如果一个男人垂涎每个人的妻子，并且认为仅仅她属于别人这个事实就足以成为他勾引她的充足而正当的理由——那么这个男人是不会让他的妻子正眼看人的；严厉强制别人忠诚的人正是一个不忠者，惩罚谎言的人本身就是一个伪君子，精于欺骗的律师深深地痛恨对他本人进行的控告；对自己的贞节无所谓的人却不允许别人玩弄自己奴隶的贞操。别人的恶行，我们把它放在眼前，自己的，却把它藏在后面；因此才会出现一位比儿子还要坏的父亲指责他的儿子过早地寻欢作乐，才会出现一个人不宽恕另一个人的过分，却不限制他自己的过分；才会出现杀人者激起暴君的愤怒，抢劫神庙的强盗惩罚小偷。大多数人不是冲罪恶发怒，而是冲作恶者发怒。如果我们让自己这样去想："难道我们自己就从来没有干过这种事？难道我们从来就不会犯下同样的错误？去谴责这样的行为对我们合适吗"，那么我们就会通过自我审查而变得更为宽容。

  矫正愤怒的最好办法就是延缓。首先请暂缓发火，不是为了它会宽恕，而是为了它能判断。它最初的攻击是猛烈的；等一会儿就会停止。不要想着立刻把它摧毁；零敲碎打地攻击它，它就会彻底地被征服。在冒犯我们的事物中，有些是听人告发的，有些是我们亲自耳闻目睹的。对于听人说的，我们不要立刻就相信；很多人歪曲事实，以便欺骗别人。还有很多人则是因为他们自己蒙受了欺骗。很多人通过控告来迎合我们的好感，并会捏造一个伤害的事实，以便他可以表示深感痛心；还有些人心地险恶，总想打碎亲密无间的友谊；还有那尖酸刻薄的人，恨不得天下大乱，无事生非，他好躲在安全的地方观赏被他挑动的朋友之间的打斗。即使是一个小小的赔偿问题请你裁决，你也会要求证人来证实这个要求，除非是经过发誓，否则这个证人毫无分量；你会向双方保证程序的公正，你会给他们时间，你也不会偏听一面之词；因为你越频繁地走近事情的真相，它就会变得越一目了然。所以，你会当场谴责一位朋友吗？你会在听他的解释之前，在你询问他之前，在他有机会了解他的原告或指控是什么之前就冲他发怒吗？什么，你已经听了双方的说辞了吗？向你提供消息的人，如果你逼他证实自己所说的话，那么他就会自动停下谈论，"没有必要把我拖进去，"他说，"如果要我出庭，我就不承认；你要是不同意，我就决不告诉你任何事情。"他既怂恿你向前，同时自己又从这场冲突和斗争中抽身缩回。我们可以说，这个除非是在偷偷摸摸的情况下否则不愿意告诉你任何事情的人，他没什么可说的。还有什么比背地里相信别人却要公开地发怒更不公正的呢？

对于别人的某些冒犯，我们自己就能做证；在这种情况下我们应该深入了解冒犯者的身份和目的。是一个孩子冒犯了我们吗？那么年龄就可以成为他的理由——他不知道什么是错误。是一个长辈吗？或者是他曾经对我们这么好，所以有权伤害我们，或者也许冒犯我们的这个行为实际上是一次帮助。是一个妇女吗？这只是一次过失。是执行命令的某个人吗？心地公正的人对不可避免的事有什么好恼火的呢？是被你伤害的某个人吗？那么你是这件事的始作俑者，你不得不承受它，这并没有什么不公正。是一个法官吗？你应该相信他的看法更甚于相信你自己。是一个国王吗？如果是你犯罪的时候他惩罚你，那么服从正义吧；如果是你无辜的时候，那么服从命运吧。也许是一个不会说话的动物，或者像哑巴一样的东西？那么，如果你生气，你就会变得像他一样。是一次疾病或厄运吗？如果你顺其自然它就会很轻松地过去。是神吗？当你对他发怒，就像你祈求他对别人发怒一样，都是在浪费你的痛苦。是好人伤害了你吗？那么别信它。是个坏人？不足为奇；他会因此受到来自别人的惩罚的，而且一个人犯罪本身就已经惩罚了他自己。

　　如我所说，引起愤怒的有两个条件：首先，我们认为我们受到了伤害——关于这点已经说得够多了；其次，我们认为我们是不公正地受到了伤害——关于这一点我们现在就要谈到。人们把某些事情判断为不公正，有时是因为他们认为自己不应当承受这些事情；有时是因为他们没有料到这些事。意想不到的事情我们认为是不应当承受的。因而我们就会被所有违背我们愿望和期待而发生的事情大大地激怒。这就是为什么我们会被家庭琐事所惹恼、会把朋友之间的忽视称为"不道德"的原因。你会质问道："那么，为什么敌人所干的坏事也会激起我们的愤怒呢？"因为我们并没有预料到，或并没有料到伤害会有这么严重。这个又归因于过分的自爱。我们认为自己甚至不应该受到敌人的伤害；每个人在内心都具有国王的观点，愿意运用任意行事的特权，但是又不愿意因此而受罪。所以，使我们易于发怒的不是傲慢就是无知；因为恶人做恶事有什么值得惊奇的呢？如果一个敌人伤害我们，一个朋友冒犯我们，一个儿子做错了事，一个仆人犯下大错，那有什么奇怪呢？费边曾经说过，用"我没想到"当借口，对一个指挥官来说是最耻辱的；我则认为它对任何人来讲都是最耻辱的。应该想到一切事情，料到一切事情；即使在好人身上也会出现某种不公平。人类的本性会产生欺诈瞒骗的心地，忘恩负义的心地，贪得无厌的心地，不负责任的心地。当你要对某个人的品质下判断的时候，仔细考虑普通的大多数人吧。

　　当你最开心时，也是你最应该害怕之际。当一切事情在你看起来风平浪静时，损害的力量并非不存在，而是尚未活跃而已。要始终相信可能会有某种不幸来打击你。没有船长会轻率到为了尽快缩短航行，就在工具还没有齐整的情况下扯开满帆。最重要的是要牢记这一点，即伤害的能力对人来讲是最恶毒、讨厌而又不合人性的，即使是凶猛的野兽也会被人的友善所驯化。只要看一下大象是如何让它的脖子服从轭的支配，男孩和女人们是如何地跳上公牛，并且安全地踩着它们的脊背，毒蛇是如何毫无危害地在我们的杯子中间和怀中爬行，狗熊和狮子，当驯养员在它们笼子里的时候，表情又是多么温和，野兽们又是如何地讨好它们的监管人——我们应该为我们与野兽的这种角色交换感到羞愧。伤害自己的国家是犯罪；因此，伤害一个同胞也是犯罪——因为他是这个国家的一部分；如果我们尊崇整体，部分也应受到尊重：因此，伤害任何人都是犯罪，因为他是那个更大的共同体中的你的一位同胞。万一手要伤害脚，或者眼睛要伤害手，那又会有什么结果呢？身体的所有成员都处在彼此和谐之中，因为单个成员不受损害，这是合乎整体的利益的。因此，人类也应该不伤害个体，社会只有通过它的成员之间的爱和互相保护才能不受损害。我们甚至不会去打死一条毒蛇、水蛇或任何其他通过叮或咬来损害我们的动物，如果我们能够使它们变得友好或者不成为对我们的威胁的话。因此，我们也不应该因为一个人犯了错就去伤害他，而是为了让他不再犯错而惩罚他。对他的惩罚绝不应该着眼于过去，而是应该着眼于未来；因为我们的做法并不是愤怒而是预防。如果每个本性邪恶、堕落的人都应受到惩罚，那就没有人能免于惩罚。

"但是在愤怒时当然有某种快乐，"你会说，"报复真是痛快。"一点也不。就像在友善的行为中以善行酬谢善行并不值得荣耀一样，以伤害回报伤害也并不光彩。在前一种情况中，做得不如别人是可耻的，而在后一种情况中，做得过分是可耻的。"复仇"是一个野蛮的词，但是人们却接受它为合法的；而"报复"除了在等级上有所差异外并没有太大的区别；回报痛苦的人只不过是犯了一个较可原谅的罪而已。有一次当马库斯·伽图（Cato）[①] 在公共澡堂时，某个人，因为不认识他，无意间打了他；你想谁会故意伤害那位伟大人物呢？后来，当这个人道歉时，伽图说："我不记得曾经挨过一拳。"他觉得不计较这件小事比记恨它要好。你会问道："那么这个家伙岂不是没有为这种无礼的行为

---

① 这是小伽图，是著名的斯多亚道德家和元老，支持庞培，反对恺撒。

而受到惩罚吗？"没有，但是很好——他开始认识伽图。只有一个伟大的灵魂才能不计较伤害；最令人耻辱的一种复仇就是认为对手不值得报复。很多人在复仇时，把那些轻微的伤害牢记在心。就像高贵的猛兽不理睬小狗的叫声那样不去计较伤害的人，才是伟大而高贵的人。

你会说："如果我们报了伤害之仇，就会少受轻视。"如果我们为了少受轻视必须诉诸这样一个办法，那么就让我们毫无愤怒地去做。不要带着"复仇是快乐"的想法去做，而是因为复仇是有用的。然而，常常是，假装不知比为此复仇要好。来自更强大者的伤害必须忍受，不仅要顺从地忍受，而且要带着愉快的表情去忍受；如果让他们确信他们已经成功地伤害了一次，他们就会再次伤害。由于命运的垂青而变得傲慢自大的人都有这个严重的缺点——他们对自己伤害的人还感到仇恨。那位服侍国王而活到老年的人，他的话大家都熟悉。当有人问他怎么会做得如此少见的成功，也就是说能活到晚年，他回答说："领受伤害而报以感激。"因此，报复伤害是远远没有用的，甚至承认受到过伤害也常常是不明智的。帕斯多（Pastor）的儿子，一个著名的罗马武士，因为他的纨绔习气和过于精心打扮头发而冒犯了恺撒，恺撒把他送进了监狱；当这位父亲乞求饶恕他儿子的性命时，恺撒就像受到了提醒去惩罚他一样，立刻命令将他处以死刑；然而为了不对那位父亲太残忍，那天恺撒请他一起吃饭。帕斯多真的来了，脸上也没有显出任何责备的神情。恺撒拿酒杯向他敬酒，祝他身体健康，并让人监视他喝酒；这个可怜的人把酒干完了，尽管他看上去像是在喝他儿子的血。恺撒于是送了他香水和花环，下令去监视他，看他是否使用：他也用了。就在他埋葬他儿子的这一天——不，在这之前的一天，他坐到一百个宴饮的客人中间；尽管年老体弱又患有头风，他还是一口气喝干了甚至在孩子生日时也很少喝的那么多酒，自始至终没有流一滴眼泪，也没有显出任何悲伤的迹象；吃饭时，他的举止就好像是他为他的儿子求的宽恕得到了恩准一样。你问为什么？他还有一个儿子。伟大的普里阿摩斯又是怎么做的呢？他不是掩饰了他的愤怒而且去拥抱那位王者的双膝吗？他不是把沾满着他儿子的血的屠夫之人的手送到嘴边亲吻吗？他不是也吃饭吗？确实，但是他并没有香水和花环，他那嗜杀成性的敌人用甜言蜜语来逼他吃东西，但并没有让人站在旁边看着他，同时逼他喝干大杯的酒。这个罗马人的祖先，如果他为自己感到害怕，你就会鄙视他。尽管如此，慈爱控制了他的愤怒。他理应被允许离开酒席，以便能够去收殓他儿子的尸骨；但是，这个年轻的王者尽管很友好而礼貌，却连这个也不允许；他频频举杯祝老人身体健康，并以劝其节哀来折磨他；而这位父亲却显出高兴的样子，显得似乎忘掉了那天敌人所做的一切。如果这位客人惹得那位刽子手不高兴，他的另一个儿子就会在劫难逃。[①]

因此，我们必须抑制愤怒，不论挑起它的是与你旗鼓相当的人还是比你强的人或者比你差的人。和旗鼓相当的人斗是极其危险的，和比你强的人斗是丧失理智，和比你差的人斗则是有辱身份。一个在被咬时就一定要反咬一口的人，是卑劣而又可怜的人。老鼠和蚂蚁，如果你把手伸近，它们确实会冲着你来；虚弱的动物，只要被碰一下就会认为受到了伤害。此刻激起我们愤怒的人，如果我们能记着从前从他那里受到的好处，我们就能变得更为友善一些；就让他过去的友善来弥补现在的过错吧。我们还要牢记：我们会从自制忍耐的名声中获得多少赞许，有多少有用的朋友是从宽宏大量中交来的。从苏拉残暴的例子中就产生了这样一个教训，即我们不要冲个人和政敌的孩子发怒，因为他甚至把被放逐者的孩子都从这个国家驱逐出去了。让一个儿子继承父亲所遭受的仇恨，没有比这个更不正义的了。每当我们不愿意宽恕时，就让我们想一下，如果所有的人都冷漠无情，对我们是否有好处呢？那个拒绝原谅的人，他是多么经常地去寻求原谅啊！那个他拒绝原谅的人，他是多么经

---

① 故事见荷马《伊利亚特》卷24，477—479。希腊联军大将阿基里斯杀了特洛伊王子赫克托，拖着尸体回到军营中。半夜时分，特洛伊老王普里阿摩斯单身潜入希腊军营，求阿基里斯放回赫克托的尸体。

常地趴在其脚下请求原谅啊。还有什么比拿愤怒换友谊更美妙的呢？罗马人拥有的盟友中，还有谁比曾经一度是最顽固的仇敌更为可靠的呢？如果不是正确的远见把胜利者和被征服者联合起来，这个帝国今天又会在哪里呢？一个人发怒了吗？你是不是正相反，用善意去向他挑战呢？仇恨如果被一方放弃立刻就会死亡；一个巴掌是拍不响的。但是，如果双方都要愤怒了，如果冲突产生了，那么首先退让的人就比较好；被征服的人就是胜利者。如果有人打你，那么向后退；因为如果回击，你就会给他机会和借口来重复他的打击；当你后来再想解脱时就不可能了。

谁愿意拼命刺向敌人，以至于手插入伤口无法拔回来？但是愤怒就是这样的武器；它是很难收回的。我们很注意去拥有轻便的武器，灵活而顺手的宝剑；难道我们就不会避免那些笨拙、粗重而又不能控制的精神爆发吗？最值得追求的速度就是那种能按照要求来控制的速度，它既不会跑过头，也能被改变，能从奔跑降低为散步；当我们的肌肉不听使唤地抽搐时，我们就知道它们得了病；当他想走路时却跑起来的人，不是老了就是身体出了毛病。在心灵的运行中，我们把那些按照我们的意愿开始的、而不是自行乱冲的，当作是最清醒和健全的。

然而，再没有比先考虑一件事物的可怕性、然后考虑其危险性更显得有益了。没有别的情感会拥有一个如此混乱的外表：它使最美丽的面容也变得丑陋；最平静的表情也因它而变得扭曲和凶恶；一切优雅的风度都离它而去；如果他们的衣着本来整洁而时髦，它也会让它们凌乱不堪，不顾个人外表；如果他们的头发自然地或者梳得光滑整齐，也会因为感受到心灵的状态而怒发冲冠；血管膨胀起来，胸口因为急促地呼吸而备受折磨，脖子也因激昂的话语喷涌而变得肿胀；四肢颤抖，两手无措，整个身体焦躁不安。当其外在表现是如此可怕的时候，你想里面是一种什么样的心灵状态呢？在这个人的胸膛里，其表情又会是多么的更为可怕，其呼吸又会是多么的更为猛烈，愤怒之弦又会是多么的更为紧张，以至于它如果不能找到一次喷发自己的机会就会爆炸！这就像是被杀戮的鲜血浸湿或嗜杀的敌人或野兽的面貌；它是诗人头脑中来自地狱的妖怪，周身缠满了毒蛇和吞吐的火苗；它是从地狱中流出来在民族中间挑起战争和冲突并把所有的和平撕成碎片的幽灵；让我们这样来描绘愤怒——它的眼睛烈焰燃烧，狂风大作，伴随着呼啸、怒吼、呜咽、尖叫以及其他一切讨厌的噪声——如果还有这样的声音的话，双手挥舞着武器（因为它根本就不注意自我保护），在猛烈而血腥的挥舞之中，打得自己遍体鳞伤，步伐紊乱，蒙身于黑暗之中，疯狂地冲锋、掠夺、击溃，辛苦地与所有人的憎恨、特别是它自己的憎恨搏斗，如果不能找到别的办法来伤害，就准备把大地、海洋和天空都翻个个儿；这样的人憎恨别人，同样也被人憎恨。或者，如果你愿意，让我们从诗人的笔下来看这幅图画吧：

> 挥舞着她那血腥的鞭子，这位战争女神阔步向前，
> 或者说，冲突之神在她那支离破碎的长袍上夸耀着自豪。①

你也可以为这个可怕激情制作别的图画，它还可以被想象得更为可怕。

正如塞克斯提乌斯（Sextius）所评论的那样，让某些人发怒时照一下镜子是有好处的；他们身上的巨大变化让他们惊恐；尽管被带到镜子面前，面对着面他们还是认不出自己。而反映在镜面中的画面所揭示出来的又是真正丑陋中多么小的一部分啊！如果灵魂能够显示，如果它能处在可以照出它的物质中，那么当我们盯着它的时候，它那乌迹斑斑、红肿扭曲而又膨胀的外表就一定会让我们惊惶失措。实际上，尽管它只能通过血肉、骨头以及这么多的障碍物才能表现出来，它的丑陋还是如此地惊人——如果它能毫无遮蔽地显露出来又会怎么样呢？也许你会认

---

① 参看维吉尔《埃尼阿斯》卷8，702。

为没有人会被镜子中的愤怒所吓倒。那么，接下来怎么样呢？这个为了改变一下自己而走到镜子面前的人已经是一个改变了的人；当人们仍然愤怒时，他们会觉得凶猛、野蛮是最美丽的形象了，他们还希望看一下他们想要成为的这种样子。

　　我们更应该注意到这一点——愤怒本身已经自动地伤害了多少人。一些人因太多的激情而血管爆裂，声嘶力竭的喊叫带血喷出，汹涌的泪流挫伤了视线的锋芒，憔悴的人旧病复发。走向疯狂没有比这更快的捷径了。因此，很多人持续地陷入愤怒的疯狂之中，从未恢复被剥夺了位置的理性。正是疯狂驱使着埃阿斯（Ajax）走向自己的死亡，正是愤怒驱使着他陷入疯狂。所有这些人给他们的孩子招来死亡，给他们自己招来贫穷，他们否认他们正在愤怒，就像疯狂的人否认他们的疯狂。他们变成了最亲密朋友的敌人，最亲爱的人也不得不躲避他们；他们无视所有的法律，除非是作为伤害的手段，他们被琐碎小事所左右，很难用言辞或友好的行为去与人交往，他们总是让他们的行为伴随着暴力，随时准备着与刀剑搏斗或者向它进攻。事实的真相就在于，他们已经被众恶之最、万恶之首所控制。其他的恶来势缓慢，而它的能量却突然而彻底。简言之，它让所有其他的激情都俯首称臣。他征服最炽热的爱情，于是愤怒的人们刺伤他们所爱者的身体，躺在被他们所杀者的怀抱里；贪婪，这个最顽固不屈的恶行，被迫花费掉它的财产，放火烧毁它的家园，销毁多年积攒的珍宝，被愤怒完全踩在脚下。告诉我，野心勃勃的人不是打碎了他最珍视的权杖并且拒绝接受已经授予的荣耀？没有任何一种激情不受到愤怒的主宰。

| 第三卷 |

诺维图斯,现在我们将试着来做你特别期望的事情——我们将尽力从心灵中消除愤怒,或者至少要控制和约束它的狂暴。有时候,当这个疾病攻击较轻,使得有可能这样做时,必须直接而公开地做;有时候,当愤怒的火苗已经烧热而每一个阻碍只能加强和增长它的能量时,我们必须秘密地做。我们到底是应该击退它的进攻、逼它撤退,还是应该向它让步,等到它第一轮狂怒的风暴过去,以便不让它把这个解救的办法一起卷走,这取决于它的力量和强烈程度。

每个人的性格会决定他的行动计划:有些人屈服于苦苦哀求;有些人则会对向其让路的人再踏上一脚,这种人我们会通过使他们害怕来让他们安静;有些人则会因谴责而改弦更张,另一些则或是因忏悔,或是因羞耻,或是因拖延而回头,这最后一种是对疾速混乱的缓兵之计,只能用作最后的手段。因为其他的激情容许延迟,并且可以从容不迫地加以治愈,而这一种处在急剧而自行驱动的暴虐中,它不是缓慢地向前发展,而是在它开始的一刹那就已经羽翼丰满;与其他的恶不同,它不是引诱而是绑架心灵,它强迫那些完全失去自控能力的人渴求毁掉一切。它的狂怒不仅进攻它所瞄准的目标,而且进攻它在途中所碰到的一切。其他的恶会激励心灵,愤怒则颠覆心灵。即使一个人不去抵挡他的激情,至少激情自己也可能会停止。但愤怒则越来越强化它的猛烈,就像闪电的打击、飓风以及其他那些不仅在移动而且在坠落的、无法控制的事物那样。其他的恶是对理解力的反叛，这一个则是对清醒神志的反叛。其他的恶是温和地接近，默默地生长，而心灵却是一头栽进愤怒之中。因此没有比这狂乱的状态更困扰心灵，没有比这更相信自己的能力的了；如果它成功，就没有比它更狂妄自大的了；如果受到阻碍，也没有比它更疯狂的了。它不会因被击败而退缩为疲劳状态；因而如果碰巧它除去了敌人，它就会把它的利齿转向自己。它产生的根源并不一定很大；因为即使起于最琐碎的小事，它也会长成庞然大物。

它不会放过任何生命阶段，不会让任何阶层的人有什么例外。有些种族由于贫困的祝福而不知奢侈；有些人因为好动而避免了懒惰；有些人未开化的状态和简朴的生活方式使他们对欺诈和蒙骗以及所有法庭孵育出来的恶习保持着陌生。但是没有任何种族感觉不到愤怒的驱使，它同样控制着希腊人和野蛮人，它不会对那些尊重法律的人比对那些把权力当作权利的唯一标准的人更少具有破坏性。最后，尽管其他的恶能控制单个的人，但是它却是唯一一个能支配整个国家的激情。没有一个民族会为了一个女人整个地燃起爱情的火焰，没有一个国家会整个地把希望定在获取金钱或财富上；野心只是个人的，抓住的是个体；只有愤怒才会是整个民族的苦难。他们常常会一起冲入愤怒。男人和女人，老人和孩子，贵族和暴民，都会处于完全的一致中，这个联合体在寥寥数语之下就能怒火中烧，其表现完全超过煽动者本人。他们会立刻冲向剑与火，对邻国宣战，或者对自己的同胞发动战争；所有的房子全部被烧毁，不久前还因为口才而备受尊敬和欢迎的人，现在却遭到了来自他的追随者的愤怒；军团向它们的指挥官投掷长矛；所有的平民都和贵族发生冲突；元老院，国家最高委员会，还没等到征集军队，还没等到任命指挥官，就为自己的愤怒随意挑了一个执行者，搜遍整个城市的房子去追捕它出身高贵的受害者，亲手予以惩罚；来使受到了凌辱，国家的法律受到了破坏，闻所未闻的疯狂席卷了这个国家，不给任何时间来让公众的骚乱平息；舰队立刻就出发了，满载着匆忙聚集的军队；没有训练也没有占卜，在愤怒的领导下，抓过任何碰巧抓到的武器，这群乌合之众向前就冲；接下来，它就会用巨大的灾难来偿还愤怒鲁莽的冒险的代价了。当野蛮人任随心意地冲入战争时，结果就会这样；这时他们容易激动的心灵被受伤的表象所激怒，他们立刻就采取了行动，他们的愤恨拖着他们；所到之处，他们对我们军团的攻击就像雪山崩塌一般——一切都毫无组织，毫不畏惧，毫无防备，一切都在自取灭亡；他们在快乐中被杀死，或者迎着剑刃奋力向前，或者让身体刺入矛尖，或者因为误伤自己而毁灭。

你会说："毫无疑问，这样的力量是强大而致命的，因此，告诉我，怎样才能治好它。"然而，正如我在较早的几卷中所说，亚里士多德是为愤怒辩护的，禁止我们把它切除出去；他声称，愤怒是对美德的一种刺激物，如果心灵被剥夺了愤怒，它就会变得毫无防备，行动迟缓，并且对高尚的努力漠不关心。因此，我们的第一要务就是要证明它的丑恶和凶猛，并且把这些摆在眼前：当一个人冲同伴发怒时他是多么彻头彻尾的一个怪物，他是多么狂暴地冲过去实施毁灭——既毁灭他自己也毁灭除非他与之同归于尽才能毁灭的事物。他就像被飓风抓住一般，不是在走路，而是被推着向前，受着狂暴的恶魔的控制；他不是把他的复仇委托给别人，而是自己去实施它，这样，他的目标和行为同样地嗜血成性，他成为谋杀最亲爱的人的凶手，成为失去后立即又为之哭泣的东西的毁灭者；那么，告诉我，像这样的人，会有人把他称为神志清醒的吗？愤怒挫败决心，而没有决心，美德就会一事无成，因此，谁会把这个激情指定给美德作为它的支持者和伴侣吗？一个病人从热度的上升中所获得的力量是短暂而有害的，发热只是在为害上强有力。因此，假如人们对愤怒的估价并不一致，那么当我公开谴责愤怒的时候，你就不会认为我是在多此一举；因为有一个人，也就是他，一个著名的哲学家，认为它有一个功能，理由是它对于战争、对于国家事务——对于任何需要某种热情来完成的事业——是有用和有益的。为了使每个人都不会受骗认为愤怒在任何时候、任何地方是有用的，我们必须揭穿愤怒那不受控制而又狂暴的疯狂，必须把它自己的外在标记归还于它身上——如施加酷刑的马、绳索、监狱、十字架，绕着被插入地上的活人燃烧的烈焰，抓尸体的拖钩，以及所有各种各样的链条和各种各样的惩罚，撕裂四肢，额上烙印，恐怖的野兽的利齿——就让愤怒被放在它的这些工具中吧，而它则发出可怕而骇人听闻的嘶嘶声，这是一种比它借以发泄怒火的所有工具都令人讨厌的怪物。

关于愤怒，无论在其他方面还有什么疑问，可以确定的是，没有其他激情会有比它更糟糕的表情——那种表情我们已经在早几卷中描绘过——时而粗暴而凶猛，时而因血的回流散开而变得苍白，而当体内所有的热量和怒火已经转到脸上时，就会变得满脸通红、看上去就像浸在鲜血中一样，血管膨胀，眼睛时而不停地乱动和飞速地扫视，时而盯住一个固定的视点不动；再注意那牙齿碰撞的声音，听起来仿佛它们的主人正在专心致志地吞噬某人，又像野猪通过摩擦来削尖牙齿时发出的声音；请注意当双手被猛力地挤压在一起时关节发出的嘎吱声，心脏在胸口发出的持续的突突作响声，急促的呼吸和深长的叹息，摇摆不定的身体，断不成句的语词和突如其来的大喊；嘴唇时而抖动，时而紧绷，时而发出嘶嘶的诅咒声。我发誓，野兽不论是被饥饿还是被刺穿要害的钢铁所折磨——甚至当它们已经半死不活、冲向猎人作最后的撕咬时——也会比被怒火燃烧的人的外表更少一些丑恶。如果你有空去听他的叫喊和威胁，注意听从他那饱受折磨的灵魂里会流淌出什么样的语言！每个人当他意识到愤怒的冲动通过伤害、首先通过伤害他自己而开始时，他不是会很乐意阻止任何愤怒的冲动吗？如果有人完全听从愤怒的支配，并把它认作是力量的证明，如果有人把复仇的良机算进大自然带来的祝福中，那么，你不是会让我提醒他们说，一个人如果是自己的愤怒的俘虏，那他就并不强大——不，甚至不能被称为自由的？为了使每个人更为小心，在自己身上设置一个看守，你不是会让我提醒他们说，其他卑劣的激情仅仅影响最坏的那种人,而愤怒甚至潜入那些受过启蒙和神志清醒的人身上?确确实实有些人把愤怒称为"率直"的象征,确确实实人们普遍认为禀性最好的人最容易发怒!

你会说:"你这是想说明什么呢?"既然愤怒甚至把那些本性上善良友好的人也召入到残酷而猛烈的行动中去,那么没有人应该认为他自己能够免于愤怒。因为身体的健全和对健康的小心在意无助于抵御这种瘟疫——它会不加区别地攻击虚弱者和强壮者——因而冷静和倦怠的本性并不比更容易激动的那种秉性较少地处于愤怒的危险中;而它在他们身上造成的变化越大,他们的耻辱和危险也就越大。但是,既然首先是要求不发怒,其次是要求停止发怒,第三是治愈别人的愤怒,那么我将首先来谈如何避免愤怒,接下来谈如何让自己从愤怒中解脱出来,最后来谈怎样才能控制一个愤怒的人——怎样才能使他冷静下来并恢复到清醒状态。

如果我们反复地把愤怒的缺点放在我们面前,那么我们就会预先防止产生愤怒的可能,就会正确地评价它。我们必须在我们的心里提审它并且证明它有罪;我们必须搜查出它的罪恶并且将它们拖到光天化日之下;为了使它能够按照真实面目被展示,必须把它与所有最坏的东西作比较。人类的贪婪可以积攒和聚敛财富来为某个较好的人所用;而愤怒却是一个花费者——几乎没有人能不花代价地放纵于此。一个主人的愤怒驱使多少奴隶逃亡,促使多少奴隶死亡!放纵于愤怒所造成的损失比起导致愤怒的小事所造成的损失,是多么的更为严重!愤怒给一位父亲带来悲伤,给一位丈夫带来离婚,给一位官员带来仇恨,给一位候选人带来失败。它比放荡还要恶劣,因为后者是在自己的享乐中找到满足,而它则在别人的痛苦中找到满足。它超过了恶意和忌妒;因为恶意和忌妒希望别人变得不幸,而愤怒却是动手使他变得不幸;恶意和忌妒因碰巧给别人带来的不幸而感到快乐,而愤怒甚至不能等到碰巧——对于它所恨的人,它不仅希望伤害降临于他,而且要动手带给他伤害。没有比仇恨更怀有恶意的了，然而是愤怒哺育了仇恨；没有比战争更致命的了，而强者的愤怒在战争中找到了发泄；在普通人和私人之中的愤怒依然是战争——没有武器和资源的战争。而且，撇开愤怒所导致的直接后果不论，如金钱的损失、阴谋以及无休止地对互相争斗的焦虑等，愤怒还要为它所实施的惩罚付出代价——它断然抛弃了人类的本性，后者激发我们去爱，前者却激发我们去恨；后者吩咐我们互相帮助，前者却命令我们互相伤害。此外，尽管它的恼怒来源于过分的自尊，并且看上去是一种勇气的表现，然而它还是显得小家子气和心胸狭窄；因为没有人能胜过他认为自己受其轻视的人。而真正伟大的心灵，已经正确地衡量了自己的心灵，之所以未能去报复伤害，只是因为它不感觉到伤害。投出去的标枪会从坚硬的表面反弹回来，打击坚固物体的人也会被反弹的冲击力所伤，因而，没有任何伤害能让真正伟大的心灵意识到它，因为伤害比它所瞄准的东西脆弱。对心灵来说，抵制所有的侮辱和伤害，就像它不受标枪的影响那样，这是多么的更为光彩！复仇就是对受了伤害的承认；在伤害面前低头的心灵绝不是一个真正伟大的心灵。冒犯你的人要么比你强壮，要么比你弱小：如果比你弱小，那么就饶了他；如果比你强壮，那么就放过你自己。

任何事情的发生都不能干扰你，这是证明心灵伟大的最可靠的证据了。在宇宙中，所处的位置越高，越是井然有序而且靠近群星的那些区域，就越是不会凝结乌云，不会冲击出风暴，也不会搅动起旋风；它不会产生任何的混乱。正是在较低的区域才会闪电大作。同样地，高贵的心灵总是冷静的，它歇息在安静的港湾里①；它克服了所有能造成愤怒的东西，节制而忍耐，令人肃然起敬，并且秩序井然。在一个愤怒的人身上，你找不到上述任何一样东西。因为，向愤怒和激愤投降的人，谁不是立刻就把所有的羞耻感都抛在了后面呢？如暴风骤雨般狂怒并且攻

---

① 斯多亚的"美德"的否定式表述就是完全摆脱激情——"不动情"。

击别人的人，谁不是把他身上所拥有的令人起敬的东西都抛在了一边呢？处于激愤的人，谁能保持自己有序地履行所有义务呢？谁能约束他的舌头呢？谁能控制他身体的每个部分呢？谁能管住已经被他解开缰绳的自我呢？我们应该注意到德谟克利特那个合理的学说，在这个学说中他表明，只有在我们能够避免私人和公共生活中的大多数活动时，或者至少能够避免对我们的力量而言遥不可及的活动时，平静才是可能的。置身于很多事情中的人绝不可能如此幸运，他没有一天不会产生烦恼，从而心生恼怒。这就像一个正在匆忙穿过拥挤城区的人会不由自主地与很多人相撞，在一个地方不可避免地会滑倒，在另一个地方会受到阻止，在又一个地方会溅水上身；同样地，在变化多而且无休止的生活活动中，我们也会碰到很多阻碍，很多抱怨的场合。这个人欺骗我们的希望，那一个拖延我们的希望，另一个破坏我们的希望；我们的计划并没有按照原来设计的那样进展。命运不会如此完全地屈服于人，以至于只要努力它就会回应。因而结果就会是，当一个人发现他的某些计划与他的预期相反时，他就会变得对人和事不耐烦，最轻微的刺激也能让他变得愤懑不已，时而对一个人，时而对他的职业，时而对他住所的位置，时而对他的运气，时而对他自己。因此，为了心灵能够拥有宁静，它就不能被翻来覆去，如我所说，它就不能被许多事情或大的事情的活动弄得很疲惫，不能被超出它能力之外的努力弄得很疲惫。肩膀上挑很轻的担子，从这个肩膀换到那个肩膀而不摔倒，这很容易；但是要撑起别人之手放在我们肩上的担子就很难了，我们会精疲力竭地把这个担子扔给邻伴。甚至当我们站在这个担子下面时，如果身体太弱，不能承受它的重量，那么我们也会步履蹒跚。

可以确信，在公共和私人事务中也存在着同样的情况。轻松而容易的任务能够受到执行者的控制；那些繁重并且超出实施者能力的任务是不容易受到控制的；如果这样的任务被接受，它们会超出承担者的努力并且逃离他的控制；当他认为他已经把它们控制在手中时，它们却会轰然倒下，并且把他也拖垮。于是，有这样一些人，他们不愿意接手容易任务，但却希望发现他们所接受的任务是容易的，这样的人常常会失望。每当你企图做某件事情时，要衡量你自己，同时也衡量任务本身——包括你想要做的事情和你为此而做的事情；因为未能完成的任务所产生的遗憾会让你很痛苦。一个人是具有热烈的本性还是具有冷淡和顺从的本性，这是有区别的。本性热烈的人，失败会使他愤怒；沉闷而迟缓的本性，失败会使他悲伤。因此，让我们的行动既不小家子气，又不鲁莽和自以为是；让我们限制我们期望的范围；让我们不去做任何在后来，甚至在我们成功后也会使我们对居然成功感到惊奇的事情。

既然我们不知道如何忍受伤害，就让我们努力不受到伤害。我们应该与一个非常冷静而且本性善良的人，即一个从不烦恼和挑剔的人，生活在一起。我们从与我们结交的人中汲取我们的习惯，就像身体的某些疾病会通过接触传给别人一样，心灵也会把它的缺点传给旁边的人。酒鬼会引诱他的快乐同伴爱上喝酒；不知羞耻的同伙甚至会腐蚀一个坚强的人，甚至有可能腐蚀英雄；贪婪会把它的毒药传给邻居。同样的道理对美德仍然有效，但效果却相反——即它们会使任何与它们接触的东西变好；一个病人从合适的地方或较有益健康的气候中所受的益处还不如缺少力量的心灵从与较好的同伴交往中所受的益处来得多。如果你注意到，甚至连野蛮的动物也从与我们的交往中变得驯服，注意到所有的野兽，不论多么凶猛，在经历与人长期共处后也会不再凶暴，那么你就会明白这是一个多么强有力的因素；它们所有的凶猛都被消磨变钝，并且逐渐在和平的环境中被忘却。而且，与平静的人一起生活的人，不仅会因为他们的榜样而变得更好，而且由于找不到发怒的场合，他就不会沉湎于他的软弱。因此，避开所有那些你知道会引起自己愤怒的人，这是一个人应该做的事情。你会问："你指的是谁？"有很多人都会引起这个同样的后果，虽说原因各有不同。骄傲自大的人会因为他的轻视而冒犯你，尖酸刻薄的人会因为一个侮辱而冒犯你，鲁莽的人会因为当众的侮辱，恶意的人会因为他的恶意，好争吵的人会因为他的争吵，吹牛的说谎者会因为他的空洞无物；你不会忍受被一个多疑的人所畏惧，被一个顽固的人所胜过，或者被一个纨绔子弟所鄙视。选择坦率真诚、本性善良、脾气温顺的人，他不会引起你的愤怒，而且还会忍受愤怒。那些柔顺、友善、温和的人还会更有帮助——然而不是在奉承的程度上，因为过多的奉承会激怒脾气火暴的人。至少，我有一个朋友，他是一个好人，但是太容易发怒了，哄骗他所带来的危险并不比诅咒他的危险来得少。

众所周知，演说家卡里乌斯（Caelius）的脾气是很火暴的。据说有一次，一个极能忍耐的当事人在他的房间里与卡里乌斯一起用餐，由于谈话已经进行到短兵相接的地步，对这个当事人来说，很难避开与他的这个同伴的争论；于是他认为最好同意卡里乌斯所说的一切，并且去投其所好。然而卡里乌斯却不能忍受他的这种百依百顺的态度，大喊道："反驳我，这里有我们两个人！"但是，即使是这么一个会因为没人激怒他而愤怒起来的人，当他没有对手时愤怒也很快地消退下去。因此，如果我们知道自己脾气火暴，那么就让我们宁可选那些会被我们的脸色和言语所左右的人。确实，这些人会纵容我们，引我们养成不听逆耳之言的有害习惯，但是会有给我们弱点一个缓冲期的好处。甚至那些生来就性情粗野、难以管治的人也会忍受爱抚；只要你抚摸它，那就不会有任何动物会是凶猛和可怕的。每当讨论趋向于冗长或火星四冒之时，让我们在它壮大之前就阻止它。争论会自行生长，并且会紧紧抓住那些深陷其中的人。避免争斗比从争斗中撤退要容易。

脾气火暴的人应该避免从事较为繁重的事务，或者至少不应把自己搞到精疲力尽的地步；心灵不应被太多的兴趣所占据，而应使自己投入到那些令人快乐的技艺中。让它被诗歌所抚慰，被历史故事所吸引；它应该受到深深的溺爱和娇纵。毕达哥拉斯曾用竖琴来平息他那骚动不安的心境；谁不知道号角和喇叭扮演刺激心灵的角色，同样地，谁不知道某些歌曲是一种安慰心灵的香料,会把心灵带入松弛?绿色有益于发狂的眼睛,某些颜色则有助于疲劳的视力获得休息,而其他颜色的光亮则会使它变盲。因而,快乐的事抚慰骚动不安的心灵。我们应避开法庭,避免在法庭上出现,避开审讯以及一切使我们变得更软弱的事情,我们同样应防止体力上的精疲力竭;因为它毁坏我们所拥有的一切温柔和友善,造成严酷与尖刻。因此,那些怀疑自己消化能力的人,在他们前去执行不同寻常的困难的任务之前,会用食物来减少他们的胆汁;因为疲惫特别能激发胆汁,可能是因为它促使身体的热量都朝中央集中,损害了血液,并且通过堵塞血管阻止了血液循环,或者是因为身体在疲倦或虚弱时也会使心灵疲惫不堪。由于同样的原因,毫无疑问,那些因不健康和年龄而身体受到损害的人比其他人要脾气暴躁。由于同样的原因,饥饿和干渴也必须避免,它们会激怒和刺激心灵。有句老话说"疲劳的人寻找争吵",这也同样可以用到饥饿和干渴的人身上,用到任何为某件事情而生气的人身上。当身体的伤口被轻轻一碰时,也会感到痛,此后即使是出现了碰撞的迹象,伤口都会痛起来;同样,错乱的心灵也会冲着鸡毛蒜皮的小事生气;所以,对于某些人,甚至一个招呼,一封信,一句话,或者一个问题都会引起一场争论。你如果碰到了某人的痛处,那就会招来抗议。

因此,最好是一发现疾病就去治疗它;然后,尽可能让自己少说话,并制止冲动。而且,激情在其刚产生的时候就去察觉是比较容易的;疾病是通过征兆来向前发展的。这就像暴风雨的迹象在暴风雨之前出现一样,因而愤怒、爱情以及所有震撼灵魂的暴风雨都会有某种征兆。那些遭受癫痫发作的人知道,如果体热从最高点下降,如果他们的视觉晃动,如果肌肉抽搐,或者记忆丧失并且头发晕,那么疾病的攻击就将来临。因此,他们会尽力用一些常用的办法,在疾病发端期就预先阻止它,他们通过闻嗅和品尝某种东西来避开一切引起意识丧失的东西,或者他们通过热敷来抵抗寒冷和僵硬;或者如果这个治疗办法不管用，他们就避开人群躺到一个没人能看见的地方。在疾病蔓延开来之前就去了解它，并去削弱它的力量，这样做比较好。让我们来分辨出那特别激起我们愤怒的东西是什么。这一个人是被侮辱性的话语所激怒，另一个人则是被侮辱性的行为所激怒；这个人因为他的地位而渴望受到尊重，那个人则因为他的容貌而渴望被尊重；这一位希望被人认为是杰出的上流人士，那一位则希望被人认为是优秀的学者；这个人不能容忍傲慢，那个人不能容忍固执；那个人认为他的奴隶不值得他发怒，这个人则在家里很凶暴，在外边很温和；那个人认为被推荐担任公职是一种耻辱，这个人认为没有被推荐是一种侮辱。我们并不会在同样的场合都受到伤害；因此你应该知道你的弱点是什么，以便对它特别加以保护。

不去看、不去听所有的事情，这样比较好。很多公开的侮辱就可以忽略过去；在大多数情况下，没有意识到它们的人也就避开了它们。你要避免被激怒吗？那么不要爱刨根问底。想要尽力去发现别人对他说了什么的人，把在私下里传播的恶毒的谣言也挖掘出来的人，他是要对自己的焦虑不安负责的。有些话加上解释就能造成伤害；因此，有些话应该置之不理，另一些应该嗤之以鼻，还有些则予以宽恕。通过各种不同的办法，愤怒必定能够被挫败；大多数的冒犯会变成滑稽戏和俏皮话。据说有一次苏格拉底挨了一记耳光，当时他也只是声称说，一个人不知道在走路时应该带一顶头盔，这是很糟糕的。我们所关心的不是侮辱是怎样的，而是如何去忍受它。我看不出实行克制有什么难的。因为我知道，即使是暴君，尽管他们的内心因为成功和特权而膨胀，也曾经压制住自己习惯性的残暴。至少有这样一个关于雅典的暴君皮希斯特拉图斯（Pisistratus）的故事流传下来——有一次一个喝醉了酒的客人在酒桌上高谈阔论地细数他的残暴，而当时并不缺少那些很想为主子拔剑的人，一个在旁边怂恿，另一个则火上浇油，然而，这位暴君却平静地忍住了这件小事，他对那些鼓动他的人说，他不会生那个人的气，就像有人没看清撞了他，他也不会生气那样。

很多人通过猜疑不真实的事情或者对那些琐碎小事进行夸大其词来制造自己的委屈。愤怒经常降临我们，但是更多的时候是我们自己去找它。绝不应该去邀请愤怒；即使当它袭来，我们也应该将其击退。没有人曾经对自己说："我自己也做了这件事，或者至少可能做了这件现在引起我愤怒的事。"没有人考虑行为者的本意，而只是考虑他的行为。然而我们应该考虑的是行为者本身——他是有意做的还是偶尔做的，是被迫做的还是错误地做的，是被仇恨所控制还是被贪图报酬所左右，是在使自己满足还是在帮助别人。冒犯者的年龄可以是一种考虑，他的身份也是如此。因此，忍受或屈服就只不过是宽恕别人或者尊重而已。让我们把自己摆在我们冲其发怒的那个人的位置上；实际上，是我们对自己毫无根据的评价使我们容易发怒，我们不愿意去忍受那些我们自己很乐意去造成的事情。没有人让自己等一等；然而对愤怒最好的治疗就是等待，让这第一波的激情减弱，让这遮蔽理性的黑暗消退或者变淡。驱使着你向前猛冲的那些冒犯中，有些等一个小时就会减弱，有些不用一天就会完全消失。尽管所寻求的这种延缓并不会做成别的什么事情，然而很明显，此时判断力取代了愤怒实行统治。如果你想要去发现一个事物到底是什么，那么就待以时日；在波涛汹涌中你什么也看不清。有一次，柏拉图冲一个奴隶发怒，他不能强制自己延缓愤怒，打算要亲手去鞭打他，于是命令这个奴隶立刻脱掉衬衣光出肩膀来挨揍；但是他接着就意识到了自己在发怒，于是他停住了已经举起的手，他高举着手站着，就像一个正在挥鞭打击的人。后来正好有个朋友进来，问他正在做什么，他就说："我正在实施一个来自愤怒者的惩罚。"就像晕了一样保持着那个与一个哲学家不相称的姿势，保持着那个正要发泄激情时的姿势，完全忘记了那个奴隶，因为他已经发现了另一个他更想去惩罚的人。他因此放弃了所有在他自己家务事上的权力。还有一次，当他被某人的缺点深深地激怒时，他说："斯彪希波，你去用鞭子惩罚奴隶的这条狗，因为我在发怒。"他不去打的原因正是会引起别人去打的原因：

"我在发怒，"他说，"我会过分的，而且会从中得到满足感。这个奴隶不应被控制在不是自己主人的主人手里。"当柏拉图也否决自己的这个权力时，还会有人希望把惩罚委托给一个愤怒的人吗？当你愤怒的时候，不要让任何事情变得对你合法。你问为什么？因为那时你会希望一切事情都是合法的。

要与你自己作斗争！如果你愿意征服愤怒，它就不能征服你。如果它被你排除在视野之外，如果你没给它任何发泄的机会，那么你就开始了征服。让我们隐藏它的迹象，尽其可能地把它保持在隐蔽和秘密的状态中。做这件事我们会有很大的困难，因为它急着要往外跳，急着要眼里冒火、扭曲表情；但是，如果我们允许它在我们外面表现出来，那么它立刻就会站在我们头上。它应该被秘密地隐藏在内心的最深处，它不应该来驱使而应该被驱使；还有，让我们把它的所有征兆都变成相反的。让表情被抚平，让声音变温和，让脚步变迟缓；渐渐地灵魂就会变得与外表一致。在苏格拉底的情况中，如果他压低声音并且话少了，那就是一个愤怒的迹象。很明显，此时他正在与自己作斗争。于是他的亲密朋友就会把他揭发出来，指责他，而他却不会被对他隐藏愤怒的指控惹得不高兴。很多人察觉到了他的愤怒，而没有人遭受到他的愤怒，他难道不该为此感到高兴？但是，如果他可以批评他的朋友，而他的朋友不可以同样批评他，那他们就会遭受到他的发怒了。我们多么的更应该这样做啊！让我们请求我们所有最好的朋友尽最大限度地来向我们使用这种特权，特别是当我们最不能忍受它的时候，不要让我们的愤怒有任何的支持。在我们清醒时，在我们没有失去自我时，让我们请求帮助来反对这样一个强大而又被我们再三纵容的恶。那些不能慎重饮酒、担心他们在喝酒时鲁莽和粗野的人，会命令他们的朋友把酒从席上撤走；那些知道他们发病时不讲道理的人会要求人们在他们发病期间不听调遣。最好为认识到的缺点提供些障碍，首先这样要求心灵：即使是被最严重的突发事件所震撼，也不要觉得愤怒，或者把从大量的意想不到的冒犯中产生的愤怒深埋下去，不承认受到它的伤害。如果我从大量明摆着的实例中引证一些例子，那么，我们就能很清楚地看到这一点能够做到。你可以从这些了解到两件事——当愤怒掌握着至高无上的王权之时，它有可能带来多么严重的罪恶；当它被恐惧的更强有力的影响所约束时，它能施加给自己多么大的控制。

由于冈比西斯①喝酒太上瘾了，他的一位最好的朋友，普拉克塞斯派斯（Praexaspes）就极力规劝他喝酒要更节制些，声称酗酒对一个国王来讲是很不体面的，所有的眼睛和耳朵都会注意他。对此，冈比西斯回答说："为了使你相信我绝对没有失去自控力，我将向你证明，尽管喝了酒，我的手和眼睛还是能履行职责。"于是他拿了更大的杯子，喝得比原先更凶了。最后当他喝得昏昏沉沉、酩酊大醉的时候，他命令这个批评者的儿子走到门槛外面，左手举过头顶站在那里。接着他拉开弓一箭射中了这个年轻人的心脏——他已经说过把这作为箭靶——他切开受害人的胸膛，展示了扎进心脏的箭头，然后转向那位父亲，询问他的手是否足够稳当。而这位父亲却回答说阿波罗自己也不能射得比这更准了。老天诅咒这样一个人，一个在精神上而不是身份上的奴隶！他赞扬了一个行为，一个甚至是惨不忍睹的行为。他儿子的胸膛被撕开，心脏因为它的伤口而颤动，他却为奉承找了一个恰当的借口。他本该就国王的自夸挑起一场和国王的争论，并且要求再射一次，这样这位国王可能就会有兴致在这位父亲自己的身体上展示一只更为稳当的手。这是一个多么嗜血成性的国王！对其追随者的弓来说他又是一个多么合适的靶子！尽管我们可以因为国王用惩罚和死亡来结束宴会而诅咒国王，然而，赞扬这一箭比射这一箭更应受到诅咒。稍后我们就将看到，当这位父亲站在他儿子的尸体边，看着这场他自己既是见证人又是引起者的谋杀时，他会有何表现。现在讨论的要点是很清楚的，也就是说，愤怒是

---

① 冈比西斯（Cambyses），公元前529—前522年的波斯国王，居鲁士大帝的儿子。

有可能压制的。他并没有咒骂这位国王,他甚至没有失口说出一句痛苦的话,尽管他看到自己的心也像他儿子的心一样被刺穿了。可以说,他咽住不说是对的;因为即使他像一个愤怒的人一样去说了,他作为一个父亲也还是什么也做不成。照我说,可以认为,他在那次不幸中的行为表现比他在向那位国王建议节制喝酒时所做的要明智,后者喝酒总比喝人血要好得多,和他和平相处就意味着他的手正忙着抓酒杯。那些人已经以惨痛的不幸证明了一个国王的朋友为向国王提忠告所付出的代价,而他因此又往其中添加了一名这样的人。

我毫不怀疑哈巴古斯①也向他的波斯国王提出了一些这样的忠告,那位国王因此而生气,让人把哈巴古斯的孩子的肉作为宴会上的一道菜放在他面前,并且不停地问他是否喜欢这道菜的做法;接着,当国王看到哈巴古斯饱餐了自己的不幸,就下令把孩子们的头颅拿进来,问他觉得国王对他的招待怎么样?这个可怜的不幸人并没有沉默,他的双唇并没有被封上。他说:"在国王的饭桌上,吃什么都令人高兴。"那么,他通过这个奉承得到了什么?他避免了被邀请去吃剩下的东西。我并不是说一位父亲不应去谴责他的国王的这样一个行为,我也并不是说他不应去寻求给予一位如此残暴的恶魔以应有的惩罚;但是在目前,我要得出这个结论——即隐藏那些甚至由巨大的暴行所产生的愤怒,并强迫自己去说那些掩饰愤怒的话,这对一个人来说是有可能的。这种悲伤的抑制是必要的,特别是对那些其命运被投入到这种生活中的人以及被请到国王饭桌上的人来说尤为必要。所以在那种陪伴中他们必须吃,必须喝,必须回答,必须嘲弄他们亲人的死。生命是否值得付出这个代价,我们应该考虑;但那是另外一个问题。我们不想去安慰那些被铁链拴在一起的可怜囚徒,我们不想去规劝他们顺从他们屠夫的命令;我们想要表明的是,在任何奴役中都有通向自由的路。如果一个人的灵魂病了,

---

① 哈巴古斯(Harpagus)是一位米狄人,贵族,是波斯王居鲁士大帝的将军。

并且由于它的缺陷而感到不快乐，那么他是能够终止它的悲伤的，而且是由他自己来终止。对于命运已经给了他一个国王来用箭瞄准他朋友胸膛的人，对于已经拥有这样一个以孩子的血肉来塞饱父亲肚子的主子的人，我会说："疯狂的人啊，你为什么要哀号？你为什么要等着敌人通过毁灭你的民族来报复你，或者你为什么要等着有权势的国王从远处来营救你？在任何你的视力所及之处，都有结束你的悲哀的办法。你看到那个悬崖了吗？在它的下面就是通向自由的路。你看到那个海，那条河，那口井了吗？在它的最深处就有自由。你看到那棵树了吗？矮小、枯萎，不长一片叶子。然而在它的枝头就悬挂着自由。你看见你的喉咙，你的食道，你的心脏了吗？它们就是避免奴役的路。我指给你的出路太辛苦了吗？它们需要太多的勇气和力量吗？你问哪一条是通过自由的捷径吗？你体内的任何一个血管都是！"

　　当然，只要不出现我们认为无法忍受、被迫要放弃生命的艰难局面，那就让我们不管我们在生活中的位置如何，尽力避开愤怒吧。因为任何一种恼怒都会变成自我折磨，而我们在权力之下越反抗，我们就越感受到它的压迫。所以，野兽因为挣扎而收紧了套住它的绳索，惊惶失措的鸟儿因竭力想挣脱粘鸟胶而使它们的羽毛全部都被涂满。牛轭不会太紧的，戴着它要比与它搏斗少痛一些。减轻巨大不幸的唯一办法就是忍受它们并且顺从它们的强迫。尽管臣民们控制激情是有用的，尤其控制这种疯狂而又激烈的激情，然而它对于那些君主而言甚至更为有用。当他所处的位置允许他做一切愤怒所触动的事情时，就会释放出普遍的毁灭，靠伤害很多人而掌握的权力没有能够长期存在的；因为当那些各自在痛苦中哀吟的人被共同的恐惧联合起来时，它就会变得危险起来。因此，有时当共同的仇恨迫使人们把分散的愤怒集聚起来攒成一个的时候，很多国王就时而成为个人暴力的牺牲品，时而成为合作暴力的牺牲品。然而很多国王使用愤怒就好像它是君主权力的象征一样；比如大流士①——这位在马基安②被废黜后波斯和东方很大一部分地区的第一位统治者，在他对东面的斯基提亚人宣战后，奥伊欧巴族斯（Oeobazus），一位年老的贵族，请求他使用他三个儿子中的两个服兵役，留下一个作为对年老父亲的慰藉。大流士答应的比要求的还多，他说他会全部免除他们的兵役，之后，他就把他们的尸体扔在了这位父亲的眼前——就因为如果他把他们都带走是一件很残酷的事！薛西斯③又是多么的更为仁慈啊！当皮休斯（Pythius）这位五个儿子的父亲，请求免去一个儿子的兵役时，他就允许他去挑选他希望免除兵役的那个儿子；然后他就把那个被选中的儿子撕成了两半，在路的每一边都放上一半，把这个尸体作为对大军凯旋的赎罪祭奠。于是这支军队就碰到了它应得的命运。它被击败，大规模的溃退，看着它的毁灭就在路的每一边蔓延，它就在它战友的两爿尸体中间艰难跋涉。

这些就是野蛮人的国王在愤怒时的暴行——这些人没有接触过学问或文化教育。但是现在我甚至要向你展示一位出自亚里士多德怀抱的国王，亚历山大，他在一次宴会中亲手刺伤了与他一起长大的他最亲密的朋友，克里图斯（Clitus），因为他拒绝奉承并且不愿把自己从一个马其顿的自由人变成波斯人的奴隶。他把利西麦克斯，同样是他的一位密友，扔给了狮子。尽管利西麦克斯侥幸从狮口脱险，然而，当他自己成为国王的时候，他鉴于这个经历就表现得仁慈一点了吗？并非如此，因为他把罗德岛的泰来斯甫洛斯（Telesphorus），也是他的朋友，彻底地毁伤了；当他挖掉这位朋友的眼睛和鼻子后便把其关进了一个笼子里，就好像是某种奇怪的、不为人知的动物那样，并且长时期地生活在对这位国王的恐惧之中，因为，他那被砍过的和毁伤的面容的可怖性已经破

---

① 大流士（Darius），波斯王，波斯帝国的奠基者。
② 马基安（Magian），公元前521年被推翻王位。
③ 薛西斯（Xerxes），公元前485—前465年的波斯国王。

坏了一个人的每一处外表；再加上饥饿、肮脏，以及在他自己的粪便上打滚的污秽的身体；而且，他的手和膝盖都变硬了——因为住处狭窄，他被迫以此代足——他的两肋有一大片由摩擦产生的伤口，对于看见他的人来说，他外表十分可怕，而且更令人厌恶，由于被这位国王的惩罚变成了一个妖怪，他甚至失去了别人的同情。尽管遭受这些惩罚的他变得彻底地不像一个人，然而，施加惩罚的国王还要更不像人。

如果这样残暴的例子只是限于外国人，如果来自国外的其他恶习没有伴随这种折磨的残暴和愤怒的发泄方式被引入罗马人的实践中，那就要谢天谢地了！马略，人们在每一个街道上都为他立了雕像，人们通过供奉乳香和酒来敬拜他——就是这个人，由于苏拉的命令而被人打断了脚脖子，他的眼睛被挖出，舌头和双手被割掉，苏拉一点一点地、一块一块地把他撕成了碎片，就好像他能致残他多少次，他就能使他死多少次。又是谁执行了这个命令？除了凯蒂林，这个让他的双手经受了每一种罪恶训练的人，还会是谁？他在伽图卢斯①的坟前把他砍成碎片，对这位最温和的人的尸体施暴，在它的上方，这位尽管有不好的影响，然而还是受到了应有的欢迎和爱戴的英雄一滴一滴地流着血。马略这样的人会遭受到这些事情，苏拉这样的人会下这些命令，伽图卢斯这样的人会去执行这些命令，这都是合适的，但是，这个国家的胸膛会像被敌人的宝剑刺入一样被她自己的保护者刺入，这就不合适了。但是我为什么搜捡出古代的罪行呢？不久之前，恺撒在一天之内用鞭子鞭挞和拷问塞克斯都·帕皮纽斯（Sextus Papinius，他的父亲曾经是执政官），白提里艾努斯·巴苏斯（Betilienus Bassus），他自己的财务官，他的地方财务官的儿子，以及其他一些人，包括罗马元老院议员和骑士——他并不是为了拷问情报，而是为了消遣取乐。这个快乐是如此之大，以至于他的残暴天性竟要毫不耽搁地要求这种快乐，他对它的推延非常地不耐烦，

---

① 伽图卢斯（Quintus Catulus），与马略共同担任一届执政官，但是后来被马略处死。

甚至当他在他母亲花园的梯田上与几位夫人和议员漫步时，借着灯光斩杀了好几个受害人，这地方位于柱廊和河堤之间。然而，什么是迫切需要？什么样的公共或私人危险会受到仅仅耽误一个晚上的威胁？如果他能等到天明，这会是一件多么小的事情，这样他就不至于穿着便鞋①杀死罗马人民的元老了！

而且，我们还应当注意到他的残暴行径中的傲慢，这并非无关紧要的事情，尽管有人可能会认为我们正在偏离主题谈到什么离题的事去了。因为当傲慢在狂怒中放纵时，就会是残暴的一个要素。他鞭挞了元老，而他自己却可能说，"小事一桩"。他用每一种现有的不幸装置来折磨他们——用绳索，用打成结的骨头，用拷问架，用火，用他自己的表情。但是同样也会有这样的回答："这实在是一件妙事！因为三个元老似乎不比毫无价值的奴隶好多少，皮鞭和火焰听从这个正打算谋杀整个元老院的人的吩咐，把他们撕裂烧伤，而这个人曾经希望罗马人民只有一个脖子，这样他就可以把他所有的罪行集中于一天一次性干掉，而现在却要占用这么多的地方，这么多次的时间。"有什么能像在夜里行刑那样闻所未闻？尽管抢劫一般是被黑暗阻挡的，然而惩罚越公开，它们就越能起到告诫和警醒的作用。但是在这儿我还会听到这样的回答："使你如此惊讶的是，对于那位野兽来说却只不过是日常习惯；他为此而活着，为此而夙夜不寐，为此而点燃午夜的灯火。"但是你确实找不到其他这样的人，他吩咐，所有那些要被他下令处决的人，嘴里都必须塞入一块海绵来堵上，让他们甚至都不能叫出声来。这些注定要死的人，在他们被剥夺借以哀号的呼吸之前又是什么呢？恺撒生怕临终的痛苦会使人说出太坦白的话来，生怕他会听到宁可不愿听的话来。他也完全清楚，他有无数的罪行，这些罪行除了一个要死的人以外，没有人敢于指责。如果找不到海绵，他就命令把这些不幸的可怜人的衣服撕碎，

---

① 便鞋是罗马人吃完晚饭后通常穿的。

在他们的嘴上塞满这些布条。这是什么样的残暴行为？让一个人吸完最后一口气吧，为他即将离去的灵魂留出一条通道吧，让他拥有除了伤口以外的别的死亡的办法吧！再说下去就会令人厌烦了——他是如何派军官到他的受害人家里，并且也在这同一天晚上，杀死了这些受害者的父亲——那是他出于人类的同情把这些父亲们从他们的悲伤中解脱出来！事实上我的目的并不是描绘恺撒的残暴，而是描绘愤怒的残暴，愤怒不仅把它的狂暴发泄在这里或那里的人身上，而且把所有的国家都撕成碎片，它鞭挞城市和河流，以及那些不受一切痛苦情感伤害的无生命的东西。

因而，这位波斯的国王割掉了叙利亚所有人的鼻子，叙利亚因此得了个"残鼻之地"的名字。你觉得他还是仁慈的，因为他并没有割掉他们的整个脑袋？不，他从一种新的惩罚中获得了某种乐趣。因活的时间长而被认为是"长寿"的埃塞俄比亚人，可能也遭受了某种这样的命运。因为冈比西斯对他们勃然大怒，因为他们不是用伸出的手臂去拥抱奴役待遇，而是派出使者并用独立的言辞作出了回答，国王把这种言辞称为侮辱；为此，在没有准备供给、没有调查行军路线的情况下，他就匆忙让他的一大批士兵穿过一个人迹罕至的不毛之地去与他们作战。在这第一天的行军中，他的军粮供应就开始不足，而这个国家本身土地贫瘠、没有开垦，而且人烟稀少，根本不能给他们提供什么东西。一开始，树的嫩枝嫩叶满足了他们的饥饿，接着是用火烤软的皮革和任何不得不当作食物的东西。后来，在沙漠之中，甚至连草根树皮也没有了，他们看到了一片连动物生命也没有的荒凉之地；于是，通过抽签选出十分之一的人，他们以此获得了他们的食物，这比饥饿还要残忍。这个国王还是被他的愤怒驱赶着往前冲，直到他失去了一部分军队，吃掉了另一部分军队，他才开始担心他会被叫去参加抽签选择。只是在这时他才下令撤退。而在这整个期间，始终为他保留着精选的家禽，骆驼每天为他的酒宴驮送供给，而他的士兵们却在用抽签来决定谁将悲惨地死亡，谁将更为悲惨地活下去。这个人对着一个不为人知、毫不犯人的民族发怒,但后者至少还是能够感受到他的愤怒;而小居鲁士却对着一条河流大怒。因为当时他正抱着占领巴比伦的目的而加紧发动战争——在战争中有利的时机是最重要的——他试图从当时正处于水位高涨的基恩德斯(Gyndes)河涉水而过,尽管即使在这条河流由于夏季的炎热而水量降到最小时,采取这样的行动也是很不安全的。在水中,当一匹照常拉着皇家战车的白马被冲走时,这个国王大为光火。他发誓要把这条敢于卷走皇家御马的河的水位降低到连妇女也能通过,并把它踩在脚下。于是,他把所有对战争的准备都转移到这个任务上来,耽搁很长时间,挖出一百八十条穿过这条河的河床的支流河道,之后,他把它的水分流到三百六十条小河中,它们流向不同的方向,留下了一条干枯的大河床。就这样,他对一条河发动战争,把它当敌人宣战;在此当中,他牺牲了时间,而这对于重要军事行动是一个严重损失,还牺牲了他的战士的士气——他们被毫无用处的苦力压垮了,丧失了攻击毫无准备的敌人的有利时机。这种疯狂——除了这个你还能叫它什么?——也降临到过罗马人身上。恺撒就因他的母亲曾经在里面被囚禁而毁坏了一座赫库兰尼姆附近的漂亮的庄园住宅,但是他的这个行为却公开了他母亲的不幸遭遇;因为当这个庄园住宅存在时,我们会毫不注意地就走过去了,而现在人们却要问它为什么被毁坏了。

这些应该被当作前车之鉴而加以避免。另一方面,下面的这些,是值得仿效的,因为我们将讲到一些受到愤怒的刺激,而且有能力报复的人是如何节制和温和的。对安提柯①来说,有什么比下令处死两个普通的士兵更容易的呢?那两个士兵,当他们斜靠在王室的帐篷上时,就如人们会带着同样的危险和喜悦去做那样,议论着他们对国王的批评意见。在说话者和听者之间就隔着一层帆布,安提柯听见了所有的话。他

---

① 安提柯,亚历山大大帝手下大将之一。

轻轻地晃了晃帆布说："走远一点，国王会听到你们说话的。"又一次，有天晚上，他无意中听到他的一些士兵正在用所有的咒语来诅咒国王，因为他把他们带到了这样一条路，使他们陷入了无法摆脱的泥泞之中，于是他走到那些正在其中奋力挣扎的人那里，当他帮他们走出泥沼时，并没有表露是谁帮助了他们，而是说："现在诅咒安提柯吧，正是由于他的失误才使你们陷入了这个厄运，但是祝福这个把你们引出这个泥潭的人吧。"他也像忍受他的同胞的咒骂那样镇静地忍受敌人的辱骂。当他在围攻一个小要塞里的一些希腊人时，那些人由于自信占据了有利位置，向敌人表示公开地蔑视，并且就安提柯的丑陋相貌开了很多玩笑，时而嘲笑他的五短身材，时而嘲笑他的塌鼻梁；而他只是说："如果我有一个赛利纳斯①在我的军营里，我就会很幸运并且能够希望好的运气了。"当他用饥饿征服了这些小丑时，他这样处置他的俘虏们：那些适合从军的，他把他们分配到军团里；剩下的，他拿去拍卖，并且说，如果给这些拥有一条邪恶舌头的人找一个主人，看起来不是对他们有好处的话，他是不会这样做的。

这个人的孙子就是亚历山大，他曾经向他的一位一道进餐的客人投掷长矛，他还把上面提到的两位朋友中的一位投到野兽面前，另一位则置于自己的狂怒下。然而这两个人中，被扔给狮子的那位活了下来。亚历山大并不是从他的祖父那里得到这个缺点的，也不是从他的父亲那里；因为如果腓力②确实拥有一些优点的话，那么忍受侮辱的能力就在其中——这对于保持王位很有帮助。德摩喀莱斯（Demochares），由于他那大胆而鲁莽的舌头而被人以"巴尔海夏斯特斯"（意为"说话直率"）这个姓来称呼，有一次他和其他一些来自雅典的使者一起到他那里去。在友好地听完了使团的发言后，腓力说："告诉我，我能做些什

---

① 赛利纳斯（Silenus），酒神巴库斯的伴侣，开开心心的老者，秃头，塌鼻子。
② 腓力（Philip）是马其顿王，亚历山大的父亲。

么让雅典人高兴的事?"德摩喀莱斯接过他的话头就说:"绞死你自己。"所有的旁观者都因这么残忍的话而勃然大怒、义愤填膺,但是腓力却命令保持冷静,并且让那位瑟赛蒂兹安然无恙地撤了回去。他说:"但是你们其他的使者,回去告诉雅典人说,说这种话的人远比那些听他们说这种话而毫不报复的人显得更为傲慢。"

神圣的奥古斯都也做了和说了一些值得纪念的事,这些事表明他并没有被愤怒所统治。提马格尼斯(Timagenes),一个历史作家,曾经就这位皇帝自己、他的妻子以及他的所有家庭成员作了些不友好的评论,这些评论并没有不为人知;因为鲁莽的才智总是更容易传播,并且总是挂在每一个人的嘴上。皇帝经常警告他嘴巴要谨慎些;当他坚持不改时,他就禁止他留在宫殿里。此后,提马格尼斯就在阿希纽斯·泡里奥(Asinius Pollio)的家里活到晚年,并且被整个城市奉为名人。尽管皇帝把他从宫里逐了出来,他并没有被其他人拒之门外。他给人读他在此事后写的历史著作,还把那本提到奥古斯都皇帝的功业的书投入火里烧了。他继续保持着对皇帝的敌意,然而没有人害怕成为他的朋友,没有人像避开一个受诅咒的人那样避开他;尽管他从这么高的地方跌下来,他还是能找到随时准备拥抱他的人。如我所说,皇帝耐心地忍受了这一切,即使他的声望和功绩受到了攻击也不改初衷;他并没有抱怨那些招待他的敌人的主人。对阿希纽斯·泡里奥,他只是说:"你正在饲养一只野兽。"于是,当别人正要找些借口开脱时,他就阻止他并说:"享受你的乐趣吧,我亲爱的泡里奥,享受你的乐趣吧!"而当泡里奥宣称:"如果你不允许,皇帝,我就立刻不让他在我家住"时,他回答说:"你觉得我会这样做吗?要知道是我恢复了你们之间的友谊的。"因为事实是,泡里奥从前和提马格尼斯吵过一次架,而他终结那次争吵的唯一原因就是皇帝现在开始了另一次争吵。

因此,无论一个人如何地被激怒,让他对自己说:"我比腓力更有势力吗?而他被人咒骂却没有报复。我对我的家庭拥有的权威超过神圣的奥古斯都对全世界的权威吗？而他仅仅满足于远离他的诽谤者。"我有什么权力通过皮鞭和镣铐来让我的奴隶为他的一句过于大声的回答，一个过于逆反的表情，一句我没有十分听清的嘟囔作出补偿呢？我是什么人，以至于对我说逆耳之言就是一种罪行呢？很多人都宽恕了他们的敌人，难道我不应该宽恕这个懒鬼，这个粗心大意者，这个胡说八道者吗？让一个孩子因他的年龄而被宽恕吧，一位妇女因她的性别，一位陌生人因他的毫不相干，一位佣人因交往的纽带被宽恕吧。有人第一次冒犯了你吗？让我们想一想他已经让我们快乐了多少天。他在别的时候并且经常冒犯我们吗？让我们更长久地忍受我们已经忍了很长时间的东西吧。他是一位朋友吗？他做了他本不想做的事情。他是一个敌人吗？他做了他有权利做的事。让我们相信理智健全的人，让我们原谅头脑愚蠢的人。不论他是谁，让我们站在他的立场上对自己说：即使最智慧的人也会有很多缺点，没有人会时时谨慎，以至于不会在有时候松懈一下，没有人会修炼到意外事故也不能影响他的泰然自若，使他头脑发热；没有人会由于害怕冒犯别人，就不会在寻求避免冒犯时无意中卷入到冒犯中去。

  伟大人物的命运也会跌宕起伏，这会给处在不幸中的卑微者带来安慰；哀泣儿子身居陋室的人如果看到悲伤的行列从王宫中走出的话，他就会变得较为知足；因而，一个人如果想到没有什么权力会强大到不受伤害，那么他对于受此人伤害、受彼人蔑视也会变得较为知足。如果连最智慧的人也会犯错，那么谁的过失会没有理由呢？让我们回顾我们的青年时代，我们是多么经常地玩忽职守，多么经常地言辞鲁莽，多么经常地纵情酗酒。如果一个人发怒了，让我们给他足够的时间去发现他做了什么；他会惩罚自己。假定他最后应受惩罚；那么我们没有理由在犯罪上与他一争高低。这一点毫无疑问——无论是谁，能蔑视其折磨者就能区别于普通的人群并高居于其上。真正伟大的标志并不是去注意到你挨了一拳。所以庞然的野兽安详地转过头来盯着狂吠的小狗，所以，波浪冲击巨大的悬崖完全是徒劳。不愤怒的人坚定地站立,不为伤害所动摇;愤怒的人则被打翻在地。而他,那位我认为一切伤害都无法企及的人,就像怀中拥有最高的善一样,他不仅会对人,而且甚至对命运女神说:"随你做什么吧,你太微不足道了,根本不足以搅乱我的清静。我已经把对生活的引导交给理性,它会禁止愤怒的。我的愤怒会比你的错误更有害于我。为什么不是呢?伤害的限度是确定不变的,但是愤怒会把我卷到多远,那就没人会知道了。"

你会说:"我不能忍受向错误屈服。"这不是事实;一个能够忍受愤怒的人还会不能忍受错误吗?另外,你现在提出的是愤怒和错误都要忍受。你为什么会忍受一个病人的精神错乱,一个疯子的胡言乱语,一些孩子顽皮的殴打?当然是因为他们似乎并不知道他们在做什么。这与他们不知道什么弱点使一个人不能负责有什么不同?不需负责的辩护对这些情况一样成立。"你说什么?"你会说,"那个人应不受惩罚就离去吗?"即使你这么期望,事实也并非会如此。因为对做坏事的最大惩罚就是已经做了坏事,没有人会比一个受悔恨折磨的人受到更重的惩罚。再者,如果我们要充当所发生的一切事情的公正法官,那么我们就必须考虑到我们人类命运的局限性。因为普遍的错误而责备个人,这是不公正的。埃塞俄比亚人的肤色在本民族中并不引人注目,在日耳曼人中,打成结的红头发对一个男人来说并没有显得不体面。你不应把属于一个民族普遍特征的东西看作奇怪和耻辱的东西。甚至我引述的那些例子也可以为世界某些地区和角落里的人的习惯作辩护。想一想,可以有多么更为公正的理由来为那些整个人种所共有的品质辩解啊。我们都不够体谅别人,没有头脑,我们都是不值得信赖的、不知足的和野心勃勃的——我为什么要用柔和的词掩饰这个普遍的伤疤呢?——我们都是邪恶的。因而,每个人都会在他自己的胸怀里发现他所指责的别人的缺点。你为什么注意此人的苍白,那位的憔悴?这些到处流行!因而让我们更为友善地彼此相待吧;我们自己就是邪恶的,又生活在邪恶者之中。只有一件东西能够把我们带入和平——那就是彼此宽待的协定。你也许会说:"那人已经伤害了我,但我还没伤害他。"但是也许你已经伤害了他,也许你某一天会伤害某个人。不要只是算计着此刻或今天;想想你的心灵的整个特性——即使你还没有作恶,你是能够作恶的。

去治愈而不是报复一种伤害,这是多么的更为有益!报复花费很多时间,一个人受了一次伤害就去报复,那他将面临招致许多伤害的危险。我们的愤怒总是比伤害持续的时间长。不是对别人的错误犯下同等的错误,而是采用相反的方针,这又是多么的更为有益!如果有人用踢报复了一头骡子,用咬报复了一只狗,他是否会认为他获得了完全的心理平衡呢?但是你会说:"那些动物并不知道它们正在犯错。"首先,他是多么不公正!在他的眼里,作为一个人是注定不能获得宽恕的。其次,如果其他动物之所以能避免你的愤怒是因为它们缺少理解力,那么每一个缺少理解力的人在你的眼里也应该具有同样的地位。如果他在一种品质上类似于不会说话的动物,而使动物的恶行得到开脱的正是这一种品质,即一个完全黑暗的心灵,那么他的其他品质与那些不会说话的动物又有什么区别呢?你说:"他做了错事。"那么,这是第一次吗?它会是最后一次吗?即使他会说"我绝不会再做了",你也没必要相信他。他会继续犯错,某个别的人也会以错对他,于是整个的生活就在错误之中翻来覆去。恶意必须用善意来对待。经常对一个悲伤者说的话对一个愤怒的人也最为有效:"你会停止吗——还是永远不会?"如果会,那么抛弃愤怒比等着愤怒来抛弃你是多么的更为有益!或者,这种混乱要继续到永远?你看到了吗,你正在使你陷入什么样的终生动荡不安?一个总是怒火万丈的人,他的生活会是什么样子呢?另外,当你已经用激情燃起你的怒火,并且已经不断地更新了刺激你发怒的原因时,你的愤怒就会自动地离开你;时间的流逝将会减少它的力量。由你来战胜它而不是由它自己,这是多么的更为有益呢!

你会首先冲这个人发怒,然后冲那个人;首先冲奴隶,然后冲自由民；首先冲父母，然后冲孩子；首先冲熟人，然后冲陌生人；因为除非心灵予以排解，否则到处总是存在着足够的理由。激愤会在这里那里、以这种那种方式冲击着你，你的疯狂将会被不断产生的新的刺激所延长。告诉我，不幸的人，你就不能抽点时间去爱吗？你正在一件邪恶的事情上浪费多么宝贵的时间！而在此刻，去赢得朋友，化解仇敌，服务国家，致力于私人事务，比起投身于找机会给某人做下什么恶，给他的身份地位、财产和人身带来什么伤害来，岂不是多么的更为有益！——即使你的对手比你低下，你也不可能毫不费力、毫无危险地实现这个目标。你可以把他囚禁起来，并且可以随心所欲地让他承受各种坚忍的考验；但是打手过分地狂暴常常使自己的一个关节错位，或使一块肌肉缠在打碎的牙齿中。即使愤怒发现它的受害者很顺服时，也常常把人打瘸腿或致残。此外，没有一种动物会软弱到不去尽力伤害它的毁灭者就死去。弱者有时通过痛苦、灾祸能对最强者进行同等的报复。而引起我们愤怒的事物实际上对我们的冒犯常常超过了对我们的真实伤害，这难道不是事实吗？但是，一个人是妨碍我的希望还是不能助长我的希望，是剥夺我的希望还是只不过不能给予我的希望，这当中有很大的区别。然而我们却给予这两者——是剥夺了我们某样东西，还是仅仅是拒绝了某样东西，是粉碎了我们的希望还是延缓了我们的希望，是与我们对着干，还是在按着他自己的利益做，是出于对另一个人的爱，还是出于对我们的仇恨——予以同样的看待。有些人不仅仅是有正当的理由，而且是有高尚的理由来反对我们。这个人在保护他的父亲，另一个在保护他的兄弟，一个在保卫他的国家，另一个在保护他的朋友。然而我们却不因为他们这么做而宽恕他们，尽管我们本应为他们不这么做而谴责他们的。不仅如此，而且几乎令人难以置信的是：我们常常会赞许一个行为，却仇视它的行动者。但是，事实上，一个伟大而公正的人会尊敬他的敌人中那些在保卫自由和国家时最勇敢顽强的人，并且祈求命运让他也有这样的人做同胞、做战友。

去憎恨一个值得你赞扬的人是卑劣的，然而，就因为他值得你的同情而去憎恨他，又更为卑劣！如果一个俘虏突然地降为奴隶，还仍然保留着他那自由自在的痕迹，并不利索地干那些低贱而辛苦的活，如果他懒惰拖拉，没有跟上主人的马速和马车，如果他因为每天的值夜而疲惫不堪，昏昏欲睡，如果当他从城市里面有很多假期的差役中被转到辛苦的体力活上，他或是拒绝干农场的苦活，或者不愿意全力以赴——在这样的情况中，让我们区别对待，问他是不能做还是不愿意做。如果我们是以仔细辨别而不是以愤怒开始，那么我们就会宽释很多人。但是事实上，我们服从于我们最初的冲动，接下来，尽管我们是被一些纯粹的小事所激怒的，然而因为担心我们看起来开始就没有理由这样做，我们就继续发怒，而且——最不公正的是——正是我们愤怒中的这种不公正使我们变得更加顽固。因为我们坚持它，庇护它，就好像我们愤怒的暴行就是它正义的证明。

　　去察觉它最初的苗头是多么的更为有益呢——那时它是多么的轻微，多么的无害！你会发现，你在不会说话的动物身上看到的同样的事情也会在一个人身上发生。我们被无聊而卑琐的事情所激怒。公牛会被红色所激怒，角蝰蛇向一个影子咬去，熊和狮子会被一方手帕所激怒；所有本性野蛮和凶残的动物都会被琐事所惊惧。人也是这样，不论他们是本性好动还是迟缓。他们内心深怀的猜疑是如此的强烈，乃至于把一般的受益称为伤害。这些是愤怒最常见、当然也是最痛苦的来源。我们因为他们给予的比我们期望的要少，比他们赠予别人的要少，就对最亲密的朋友发怒；然而对这两种烦恼都有一个现成的治疗办法。更多的好处给了别人；那么，就让我们不去做比较而满足于我们之所得。看到别人比他快乐就受到折磨的人是绝不会幸福的。我得到的可能比我希望的要少；但是也许我希望的比我应得的要多。我们要担心的正是朝那个方向去想；正是从这方面产生了破坏性最大的愤怒，产生了会攻击一切最神圣者的愤怒。

在那些刺杀神圣的朱利安·恺撒的人中间，恺撒的朋友多于敌人——恺撒没能满足这些朋友们贪得无厌的愿望。他实际上想这样做——因为没有人比他更慷慨地运用胜利结果，他除了要求进行馈赠的权利以外，没有为自己从胜利中要求任何东西，但是既然每个人都在尽可能多地贪图，他怎么能够满足这些丝毫不受良心节制的欲望呢？于是他看到他的战友们刀剑出鞘，逼在他座椅周围——提里乌斯·庆伯（Tillius Cimber），此人不久前还是他的事业的最勇敢的捍卫者，还有其他一些不再追随庞培但最终变成庞培分子的人。正是这个使国王的武器掉转头来反对国王，正是这个驱使着最受国王信任的追随者谋害他们曾当面发誓为其以死效忠的人。

没有人在看见别人的命运时会满足于他自己的命运。这就是我们为什么甚至会对诸神发怒的原因，因为某些人领先于我们，我们忘记了有多少人落在了我们后面，有多么大的一群忌妒者跟在他这位只用忌妒一小部分的人的后面。然而，这就是人们的蛮不讲理：他们把"我本来也许可以获得更多"当作一个伤害。"他给了我副执政官职务，可我本来想得到的是执政官职务；他给了我十二束权标，但是他没有给我一个常任执政官职务。他愿意以我的名字命名这一年①，但是在关于祭司职位的事情上他让我失望了。我被选为这个团体的成员，但为什么只是一个团体的呢？他授予我公共荣誉，但是他并没有在我的祖传财产上增加什么东西。他给我的东西，本来就是他一定要给出的——他并没有从自己的口袋里拿出过什么东西。"你更应该做的是：为你所得到的感恩；耐心等待其他恩惠的到来吧，同时对你还没有被撑饱感到高兴。留着某些东西去希望，这是一种快乐。你已经超过了所有其他人吗？那么你在你朋友的眼中是第一位的，要对此感到高兴。有很多人超越了你吗？那么想一想你所领先的人比领先于你的人要多多少。你问我你的最大缺点

---

① 即让他担任当年度的执政官。

是什么吗？你的记账是错误的：你对你所付出的东西估价太高了，对你所收到的东西估价太低了。

不同的顾虑可以在不同的情况中对我们加以抑制。对某些人我们用害怕来阻止对他的愤怒，另一些人则用尊敬，还有一些人则用自豪。如果我们把一个可怜的奴隶送入监狱，毫无疑问我们就已经做了一件好事。我们为什么这么急切地去立刻鞭打他，去马上打断他的腿呢？这种力量，即使被推迟，也不会毁灭的。等我们恢复到我们能下命令的时候吧；而在此刻，我们却会按照愤怒的指令说话。当这一刻过去的时候，我们就会清楚我们应该以什么价值来估价这个损失。因为正是在这一刻我们最容易犯错误。我们会诉诸刀剑和死刑；一个应受轻微鞭挞责难的行为，我们会用铁链、监禁和饥饿来惩罚。你会问："你吩咐我们用什么办法去发现，我们认为受其伤害的那些事物是多么微不足道、多么令人鄙视、多么幼稚可笑呢？"确实，除了建议你去获得一个真正伟大的灵魂，除了使你认识到我们为之争吵、来回奔波和渴望的事物是多么肮脏和毫无价值以外，我不能提出任何更好的建议了；这些东西丝毫都不值得怀有高贵目的的人去关切。

大多数的怒吼都是关于钱的。正是这使得法庭疲惫，使得父亲同儿子争夺，正是这酿出了毒药，同样地把剑给了军团和凶手；它涂满了我们的鲜血；因为它，夫妻吵架夜不安宁；因为它，人群蜂拥而至法官的审判席；因为它，君主们发怒、掠夺、推翻数百年来的劳动建立起来的国家，以便他们能在城市的废墟中寻找金银。你说，看到钱袋子躺在角落里有一种快乐。但是这些正是人们为之嘶喊一直到眼珠子都迸出来的东西；为了这些东西，法庭回响着审讯的喧嚣，审判员被从很远的地方招来参加判决，以决定哪一个人的贪婪拥有更为正当的要求。可是，甚至还不是一袋子钱，而仅仅是只有奴隶才看得上眼的一把铜币或一枚银元，也能使一个身后无嗣、半截已入土的老人气炸了肺，那又怎么说呢？只不过是微不足道的千分之一的利息，却能使债主不顾病体，拖着瘸腿，伸着粗糙的不再用来数钱的手去大声嘶喊，在疾病的阵痛中去要求归还他那零碎小钱，那又怎么说呢？如果你要给我所有矿藏里的所有的钱，这些我们现在正在忙碌挖掘的钱，如果你要把所有埋在地下的珍宝——因为贪婪会把它曾经在邪恶中吸入的东西都归还给大地——所值的钱都扔在我眼前，我也不会认为这整个宝藏能抵得上一个好人的眉头一皱。我们应该以什么样的笑声来对待这些现在引起我们流泪的东西啊！

好，现在很快来看看愤怒的另一些原因——吃、喝以及我们为了满足自豪感而为它们设计的优雅的风度，还有侮辱性的言辞，失礼的举动，难以驾驭的负重牲口和懒惰的奴隶，对别人的话的猜疑和恶意曲解，其后果就是人类说话的天赋被算在了自然的不公正之中。相信我，这些激起我们不小愤怒的事情是很小的事情，就像驱使孩子们争吵和打架的那些琐事那样。尽管我们如此悲观地看待它们，它们中没有一件是严重的事情，没有一件是重要的。要我说，正是从这里，从你把微不足道的小事看得很重要这个事实中，产生了你的愤怒和疯狂。这个人想要抢走我的遗产；那个人在我为了遗产已经巴结了好久的人面前诽谤我；还有一个人觊觎我的情妇。对同一样事物的渴望本应该成为爱的纽带，现在却变成了争论和仇恨的根源。一条狭窄的小径会使过路人拔拳相向；而在宽阔敞开的大道上，一大群人也不会争挤。因为你所努力争取的都是琐细之物，如果不从那个人那儿抢走，就不能给予这一个人，所以，它们激起那些渴望同一个东西的人的争斗和冲突。

你感到愤愤不平，因为你的奴隶、你的自由民、你的妻子或者你的当事人同你顶了嘴。接着你又抱怨说这个国家已经被剥夺了自由，而你从你全家人那里剥夺的正是这个自由。再有，如果一个人在被盘问时保持沉默，你就会称之为桀骜不驯。然而，就让他说，让他沉默，让他笑吧！你会问："就在他主人的面前？"是的，甚至是在一家之长的面前。你为什么吼叫？你为什么咆哮？你为什么在吃饭中间叫人去拿鞭子，就因为奴隶们在讲话,因为在一个可以容纳集会人群的巨大房间里失去了沙漠般的寂静?你的耳朵并不是只是用来倾听悦耳的声音和柔美和谐的声音的;你也应当让耳朵听笑声和哭泣,听温柔的言辞和痛苦的倾诉,听快乐和悲伤,听人的声音以及动物的吼叫咆哮。可怜的人!为什么听到奴隶的喊叫,听到铜器的碰撞,听到门的撞击,你就会颤抖。尽管你是如此的敏感脆弱,你还是不得不去听雷鸣巨响。我关于耳朵所说的一切你也可以用到眼睛上,如果它们并没有受到很好的训练,那么从令人厌恶的东西中所受的罪并不比前者更少。它们会因一个斑点,污垢,褪了色的银器,以及并非清澈见底的水池而感到不愉快。确实,这样的眼睛,除非大理石是杂色的并且最近刚刚被擦亮过,否则它们就不能忍受;除非一张桌子有很多纹路,否则它们不能忍受;它们在家里只愿意看脚下比黄金还贵的地砖,当这些眼睛在外面时,会看见粗糙、泥泞的小路,肮脏的人们(这就是它们所碰到的大多数人),以及摇摇欲坠、裂缝遍布、弯弯斜斜的屋墙,但是却无动于衷。那么,我们走在街上时并没有觉得不愉快,而在家里却会感到恼火,这除了在一种情形中我们处于平静和忍耐的心灵状态中,而在另一种情形中则处在脾气恶劣、吹毛求疵的状态中以外,还能有什么原因呢?

我们所有的感官都应该接受忍耐训练。只要心灵不去削弱它们,它们天生就是能长期受苦的。它应该每天被叫去对它自己作一个说明。塞克斯提乌斯就有这个习惯,当一天结束而他已经就寝休息时,他会向自己的灵魂提出这些问题:"你今天治愈了什么坏习惯?你今天抵制了什么缺点?你在哪方面比较好?"如果愤怒发现它必须每天在一个法官面前出现,它就会停止,并且变得比较易于控制。还能有比彻底详细地审查一整天的生活这个习惯更好的吗?而紧接着这种自我检查之后的睡眠又会是多么的愉快——当灵魂已经赞扬或劝诫了它自己的时候,当这位秘密的自我检查者和批评者已经汇报了它自己的品质的时候,它会睡得多么平静,多么深沉无扰!我利用这个权利,每天在自我的法庭前为自已提出申辩。当光线从视野中离去时，我的妻子深知我的习惯，就会变得沉默；于是我审视我的一整天，回顾我所有的行为和言辞。我不向我自己隐瞒任何事情，不遗漏任何事情。当我能这样和自己交心时，我为什么要对我的缺点退缩呢？

"注意，你绝不能再这样做了；这次我会原谅你。在那场争论中你说话太咄咄逼人了；此后不要与无知的人们争辩；那些从不学习的人并不想学习。你指责他太过于直率了，因此你只不过得罪了他，而非改进了他。往后，不仅要考虑你所说的话的真实性，而且要考虑你与之说话的这个人是否能够承受真实。一个好人会高兴地接受指责；一个人越坏，他就会越强烈地怨恨这种指责。"

在一个宴会上，某些人的讥诮和言论是想刺激你，以达到他们的目的。但是记住：要避免与这些粗俗之辈一道厮混；喝了酒之后，他们的放纵就会变得很随便，因为即使在清醒的时候他们也缺乏任何规矩意识。你看到一个朋友正在发怒，因为当他正想进入某个讼师或富人的家时，看门人把他推了出来；于是你本人也为了你的朋友抱不平，对那个最低贱的奴隶发起怒来。请问，你会对一只链子锁着的看家狗发怒吗？他，虽然狂吠不止，但只要你扔给它一些食物，它也会变得温和起来。后退几步，笑吧！这个家伙因为看守着一个被一群诉讼人包围的门口，就觉得自己是个什么人了；那位斜躺在里面的上流人士鸿运当头，并且认为，让人很难踏入他的门乃是一个人成功和有势力的标志。他忘了最难打开的门是监狱的门。你要明白：有很多事你都必须忍耐。谁会对自己在冬天感到寒冷惊奇吗？对自己在海上晕船惊奇吗？对他在大路上受到颠簸惊奇吗？心灵会勇敢地面对它已经作好了准备的一切事情。因为你被置于酒桌上较不显耀的位置，你就开始对你的主人发怒，对写请柬的人发怒，对坐在你的上首的人发怒。疯狂的人啊，你靠在长椅的哪一个部分上，这有什么重大区别吗？一个坐垫能增加你的荣耀还是耻辱？因为某个人说你才能不好，你就不用公平的眼睛去看他。你把这当作一个原则来接受吗？于是，恩尼乌斯①会因为你不喜欢他的诗而憎恨你，郝登西乌斯②会因为你不赞成他的演说而宣布对你的仇恨，而西塞罗，如果你取笑他的诗，就会成为你的敌人。但是当你是一个候选人时，你就会愿意安详地容忍你的得票数。

也许某个人侮辱了你；然而这一侮辱比斯多亚哲学家第欧根尼所受的苦还严重吗？当他在谈论愤怒的时候被一个不知羞耻的年轻人吐唾沫。而他却冷静而智慧地忍受了。"真的，我不生气，"他说，"至少，我确信我不应该生气。"而我们的伽图的做法又是多么的更好！当他正在为一个案子辩护时，兰图卢斯（Lentulus）这个留在我们父辈记忆中好捣乱、不守规矩的人，尽其所能地攒足了浓痰，全部吐在了伽图的前额中间。而他把痰从脸上擦去，然后说："兰图卢斯，对于所有断定你没有脸面的人，我将向他们发誓他们错了。"

诺维图斯，现在我们已经成功地把镇静自如带到了心灵中；它不会感到愤怒，或者，它不会屈服于愤怒。现在让我们来看一下，怎样才能减轻别人的愤怒。因为我们不仅希望自己被治愈，而且希望去治愈别人。

我们不要冒险去用言辞安慰最初爆发出来的愤怒。这时它既聋又疯；我们必须给它留出空间来。当疾病开始消退时，治疗的办法就能奏效了。当双眼肿起来的时候，我们不要去碰它——因为在眼睛僵硬时，我们可能会因触动它们而弄痛之，同样，我们也不要在其生病的部位发炎时去干预它们。在疾病的最初阶段，静以待变就是治疗。你会说："如果你的治疗办法是在愤怒自己消退时才来抚平它，那么它的价值也太小了！"首先，它会使愤怒更加迅速地消退；其次，它可以阻止愤怒复发；它甚至也能阻碍它没有努力去抚平第一次爆发，因为它会弄走所

---

① 恩尼乌斯（Ennius），罗马诗歌之父。
② 郝登西乌斯（Hortensius），著名的罗马演说家，西塞罗的竞争者。

有复仇的武器。它会假装愤怒，以便在摆出愤怒的帮助者和战友的样子后，能在提忠告时发挥更大的影响力；它会想方设法去耽误，会通过四处寻找更为严重的惩罚来推迟目前的惩罚。它会运用每一种技巧来暂时缓解疯狂。如果受害者火冒三丈，它会在他身上施加一种他无法抗拒的羞耻感和恐惧感；如果他变得较为冷静了，它会引入有趣或者新奇的谈话，会通过刺激他求知的欲望来转移他的注意力。有一个故事说，从前有一个医生必须去治好国王女儿的病，可是不动刀子又不行。于是当他在温和地擦洗她发肿的胸脯时，把藏在一块海绵里的手术刀插了下去。如果这个手术是公开做的，那个女孩肯定会抵制，但是因为她没有料到，所以她就承受住了痛苦。有些毛病只能通过欺骗来治愈。

你会对一个人说，"注意不要通过你的愤怒来使仇者痛快"；对另一个人你会说，"注意不要失去你的心灵的伟大，和你在别人眼中的坚韧顽强的声誉。以老天的名义，我自己也愤愤不平，并且极为难过，但是我们必须等待时机。他会付出惩罚的；我们牢牢把它记在心里吧。一旦可以的时候，你会让他为惩罚的延迟付出代价的。"当一个人发火的时候去指责他以及反过来冲他发火，只会起到增加他的愤怒的作用。你必须用各种恳求并且循循善诱地去和他谈谈，除非你碰巧成了一位足够重要的人物，能够用神圣的奥古斯都皇帝在与维狄乌斯·泡里奥（Vedius Pollio）一起吃饭时用过的同样的策略来镇压他的愤怒。当维狄乌斯的一个奴隶打碎了一个水晶杯时，维狄乌斯命令将他抓起来，并且判处他去死，但是以一种奇特的方式——他命令将他扔到他饲养在鱼池里的七鳃鳗中。谁不认为他这样做只是为了炫耀自己？这完全超出了残酷。这个小伙子从抓他的人手中挣脱出来，逃到皇帝的脚下，只是请求让他可以以别的方式去死——除了被吃掉。皇帝被这一种残酷的新花样所震惊，下令宽恕那个孩子，并且在他眼前把所有的水晶杯都打碎，把鱼池填满。事情就是这样，谴责一个朋友对皇帝来说是合适的；他正确地运用了他的权力："你要下令将人们从宴会中拉出去处死吗，并且让他们被一种闻所未闻的折磨撕成碎片吗？如果你的杯子被打碎，一个人的肠子就要被撕碎吗？你也太神气活现了吧，居然敢在皇帝面前下令处死人！"因而，如果有人的权力大到他能从突出的位置进攻愤怒，那么就让他严厉地去对付愤怒，但是只是我所解释过的这种愤怒——凶猛的、非人的、嗜血成性的，并且除非使它害怕更强大的事物，否则就非常难以治愈的这种。

让我们给灵魂以安宁吧，这种安宁可以在有益的指导下由不断地沉思而得到，由高贵的行为和只专注于高尚愿望的心灵而产生。让我们使我们的良心得到满足；让我们一点也不要为了名声去奋斗。如果我们真的配得上好名声，那么甚至就让坏名声来光顾我们吧。你会说："但是普通老百姓崇尚充满激情的行为，勇敢的人被认为是光荣的，而平静的人被看成是没用的。"乍一看也许是这样。但是当平静的人通过他们生活的平衡态度证明了他们并非是迟钝，而是心灵的宁静时，这些同样的公众就会崇敬和尊重他们。因此，这种可怕的、破坏性的愤怒不会为任何一个有用的目的服务，而是正相反，服务于各种恶、剑和火。它把一切顾虑都踩在脚下，用谋杀玷污双手，把孩子的肢体撒得到处都是，它使任何地方都不能免受罪恶，它不考虑荣誉，不害怕耻辱，当它一旦从愤怒凝结成了仇恨，就变得不可救药了。

让我们从这种恶中摆脱出来，让我们将它从我们的心灵中清除并且连根拔起，因为即使留有最少的量，它也会再次生长；让我们不要试图去调节愤怒，而是去摆脱愤怒——任何恶的事物能有什么好调节的呢？而且，只要我们努力，我们就能做到。没有任何事物能像思考我们的可朽性那样给我们以巨大帮助了。让每一个人对他自己和他必死的同胞说："我们为什么乐于去显示我们的愤怒，乐于去浪费这生命的一小段时间呢，就好像我们一生下来就能活到永远似的？我们为什么喜欢为了某个人的悲痛而去使用和折磨我们可以用之于美德上的快乐的日子呢？你的命运不允许浪费，你也没有多余的时间去浪费。我们为什么要猝然进入冲突呢？我们为什么要给自己找麻烦呢？我们为什么忘记我们自己的虚弱去承担仇恨的巨大负担，为什么尽管自己很容易受损害还是要起来去损害别人呢？很快发烧或某种身体的疾病会打断这一仇恨的战争，而我们现在却死不罢休地来发动这场战争。死亡很快就能插进来把最凶猛的一对斗士分开。我们为什么要撒野发狂，用我们的喧嚣去扰乱生活呢？命运逼近我们的头顶，当日子过去时把它们记到我们的账上，并且不断地挨得越来越近。你为别人的死指定的那个时间也许离你自己死的时间也很近了。"

你为什么不愿意宁可集中你短暂的一生，使它对你自己和所有其他人都是宁静和平的呢？你为什么不愿意宁可活着时被所有人爱，死的时候被所有人哀悼呢？你为什么渴望把对付你的人从一个很高的地方拉下来呢？你为什么试图用你所有的力量去制伏这个责骂你的人——一个卑鄙但对胜过自己的人却说话刻薄、令人讨厌的家伙呢？你为什么对你的奴隶发怒呢，为什么对你的主人、你的顾客、你的当事人发怒呢？稍等一会儿嘛。看哪，死亡来了，它会对你们一视同仁。在竞技场的表演中，我们经常看到被系在一起的公牛和熊之间的搏斗，当它们互相折磨时，一个指定的屠夫正等着它们。它们的命运就是我们的命运；我们不断地折磨与我们很近地绑在一起的人，然而死亡很快就会威胁胜利者和被征服者。让我们把剩下的这点点时间还是留给平静和安宁吧！当我们留下一具尸体时不要让人怨恨我们。附近一声"失火"的大喊常常能结束一场打斗，野兽的到来会把一个旅行者从强盗手中救出。当更危险的恐惧出现时，我们没有时间去同较小的不幸搏斗。我们为什么要关心打斗和陷阱呢？你能为受你愤怒伤害的人祈求一个比死亡更大的灾难吗？即使你不动一根手指，他也会死。如果你要去做必定会发生的事，那你就是在白费辛苦。你会说："我根本不想杀死他，只是想用放逐、用公开的耻辱、用物质上的损失来惩罚他。"但是我更宽容那些想给他的敌人一个伤口而非一个疱疹的人；因为后者不仅有一个邪恶的心灵，而且还有一个小人之心。不论你的头脑里想的是残酷的还是轻微的折磨，你的受害者在你的折磨下挣扎的时间以及你从另一个人的痛苦中得到邪恶的快乐的时间都是多么短暂啊！不久我们就会吐出这颗脆弱的灵魂。在此期间，只要我们还在呼吸，只要我们还活在人间，就让我们珍惜人性吧。让我们不要引起任何人的恐惧和危险；让我们蔑视损失、错误、辱骂以及讥笑，让我们用英勇的心灵去忍受那短暂的不幸吧。如人们所说的，当我们向后看并转过身时，死亡正在大步逼近我们。

美狄亚(悲剧)

目　次

第一场
　　　第一合唱歌

第二场
　　　第二合唱歌

第三场
　　　第三合唱歌

第四场
　　　第四合唱歌

第五场

人　物

（以上场先后为序）

美狄亚　高加索一带的科尔克斯国的公主，伊阿宋的妻子，随伊阿宋逃亡到希腊的科林斯

歌队　一些科林斯妇女

保姆　从小服侍美狄亚的保姆

克里翁　科林斯国王

伊阿宋　阿尔戈号船船长，希腊帖撒里的伊奥尔库斯国的王子，美狄亚的丈夫

信使　科林斯人

伊阿宋和美狄亚的两个儿子

众士兵　科林斯人

地　点

伊阿宋和美狄亚在科林斯的住所，王宫门前。

《美狄亚》的背景

"美狄亚的复仇"的悲剧故事在古代久久流传。因为它与之前发生的一系列事件有关,所以我们必须先了解一下背景。

传说古代希腊中部帖撒里一带的伊奥尔库斯(Iolcus)王国的国王埃伊宋(Aeson)的王位被弟弟帕里阿斯(Pelias)篡夺。后来埃伊宋的儿子伊阿宋(Jason)长大,要求恢复王位,帕里阿斯对他提出一个条件,说只要他能到远方的高加索国家科尔克斯(Colchi)取来一种宝物——金羊毛,就会把王权归还给他。帕里阿斯以为这是无法完成的任务,因为不仅一路上要漂洋过海,艰难险阻很多,而且科尔克斯国王阿埃提斯(Aeetes)相信神谕的指示,认为自己的生命系于金羊毛,所以严密看守国宝金羊毛,派了一头永不睡眠的毒龙守在挂着金羊毛的那棵树的树下。而且阿埃提斯还拥有许多其他法术,已经多次抵挡了觊觎金羊毛的各路好汉们。

在雅典娜的极力鼓励和参与下,伊阿宋建造了希腊第一艘航海船"阿尔戈号",然后集合了希腊各邦的英雄豪杰,大多为王者、诸神的后裔,向东方出发。历经千难万险之后,到了高加索一带、黑海南面的荒凉寒冷的科尔克斯国。科尔克斯国王阿埃提斯向伊阿宋提出了几项难以完成的任务:套住两头喷火牛耕地,播种龙牙——但是龙牙只要一种到地里,就会长出许多气势汹汹的武士。

此时,科尔克斯国的公主,阿埃提斯的小女儿美狄亚爱上了伊阿宋。伊阿宋以神的名义向美狄亚发誓,如果她帮他得到金羊毛,就娶她为妻。美狄亚从小在庙里担任阴间女神的女祭司,精通魔法。她决定帮助伊阿宋,于是她教他制伏了喷火牛,向龙牙长出的武士中间丢了一块石头,武士们立即自相残杀而死。她还用魔咒催眠了警醒的毒龙,然后偷走了国宝金羊毛并和伊阿宋私奔。美狄亚的父亲阿埃提斯追捕美狄亚和伊阿宋。美狄亚把随身带着的小弟弟杀死，剁成碎片，抛撒在海上，乘她父亲收尸之际逃走。

伊阿宋在没有征得岳父同意的情况下，请大海和天空诸神做证，娶美狄亚为妻。

伊阿宋带着美狄亚回到希腊，回到祖国伊奥尔库斯，向叔父帕里阿斯呈上金羊毛复命。但是帕里阿斯又反悔了，不肯交出王权。伊阿宋再次求助于美狄亚。美狄亚于是表演魔法欺骗帕里阿斯的女儿们：她把一头老羊杀死，切碎丢进放了返老还童药的锅里煮，出锅后成了一头小羊羔。帕里阿斯的女儿们孝敬心切，如法炮制，杀死老父帕里阿斯放在锅里煮。但是美狄亚并没有交给她们真正的丹药，结果帕里阿斯死了。帕里阿斯的儿子阿喀斯都斯（Acastus）立即追杀伊阿宋和美狄亚。他们俩再一次逃跑，流浪到科林斯。当时科林斯的国王是克里翁（Creon），他接纳了他们，安排他们住下。他们住了多年，生养了两个儿子。但是后来克里翁又想把自己的女儿克柳萨（Creusa）嫁给伊阿宋，并打算处死或赶走美狄亚。

《美狄亚》的悲剧就在伊阿宋的新婚礼即将开始的背景下开场。

第一场

（美狄亚入场）

美狄亚　神明啊，你掌管婚姻的众神啊，

古老婚床的保护者鲁西纳啊，

你，教导提菲斯驾驶新船远航征服大海的神啊①，

你，深海的严酷主宰啊②，

你，给大地分配白昼之光的巨人神啊③，

你，在静默的秘仪上面露幽光的三种形状的阴间女神啊④，

那些伊阿宋以你们的名义向我起誓的众神啊；

还有你们，我美狄亚更应当祈求的神灵们：

无止无尽的黑暗混沌啊，

与天界之神远远对立的地下王国啊，

亵渎神灵的死鬼啊，

阴沉沉的国度的主宰啊，

---

① 即雅典娜，她积极促成了阿尔戈号远航。提菲斯（Tiphys）是阿尔戈号的舵手。
② 即海神。
③ 指太阳神，因为太阳神是提坦巨人神的后代。据传太阳神是美狄亚的家族祖先。
④ 即赫卡特（Hekate）。她在天上是月亮女神，在地上是猎神狄安娜，在地下是阴间女神，是巫师们经常打交道的神。为了醒目，在本剧中我们将不用音译"赫卡特"，而用"阴间女神"；但是要注意她的其他面相，尤其是作为月亮出现。

还有你，被更忠诚地带走的王后啊①，
——我向你们大家用诅咒的声音祈祷！

降临吧，立即显灵！一头蓬乱的毒蛇的复仇女神啊，
请你用血淋淋的手举着黑色的火把，来帮帮我吧，
就像你曾经站在我的婚室外时那么凶狠。
杀死新妇，杀死岳父，杀死所有的王室后裔！
还有什么［比死亡］更刻毒的？我可以咒新郎什么呢？
让他活着！让他在默默无闻的城市之间流浪，
一贫如洗，遭人遗弃，惊恐万状，被人仇恨，无家可归，
臭名远扬，去陌生人门前乞讨；
让他渴望我做他的妻子，而且——我的最凶的诅咒：
让他想念长得像爸爸、像妈妈的孩子。
已经产生了，我的复仇已经产生了：
是我生出来的！

我只是喋喋不休地抱怨，不去实现？
我难道不出击战斗？
是的，我要把他们手中的火炬打掉，把天上的光明弄熄。
太阳神是我的家族的奠基者，
他看到发生的一切，还在展现自己？
他还乘着他的马车，沿着日常的轨道穿过晴朗的天穹？
他为什么不退回到他升起的地方，反过头来度量一天的行程？
让我来驾驶，让我乘上我祖先的马车穿越天空；
父亲啊，把缰绳交给我，让我用
闪闪发光的笼套指挥你火焰四射的奔马；

---

① 指普洛舍皮娜（Proserpina），她被地府之神普鲁图（Pluto）带入地下，成为地府王后。"阴沉沉的国度的主宰"即指普鲁图。

让分隔两边海岸的科林斯被大火烧掉，让两旁的海洋合为一体；

最后，我还要亲自举着婚礼火炬进入卧室，
在做了牺牲祷告之后，在神圣的祭坛上杀死献祭品。
我的灵魂，如果你还活着，如果你还保持着往日的精神，
那就在切开的五脏六腑中找到一条惩罚之路吧！
抛开妇道人家的害怕吧，
让你的心灵注入冷酷无情的高加索气质吧。
伐希司河①和黑海看到过的弥天大罪，科林斯地峡也必须看见。
我的心里正在盘算野蛮的、闻所未闻的、恐怖的罪恶，
它将使天地一道颤抖：伤害、屠杀、死亡将一步步爬过来。
不，我说的这些还是太不起眼，
在我还是一个小女孩时就已经干过这些事。
让愤慨更凶猛地涌上来吧：
我已经生了孩子，可以干更大的罪恶了。
让你用愤怒武装起来，让你喷出毁灭的怒火，发疯到极点吧！
让别人讲你离婚的故事时就像讲你的结婚故事一样吧。
你将怎么离开你的丈夫？
就像你当初跟上他一样。
现在就打住你的磨磨蹭蹭、犹豫不决，
在邪恶中诞生的家，也必然会在邪恶中被抛弃。

（美狄亚退场。歌队入场）

---

① 伐希司河，在科尔克斯国境内。

第一合唱歌（婚礼之歌）

歌队　　统治天空的众神和统治海洋的众神啊，
　　　　请你们保佑；请你们和庄重祝福的人民一道
　　　　出席王室伉俪的婚礼吧。
　　　　让我们先向手持玉笏的雷霆之神献上
　　　　白背公牛的高贵的脖颈；
　　　　再让一头从未负轭拉过车的
　　　　雪白的母牛满足鲁西纳；
　　　　还有那位制止住暴烈的战神的血手，
　　　　给交战的各国带去和约的女神，
　　　　在她的富足的角中存满了财富的和善女神①，
　　　　让我们向她献上一头更娇嫩的牺牲。
　　　　还有你，你降临在合法的婚礼上的神，
　　　　你用吉祥的右手驱赶走夜色，
　　　　醉醺醺地蹒跚走着，额头上缠着玫瑰花环。
　　　　还有你，引导一天的两个不同时刻的星星②，
　　　　在恋人眼里你总是回来得太迟，
　　　　母亲们和媳妇们也都盼望你赶快洒下光亮。
　　　　我们的新娘子的美丽远远超过
　　　　克科洛普的城邦③的媳妇们，
　　　　也超过无墙的城邦④的姑娘们，她们被要求像年轻男子一样
　　　　在泰基图斯山脊上锻炼；

---

① 即和平女神。
② 即金星（所谓"黄昏星"）。
③ 指雅典。据传克科洛普（Cecrop）是雅典的第一位国王。
④ "无墙的城邦"指斯巴达，因为斯巴达古时曾没有城墙。

胜过在奥尼亚泉水和神圣的阿尔休斯河中沐浴的女子。
如果以外貌评判一位男子，
那么人人都得在埃伊宋的儿子①面前甘拜下风，
包括无情的闪电之神的后代，那位在老虎的脖子上戴笼套
的神②，
还有那位撼动三角鼎的神，那位野蛮的女孩的兄弟③；
还有喀斯特，以及他的双胞胎兄弟普卢克斯，那位拳击高手，
他们通通都会向他让出第一名的位置。
所以，天上的居住者们啊，我祈祷，
让这位新娘远远超过其他新娘，
让这位新郎远远超过其他新郎。
当她参加妇女们的舞蹈时，
她的容光遮住了所有的人。
就像当太阳出现时，星星的美丽顿然失色；
当月亮用借来的光明和弯曲的角围起一个丰满的圆球时，
金牛星座的繁密星群立即通通隐没不见。
当雪白的羊毛浸入红色染料之后，也会变得红彤彤的，
满身露珠的牧羊人在破晓时，看见朝阳就是这样闪闪发光的。
新郎啊，你被从荒野的伐希司河的婚姻中解救了出来，
过去你常常心惊胆战地用不情愿的手
抚摸一个桀骜不驯的老婆的胸脯，
现在你开心地把那位埃伊卢斯的女孩④一把拉入怀中；
这一次你终于在得到岳父的同意后订婚了。

---

① 指伊阿宋；伊阿宋的父亲是埃伊宋（Aeson）。
② 指酒神，他是朱庇特所生，在自己的马车上套着老虎豹子。
③ 即太阳神，是猎神狄安娜的哥哥。
④ 即科林斯国公主克柳萨。科林斯的开国之君据传是埃伊卢斯（Aeolus）。

年轻人啊，好好利用放肆取笑人的机会吧；
你们两边的年轻人都纵情歌唱吧；
公然嘲弄主子的机会是十分难得的。
举着神杖的里埃乌斯的美好、高贵的后代①啊，
现在是点燃一根根劈开的松枝的时候了：
请用你醉醺醺的手指拨旺祭祀的火焰。
让快嘴利舌的机灵鬼满嘴胡言节日的玩笑，
让群众们尽情嬉笑吧——
但是，让那位私奔嫁给一位外国丈夫的她
在静静的黑暗中离开。

---

① 即结婚女神希曼，她是酒神和美神的后代。酒神的另一个名字是里埃乌斯（Lyaeus）。

第二场

(美狄亚和保姆入场)

美狄亚　我完了！我的耳朵传入一阵阵的婚礼歌声。
　　　　我还是难以置信，至今难以置信这样巨大的灾祸。
　　　　伊阿宋能干出这样的事？在我被剥夺父亲、故乡和王国之后，
　　　　他会把我孤零零地遗弃在异国他乡，这狠心的家伙！
　　　　他看到过被我的罪行征服的火焰和海洋，
　　　　难道他不感激我为他做的一切？
　　　　他当真认为我的所有邪劲都耗光了？
　　　　我不知道该怎么办，我疯了，我四处奔走；
　　　　我在什么地方下手报复？
　　　　真希望他也有个兄弟！
　　　　可是他确实有个老婆，
　　　　那就让刀尖刺穿她的心脏！
　　　　这能补偿我受到的伤害吗？
　　　　所有派拉斯基人①以及蛮族人所知道的可怕行为，
　　　　那些你的双手还不知道的罪行，
　　　　你现在就应该准备去干！

---

① 派拉斯基（Pelasigi）泛指希腊。在古代，"希腊人与蛮族人"是一个经常使用的对比。

让你自己犯过的罪恶激励你，好好回想一下：
偷走国家的光辉锦标，砍死那位邪恶的女孩的年幼伴侣，
尸体被扔给她的父亲，海面上四处散着它的碎片；①
还有，年迈的帕里阿斯的碎尸被放进一口大锅中煮着。
我是多么经常冒犯神灵杀人溅血啊——
但是我从来没有在愤怒中犯罪：
驱使我的总是不幸的爱情。
　　可是伊阿宋处在别人的控制和权力之下，他能怎么办？
——他应当挺起胸膛面对刀剑！
别那么说，啊，别那么说，发了疯的痛苦！
如果他能的话，让他还和以前一样活着，
就像我的伊阿宋一样；如果他不能，也让他活着，
让他记得我，记住我的恩惠。
错误全都在克里翁；他毫无节制地用他的王权
拆开人家夫妻，把母亲从她的孩子身边夺走，
他撕毁了严格的誓言维护的忠诚。
让他成为靶子，让他一个人接受他该受的惩罚。
我要把他的宫廷埋在深深的灰烬中；
弯弯曲曲的马莱阿海岸久久耽搁着船只的行驶，
今天它将看到熊熊烈火燃起的黑烟。②

保姆　静一静，我求你，藏起你的埋怨，
藏到隐秘的痛苦之中。当人们默默无声地
忍受严重的伤害，耐心而沉着，这时他们才能报仇。
隐藏起来的愤怒才能为害；

---

① "女孩"指美狄亚自己；在此美狄亚用第三人称指自己。"年幼伴侣"就是她弟弟。
② 马莱阿（Malea）指伯罗奔尼萨半岛的最南端。此处离科林斯已经很远。美狄亚燃起的大火的火势将很大，远方都能看到。

　　　　　一旦大家都知道了，仇恨就找不到报复的机会了。
美狄亚　　能思索和隐藏的痛苦还是轻微的，
　　　　　巨大的苦难无法隐藏。
　　　　　我要打回去！
保姆　　　快克制你的怒火爆发，我的孩子；
　　　　　你就是一言不发地坐着不动，都不一定能安然无恙呢。
美狄亚　　命运害怕勇敢者，但是她会征服胆小鬼。
保姆　　　可是先得有发挥勇气的余地，才应该唤起勇气。
美狄亚　　勇气总是会有发挥的余地的。
保姆　　　你没有希望摆脱你的悲惨遭遇。
美狄亚　　一个人没有希望了，也就没有绝望。
保姆　　　科尔克斯人已经不站在你这一边了，你的丈夫负心了，
　　　　　你的所有财产都没了。
美狄亚　　但是美狄亚还在——
　　　　　你在她身上能看到海洋和大地，
　　　　　看到铁与火，神灵与雷霆！
保姆　　　你应当畏惧国王。
美狄亚　　我爸爸就是一位国王。①
保姆　　　你不怕全副武装的士兵？
美狄亚　　不怕，即使他们是大地生养的！
保姆　　　美狄亚……
美狄亚　　是的，我会成为美狄亚的。
保姆　　　你是一位母亲。
美狄亚　　可是看看那位父亲！
保姆　　　你还不快逃走？

---

① 美狄亚的意思是：我对付过一位国王（我的父亲），我也能对付克里翁这位国王。

美狄亚　我会逃的，但是我首先要报仇雪恨。

保姆　会有复仇者追你的。

美狄亚　也许我要设计一些障碍加以阻挡。①

保姆　少说几句，不要威胁人了，神志不清的女人啊，

　　　压压你的激愤吧：与环境妥协总是对的。

美狄亚　命运可以夺去一个人的财富，但是夺不去一个人的激情。

　　　　　（克里翁和随从入场）

　　　是谁在推门，把王宫的门轴弄得嘎嘎作响？

　　　是克里翁，他手握派拉斯基人的统治大权，

　　　高傲神气，目空一切。

　　　　　（独白）

克里翁　美狄亚，这位科尔克斯的阿埃提斯的害人的后代，

　　　她还没动身离开我的王国？

　　　她在计划什么坏事？

　　　她的欺骗很有名，她的力量也很有名。

　　　她会放过谁，她会让谁平平安安地活着？

　　　我当然是想快刀斩乱麻地除掉这邪恶的瘟疫，

　　　可是我的女婿的请求打动了我。

　　　我可以放她一马；让她别再恐吓我的领土，

　　　安全地离开。

　　　　　（他看到了美狄亚）

　　　她正在凶巴巴地朝我走来，

　　　一脸威胁的样子，想对我说什么。

　　　奴才们，别让她碰到我、靠近我，把她挡得远远的；

　　　命令她保持安静。让她终于懂得服从国王的命令。

---

① 暗指当年美狄亚杀死弟弟，抛尸海上，以阻挡父亲的追捕。

　　　　　　　（对美狄亚）

　　　　　你赶快走！

　　　　　让我们别再看到你这个凶残的、可怕的魔鬼！

美狄亚　为什么要流放我，我有什么罪要受惩罚？
克里翁　一个清白无辜的妇女在问她被赶走的原因！
美狄亚　如果你是法官，请你审问我；如果你是国王，那就下命令。
克里翁　你必须服从一个国王的命令，不管它公正还是不公正。
美狄亚　不公正的统治从来也不会永葆江山。
克里翁　那你就走呵，去科尔克斯人那里诉苦去吧。
美狄亚　我是要回去；不过请让那位带我来的人带我回去。
克里翁　你的话太迟了，我的旨意已经颁布了。
美狄亚　如果一个人不听听另外一方的意见就作决定，

　　　　那么即使他的决定是公正的，他本人却是不公正的。

克里翁　你在惩罚帕里阿斯之前给过他申述的机会吗？

　　　　说话呀；就让我们给你一个机会，你为你那出名的案子申辩呀！

美狄亚　一旦怒火升起，就很难转移自己的注意力，

　　　　尤其是如果此人傲慢的手里还拥有王权，

　　　　就更加会以为固执己见，绝不收回成命，方才合乎王家做派；

　　　　这一点我在我自己的宫廷中就明白了。

　　　　因为虽然我现在被可悲的灾难压垮了，

　　　　被赶了出去，成了一个乞求者，孤零零的，被人抛弃，

　　　　四处受到欺凌，可我过去也是显贵无比的：我有高贵的父亲，

　　　　还可以把光荣的家谱追溯到远祖——太阳神。

　　　　伐希司河静静地蜿蜒流过的所有土地，

斯基提亚的庞都河岸上的人在身后看到伸展的土地①,
那里的海水掺入了沼泽的水,变得淡味而可口了,
还有那四周围着特茅敦河岸的土地,
它时时受到手持月牙形盾牌的单身游牧部落②的威胁。
——这一切土地都在我父亲的王权手下。
我出身高贵,有钱有势,光彩照人,
那时是求婚者找门路向我求婚,现在是我得去求别人了。
命运真是变幻莫测,一下降到谷底,把我从我的王国赶出去,
送去流浪。

  相信王国吧,尽管摇摆不定的命运
能从四面八方粉碎巨大的财富!
但是国王确实拥有无法夺走的伟大财富,
那就是帮助受难者,保护求告者,给他一个安稳的家。
我从科尔克斯王国带来的唯一礼物就是:
我拯救了希腊的伟大荣耀,它的出类拔萃的精华,
阿开亚人的屏障,众神的后裔们③。
奥尔菲思是我送来的一个礼物,
他的歌声感动顽石,令树林跟他奔走;
喀斯特和普卢克斯是我送来的一对礼物,
北风神的儿子们也是,还有林休斯,
他举目远望时,能看清楚庞都河之外的遥远地方呢。
还有所有的明彦们。④

---

  ① 斯基提亚人(Scythian)住在黑海东北,那儿寒冷野蛮。科尔克斯属于斯基提亚。庞都河在科尔克斯西面,今天土耳其境内。
  ② 即亚美逊人,好战,不结婚;在古代是"野蛮人"的典型。此处的意思是:科尔克斯与亚美逊人比,已经是相当文明的民族了。
  ③ 指阿尔戈号船上的船员们;他们大多是希腊各邦的王者,某位神的后代。
  ④ 明彦(Minyans),泛指所有阿尔戈号船的船员。

不过我没有把众位首领的首领①包括进来，

他不欠任何人的：我没有把他送给任何人；

我把其他所有人都带给你；只有他，我是带给我自己的。

　　攻击我吧，指责我的所有不道德的行为吧，

我会承认它们的。

但是对我的指责可以归结为一件事：

阿尔戈号船得救归来了。

假如当时这位女孩选择了谦恭贤淑，

假如她选择孝敬她父亲，那么整个派拉斯基人的国土

以及它的首领们就全都完了。

首先就是你们这位女婿，

他会被凶狠的公牛的喷火大嘴吞下去。

让命运尽情伤害我吧，

我不后悔救了那么多高贵的王者。

我从我的这些"罪行"中应该得到什么报答，这全都由你决定。

如果你愿意，那就指控我，惩罚我，

但是请你把我的罪过还给我吧②。

我承认我有罪，克里翁：

当我作为一个求告者抱紧你的膝盖，伸出右手

寻求一个庇护人的保护的时候，你就知道我是有罪的。

我只要求一个角落，只要求在这片土地上

为我的不幸找一个家，一个简陋的藏身之处。

如果你决定了要把我从城里赶出去，

---

① 指伊阿宋。
② 指伊阿宋。美狄亚是为了他而犯罪的。

　　　　　请你赐给我你的国土中的一个遥远荒僻的地方。
克里翁　我并不是凶猛地挥舞王杖的人，
　　　　　也不会傲慢地踩在别人的不幸遭遇上。
　　　　　我想我已经很清楚地证明了这一点，
　　　　　因为我选择了被流放、压迫和恐惧追逐中的那个人当女婿，
　　　　　而统治帖撒里的阿喀斯都斯本来是下令处死他的。
　　　　　他指控说，他的老父①年老体衰，颤颤巍巍，却被人给谋杀了——
　　　　　老人被砍倒在地，全身被肢解，
　　　　　这是因为上了你的诡计的当，阿喀斯都斯的姐妹们
　　　　　才出于拳拳孝心斗胆犯下如此大逆不道之罪。
　　　　　伊阿宋完全为他自己辩护，如果你把你的案子
　　　　　和他的分开；他是无辜的，他没有沾上任何血污，
　　　　　他的手没碰刀剑；他是纯洁的，他不属于你的同伙。
　　　　　你，你这个作恶大师，你有妇人之毒，无法无天，
　　　　　你又有男人的力量，而且毫无廉耻之心；
　　　　　走开吧！带走你那些置人于死地的毒药，
　　　　　让我的王国干干净净，让市民们摆脱恐惧；
　　　　　到别的国家去住，在那儿打搅众神吧。
美狄亚　你强迫我逃走？那么，还给我我的船，
　　　　　还给我我的同伙——为什么命令我一个人逃走？
　　　　　我不是一个人来的。如果你怕招来战争，
　　　　　那就把我们两个都赶出你的国家。
　　　　　你为什么要对两个有罪的人区别对待？
　　　　　帕里阿斯是因为他而死的，不是因为我；

---

① 即帕里阿斯。

　　　　还有私奔，偷窃，抛弃我的父亲，砍死我的兄弟，

　　　　以及那位新郎正在教给他的新妇们的所有行径，

　　　　这些通通不是我的责任：

　　　　我确实经常干出罪恶的事情，

　　　　但没有一件是为了我自己。

克里翁　你早该走了。为什么喋喋不休，拖延时间？

美狄亚　作为一个求告者，我在走的时候最后请求你：

　　　　让那些无辜的孩子不要因为妈妈的罪过受到连累。

克里翁　你走你的；我会像父亲一样把他们保护在怀中的。

美狄亚　我以得到祝福的王室婚床的名义祈祷，

　　　　以你对未来的憧憬祈祷，

　　　　以被起伏不定的命运随意打击的王国前途祈祷，

　　　　祈求你稍稍暂缓我的离开，

　　　　让我，孩子的母亲，最后亲一亲我的孩子

　　　　——也许这是我的临终诀别了。

克里翁　你只是想为你的阴谋诡计找时间。

美狄亚　那么短的时间里又有什么阴谋诡计好怕的呢？

克里翁　恶人干坏事可不怕时间短。

美狄亚　你连一个不幸的女人流泪的那一点点时间都不给吗？

克里翁　尽管对你的根深蒂固的恐惧反对我接受你的祈求；

　　　　我还是给你一天——只有一天——准备流亡。

美狄亚　即使你再减短一些，一天已经足够长了；

　　　　我自己也很急。

克里翁　你要是在太阳升起来照亮天空时还没有离开科林斯地峡，

　　　　那你就要被处以死刑。

　　　　——女儿的婚礼在召唤我，

　　　　结婚女神的节日在召唤我去祈祷。

（克里翁退场；美狄亚、保姆退场；歌队进场）

第二合唱歌

歌队　乘着一条脆弱的小船在潜伏着危险的海水中
　　　破浪前进的那个人，胆子未免也太大了；
　　　他看着自己的故乡在背后渐渐远去，
　　　把自己的灵魂托付给了漂浮不定的阵风；
　　　他沿着毫无把握的航线驰入大海，
　　　他居然敢相信薄薄的船板，
　　　在生与死的路程之间只隔着那么细细的一道边界。

　　　［远古的时代，］那个时候，还没有人看得懂天象，
　　　也不会运用布满整个天空中的星星；
　　　船只还不能避开经常下雨的西亚德星群，
　　　以及奥莱尼亚母羊星座的灼热光芒，
　　　以及慢悠悠的老耕夫座跟在后面驾驶的阿提卡马车；
　　　而且那时北风和西风都还没有名字。①

　　　提菲斯真是大胆，他在荒芜的海面上展开船帆，
　　　根据风向定下新的规则：
　　　有时展开整幅船帆，鼓胀着大肚子；
　　　有时向前扯帆，去迎接斜刺里吹来的南风；
　　　有时把帆降到船桅中间安全地固定住；
　　　有时，当贪心的水手们祈祷刮大风时，
　　　又把主帆再绑到最高点，还升起上桅帆泼剌剌作响。
　　　我们的祖先看到过那个辉煌的时代，

---

① 这儿提到的一些星座和阵风：西亚德（Hyades）星座，奥莱尼亚（Olenian）星座，耕夫座（Bootes），北风（Boreas），西风（Zephyrus）。这些在古代都拟人化了，被认为是不同的神。

当时欺诈离我们远远的。

每个人都懒洋洋地待在自己的海岸上,

终老于他祖传的田地里;

他拥有得很少,但是很富裕;

除了他家乡的土壤的产出,他不知道其他的财富。

自然的法律严格地划分开世界,

但是帖撒里的松木船把它们都混成一体了;

她命令咸咸的海水忍受船桨的拍打,

使本来与我们完全隔开的大海

也成了我们的害怕的原因之一。

  这条大胆无耻的船付出了沉重的代价,

当她打算航行穿过如此著名的危险恐怖之地时,

深海的大门,两座大山,突然撞到一起,

回声好似天降雷霆一般;①

被挤在一起的海水溅上峭壁,直冲云霄。

大胆的提菲斯脸色发白,惊恐万状,

缰绳从他颤抖的手里滑落下来;

奥尔菲思一声不吭了,他的琴也惊呆不响了;

即使是阿尔戈号也哑口无言了。②

西西里的北罗卢斯的女人腰间围着一群疯狗,

当她一下张开她众多的大嘴,那是多么可怕的景象啊!③

看到这么一个吐着这么多舌头狂吠的妖魔,

---

① 传说中的"对撞岩"(Symplegades)是位于黑海海口中的两座移动的岩石,时不时对撞。
② 据传阿尔戈号船的船头是用多多呐(Dodona)的会说话的橡树木材建造的,它会说话,能及时警告。
③ 指斯基喇(Scylla),是住在西西里与意大利之间的麦西那海峡中的海妖,下身为鱼身狗头,上身为美女。

谁不会四肢打冷战？

还有，那些该死的妖灵①用美妙的歌声抚平意大利的海面，

那时色雷斯的奥尔菲思在他的琵艾黎琴上

弹拨着回声，几乎吸引塞壬女妖跟上了他，

尽管通常总是她用歌声迷住航船，

这样的时刻还不险恶吗？

这一旅程的回报是什么呢？

金羊毛；还有，比海洋还要险恶的——美狄亚。

这真是对人类第一艘船的合适报酬啊。

  今天，大海已经投降，服从我们的法律：

再也用不着去找雅典娜亲手造的船，

那闻名遐迩的阿尔戈号，那王者们担任划桨任务的船。

现在，任何一条小船都能在深海上任意徜徉。

一切界石都被移动了，城邦在新的领土上修建城墙。

人们的踪迹遍布世界各地，古老的事物都消失了：

印度人喝上了冰冷的阿拉克斯河水，

波斯人喝上了埃尔伯河和莱茵河的水。

在以后的岁月里，新一代人将看到大洋松开自然的锁链，

大地的奇迹将充分展现出来。

特提司将发现新世界，

大地最远的边界将不会是涂勒。②

---

① 即塞壬女妖（Siren）。她们半人半鸟，以歌声引诱水手开船过去，撞死在暗礁上。
② 特提司（Tethys）是海洋女神，大河之母。涂勒（Thule）是古代希腊罗马人所知道的最远的北欧地区。

第三场

（美狄亚和保姆从屋里出来）

保姆　　孩子，你这么急匆匆的，是要上哪儿去？
　　　　站住，控制你的愤怒，克制你的冲动。

（美狄亚听也不听，自顾朝前走）

　　　　当一个麻伊娜得①被神附体之后，
　　　　就会在白雪皑皑的品都斯山巅和尼萨山脊上②
　　　　疯疯癫癫地胡乱奔走；
　　　　美狄亚也是这样跑来跑去，举止疯癫，
　　　　看上去完全像是发疯了。
　　　　她的脸充满怒火，她深深地喘出粗气，
　　　　她大声吼叫，她泪如泉涌，她笑着，
　　　　在她的身上能看到各种激情；
　　　　她犹豫，她威胁，她沸腾了，她控诉着，她呻吟着。
　　　　她的心灵的重担将沉到哪里？
　　　　她的恐吓将会导致什么结果？
　　　　这个汹涌的浪头会在哪儿打碎？她的疯狂已经冲破了边界。

---

① 麻伊娜得（Maenad），希腊文词义是"疯女人"；一般指酒神的信徒。
② 品都斯山（Pindus）位于帖撒里与马其顿之间；尼萨山（Nysa）据称是酒神出生地。

她不是在策划什么简单的或通常的罪恶；

她会超过她自己的。

我能认出她过去发怒时的迹象。

某种巨大的、野蛮的、可怕的、冒犯神灵的东西正在临近。

（美狄亚走近保姆）

我看到了疯狂的面孔。真希望神灵证明我的害怕没有根据！

美狄亚 　　　　　　　（独白）

可悲的女人啊，你想知道仇恨应该有什么限度吗？

那就去问问爱情吧。

什么！难道我该忍受他们的王室婚礼而不报复？

我苦苦哀求得来的这一天就这么在毫无行动中白白度过？

只要大地停在中央，保持天穹的平衡，

只要明亮的宇宙继续它的不断旋转，

只要沙砾无数，只要白天出太阳，夜晚出星星，

只要天轴使大熊星座在旋转中口干舌燥，

只要条条河流东流入海，

我的疯狂就决不会停止寻找复仇，而且它只会不断增长！

无论怎样可怕的野兽，怎样的斯基喇，

不管是吞吸意大利海和西西里海的叉里迪斯①，

还是压在直喘粗气的巨人神身上的埃特那火山，

——它们都不能爆发出我这样的巨大威胁！

没有任何奔腾的大河，

没有任何被风暴席卷的大海，

或是在西北风鞭打下的大洋，

---

① 叉里迪斯（Charybdis），在西西里海峡中，是斯基喇对面的一个旋涡，被看成是一个妖魔。

或是飓风鼓吹下的熊熊烈火，

能挡住我的攻击和愤怒——

我要打趴一切，捣毁一切！

  他会不会是害怕克里翁，怕与帖撒里的首领开战？

不，真爱强大无比，不会害怕任何人。

不过也许他屈服了，在强迫下投降了？

可他至少可以去看看他的妻子，和我最后谈谈呵，

——他连这都害怕，这个胆大妄为的家伙！

作为驸马，他至少可以推迟我的残酷流放的时刻呵，

可我只被允许和我们的两个孩子待一天！

不过，我不抱怨时间的短暂，它会被拉长的。

这一天将会完成——

是的，它会完成一些将来天天被人讲述的事情，

我要进攻诸神，把宇宙搅个天翻地覆。

保姆 清醒清醒吧，我的女主人，

你的心灵已经被你遭的罪弄昏了；

让它冷静一点吧。

美狄亚 要我安静，唯一的办法就是

让我看到宇宙和我一道被彻底毁灭掉，

让一切都和我同归于尽。

你死的时候把别人也一同拽下去，这真是痛快！

保姆   （跟在美狄亚后面）

如果你一定要干，想想你必须面临的危险是那么多，

没人能进攻强大的敌人却平安无事。

    （伊阿宋入场）

伊阿宋   （独白）

命运总是残酷的，定数总是粗暴的，

无论她对我们发怒还是温柔,她都同样有害!
神常常为我们设计出比我们的灾难更差的解救方法:
如果我想给我妻子她应该得到的忠诚,
那我就会被处死;
如果我不想死,那我又不得不抛弃我的忠诚,
我真不幸啊!
打败我的忠诚的不是害怕,而是焦虑不安的父爱,
因为我的孩子们在父母被杀死之后,性命也必然立即难保。
神圣的公正啊,如果你住在天上,
我向你呼告,请你的神圣力量做证:
儿子们打败了他们的父亲。
实际上,她本人也是一样,
虽然她的心灵狂野,不服管辖,
她也会把她的孩子们放在她的婚姻之前,我想。
我已经下决心去恳求那位愤怒的女人。

(美狄亚入场)

看啊,她一看到我就冲过来,她疯了,
她一脸都是仇恨,从她的表情中可以看到她的所有痛苦。

美狄亚　我曾经逃走过,伊阿宋;我现在又在逃走。
这不是什么新鲜事了:去找一个新的家;
但是逃走的原因却是新的——
过去我是为你而逃,现在却是你强迫我从你家逃走。
你要把我送到哪儿去?我应该去找伐希司河的科尔克斯
人——我父亲的王国,我兄弟流血死去的地方?
你要我去哪儿的土地?你要我去哪儿的海洋?
去赫勒斯滂海峡的口子上吗——我曾经跟着你这个通奸犯穿过那里,

穿过对撞岩，带回来一群高贵的王者？
我应该去你的叔叔的伊奥尔库斯，或是帖撒里的坦培山谷？
我为你打开的所有道路，我都为我自己关上
了——你要把我送到哪儿去呢？
你命令一个流放者再次流放，
可是你却不指出目的地。
我还是走吧，驸马下了命令了，我不敢违抗！
在我头上堆积可怕的惩罚吧，我活该！
让发怒的国王用野蛮的刑罚压垮你的夫人吧，
让她手上戴着镣铐，关起来，
把她埋在无止无尽的黑暗地牢中；
我还是没有受到该受的惩罚！

　　忘恩负义的家伙，你好好回想一下公牛的喷火喘气，
还有在那不可征服的一族中的野蛮恐怖，
那冒出全副武装的战士的田野，
以及田野中的阿埃提斯的喷火兽，
还有突然出现的敌人的兵器，
那时，在我的命令下，大地中冒出来的战士相互屠杀，纷纷倒下；
再想想你所渴求的富里库司公羊的战利品①，
还有那从不睡眠的龙怪，它在我的命令下陷入它所不熟悉的沉睡中；
还有被诡计杀害的我的兄弟，

---

① 即金羊毛。富里库司（Phrixus）与姐姐赫勒（Helle）正要被父亲杀死祭献时，突然朱庇特送来的一头金羊救走他们。路上赫勒淹死在海里。富里库司逃到科尔克斯，把羊祭献给神，把金羊毛挂在树上。

　　　　那件犯罪并非一下完成的①；
　　　　还有那些女儿们，她们在我的诱骗下
　　　　居然剁碎了那位老人——尽管他不可能复活。
　　　　（为了追求别人的国家，我抛弃了我自己的）
　　　　我求求你了，看在你对你孩子的希望的分上，
　　　　看在你安稳获得的家的分上，
　　　　看在我打败的魔怪的分上，
　　　　看在为了你的缘故我从不犹豫使用的双手的分上，
　　　　看在我们共同经历的灾难的分上，
　　　　看在为我的婚姻做证的天空和海洋的分上，
　　　　可怜可怜我吧！
　　　　你是幸运的，请你也给我——一个求告者——一份回报。
　　　　斯基提亚人从远方抢来的所有这些财富，
　　　　远从太阳灼烤的印度部落那儿带回来的财富
　　　　（因为我们的王宫堆满了，几乎没地方放这些财宝，
　　　　于是我们用金子装饰树林），我在流亡时一分一毫也没带，
　　　　我只带上了我兄弟的遗骨；这些我也是花在你身上的。
　　　　为了你，我的国家让步了；
　　　　为了你，我抛弃了我的父亲，我的兄弟，我的名声，
　　　　它们通通成了我和你结婚的嫁妆。
　　　　现在，你的妻子要流亡了，把她的财产还给她！
伊阿宋　虽然克里翁怒气冲冲，想要杀了你，
　　　　他最终还是同意流放你，这是我的眼泪求来的。
美狄亚　我还以为流放是惩罚；现在我知道了，原来这是恩惠。
伊阿宋　乘你现在还被允许离开，快跑，从这儿逃走；

---

① 美狄亚把自己的弟弟切成碎片丢入大海。也许她把每一刀都看作一次犯罪。

国王的愤怒可不是好惹的。

美狄亚　你催我走，你这是为了克柳萨而做的：

你想扫除一个遭她妒恨的女子。

伊阿宋　什么，美狄亚指责我的爱情？

美狄亚　是的，还有谋杀和欺诈。

伊阿宋　你能控告我什么罪行，请问？

美狄亚　我所犯下的所有罪行。

伊阿宋　我要的就是你这句话。

你犯下的邪恶罪行怎么成了我的？

美狄亚　它们都是你的，它们都是你的罪过：

一切从罪行中受益的人都犯了罪。

虽然其他所有人都指责你妻子寡廉无耻，

唯独你应该为她辩护，唯独你应该宣称她是清白的。

你应该把为了你的缘故犯罪的人看成是无罪的。

伊阿宋　名声扫地的日子太难过了。

美狄亚　没人一定要过名声扫地的日子。

伊阿宋　住嘴吧，克制一下你的愤愤不平；

为了你的儿子们，妥协吧。

美狄亚　我放弃他们，我宣布和他们脱离关系，我不再拥有他们！

——克柳萨会给我的孩子们生弟弟吗？

伊阿宋　是的：一个王后为流亡犯的孩子，

一个王室贵妇为倒霉的人［的孩子生弟弟］。

美狄亚　不幸的孩子啊，千万不要遇上这样的坏日子吧：

光荣的孩子别和那些卑鄙的孩子混到一起，

太阳神的后代别沾上西西弗斯的后代！①

---

① 美狄亚自视太阳神的后代，并指出克里翁家族是臭名昭著的大罪犯西西弗斯的后代。

伊阿宋　倒霉的女人，你干什么要把我们俩都拖向毁灭？

　　　　走吧，我求你。

美狄亚　连克里翁都听了我的求告。

伊阿宋　告诉我，我可以做什么？

美狄亚　为了我？去犯罪！

伊阿宋　这一边是……那一边是一位国王。

美狄亚　还有比他们更可怕的……①

　　　　让我们决斗，让奖品归伊阿宋。

伊阿宋　我放弃了，我已经受够苦难了。

　　　　你自己也应该对过去的冒险心生畏惧了。

美狄亚　命运不管以什么面目出现，总是甘拜我的下风。

伊阿宋　阿喀斯都斯正在逼近。

美狄亚　更近的敌人是克里翁，让我们逃离他们两人吧；

　　　　美狄亚不是在强迫你对你的岳父动武，

　　　　也不是要你谋杀亲人，使你受到玷污；

　　　　跟我逃吧，用不着沾染罪恶。

伊阿宋　如果克里翁和阿喀斯都斯联合起来，

　　　　谁能抵挡双重战争的威胁？

美狄亚　还可以加上科尔克斯人，让阿埃提斯统率他们，

　　　　再加上斯基提亚人和派拉斯基人——

　　　　我会让他们统统完蛋。

伊阿宋　我害怕高高在上的国王力量。

美狄亚　希望你不是渴求得到它。

伊阿宋　长话短说吧，否则他们要怀疑了。

---

① 伊阿宋担忧一边是追杀来报仇的表兄阿喀斯都斯，一边是克里翁。美狄亚则指出她谁都不怕。

美狄亚　至高无上的朱庇特神啊，在天空中发出雷霆吧，

伸出你的右手，准备好复仇的火焰吧，

驱散乌云，撼动整个宇宙吧。

无论你的手选中了他还是我，别让闪电引而不发吧，

不管我们当中谁被击中，都是死有应得；

你打击我们的雷电不会搞错的！

伊阿宋　你还是放理智一点，说话不要那么亢奋。

如果我的岳父家里有任何东西是你流亡中需要的，

尽管开口要求。

美狄亚　我的心灵够坚强的；你知道，我习惯于蔑视王家富贵。

我只请求能带上我的孩子，陪伴我流亡，

让我好在他们的怀中流泪。

至于你，就要生新的儿子了。

伊阿宋　我承认我很愿意听从你的请求，

但是父爱阻止我这么做：

因为即使是克里翁本人，国王和岳父，也无法让我忍受这一点。

这是我活下去的理由，这是我焦灼不安的心灵的慰藉。

我宁愿不要呼吸，四肢，阳光。

美狄亚　（旁白）他这么爱他的孩子吗？

很好，抓住他了！他暴露了他的一个弱点。

（大声地）在我走的时候，至少让我能最后叮嘱他们一下，

让我能最后抱一抱他们。

谢谢了。我最后只要求：

如果我在痛苦混乱中说了什么不得体的话，

请你别往心里去：让对我的记忆中

好的方面和你同在；让我在火头上的发作和气话

都被忘得干干净净。

伊阿宋　我把它们都从心里赶走了；

我也有个请求，请你克制你怒火中烧的心灵，温柔地对待它：

宁静和平能缓解灵魂的悲苦。（退场）

美狄亚　他走了。就这么走了？忘了我和我干的那些骇人听闻的大事了？

我已经从你的记忆中消失了？

不，我永远不会从那儿消失的！

（对自己说）动手吧，唤起你的所有力量和技巧。

你从你的犯罪中得到的好处，

就是你认为什么都不是犯罪。

诡计的余地几乎已经不存在了：

他们害怕我。在无所畏惧的时候进攻。

来吧，大胆些，开始干美狄亚能够干的一切，

干她不能够干的！

（对保姆说）你，忠诚的保姆，

在我的悲伤和我的命运起伏中，

你都与我站在一道，

现在帮助我实行我的不幸的计划。

我有一件袍子，这是天宫的礼物，是我的王国的荣耀，

是太阳神作为一个父亲的信物送给阿埃提斯的；

我还有一串闪闪发光的金编项链，一顶金王冠，

上面缀满闪亮的宝石，用来包住头发。

让我们的儿子把这些礼物送给新娘，

但是，我首先要用我的毒药涂抹和浸泡这些礼物。

让我们召唤阴间女神降临。

你去准备好致命的仪式吧：

竖起祭坛，让火焰声在宫中呼呼作响。

（美狄亚和保姆退场；歌队入场）

第三合唱歌

歌队　任何烈火或飓风的能量，

任何猛投出去的标枪的可怕能量，

都比不上一个被剥夺了婚礼火炬、勃然大怒的妻子能量大；

即使浸透了雾气的南风带来了冬季的暴雨，

即使希斯特河洪水泛滥，冲垮桥梁，左奔右突；

即使莱茵河把海潮推回，

即使当仲春阳光渐热，海姆斯山解冻的白雪涌入溪流，

也都不能与此相比。

愤怒煽起的火焰是盲目的，

它不想被控制，它受不了笼套，

它连死都不怕，它迎着刀尖直撞上去。

　　神啊，怜悯我们吧；请你慈悲为怀，

让那征服了海洋的人①能安全地活着吧。

当深海的主人②看到第二王国居然被征服时，勃然大怒。

当那个年轻人③胆敢驾驶永恒的马车，忽视他父亲走的轨道时，

就成了自己疯狂地撒在天空中的大火的牺牲品。

熟悉的道路不会让人付出过高的代价，

让我们沿着前人安全地走过的路走；

---

① 指伊阿宋。
② 即海神那普顿。据传远代之时诸神划分地盘，把世界分成三个领域。朱庇特分到天国，那普顿分到海洋，普鲁顿分到阴间。
③ 即太阳神的儿子法通（Phathon）。

莽撞的人啊，不要破坏宇宙的神圣法律。

任何划着那艘大胆的船只的著名船桨，

夺去了帕里奥的神圣树丛的浓密树荫的人，

任何穿过漂浮的岩石①，在海上历经艰辛，

在蛮族人的海岸上绑住锚绳的人，

这些打算掠夺外国的黄金满载而归的人，

都遇上了可怕的暴死，为自己冒犯大海的权力付出代价。

大海在受到挑战时，立即动手进行惩罚：

驯服深海的提菲斯是第一个轮到的，

他把船舵交给了一个毫无训练的船长，

自己死在远离祖国的陌生海岸上，

草草埋葬，躺在无人知晓的幽灵之中。

从此之后，奥里斯记住了它损失的国王，

于是把急不可耐的船只都拦在静静的港口中。②

还有那位歌喉美妙的缪斯的儿子③，

他拨弦弹琴时，怒涛止步，狂风停息，

鸟儿自己不唱了，飞到他这儿来，

整个森林都跟上了他——

他也粉身碎骨躺在色雷斯的旷野上，

他的头沿着阴森森的赫布卢斯河漂流而下，

漂到他熟悉的地狱河和塔塔罗斯，

但是再也没有回来的希望了。

阿尔西德斯打倒了阿奎罗的儿子们，

---

① 即对撞岩。
② 奥里斯（Aulis）是希腊的一个著名港口。特洛伊战争时，希腊舰队被风阻滞在此港口中。
③ 即奥尔菲思。他曾经为了救妻子到过地府。

杀死了海神的儿子,那善于变化无端的人;

但是他在给大地和海洋上带来了和平之后,

在打开了残暴的地狱王国之后,

他自己活生生地躺倒在冒着火焰的奥伊塔山上,

全身被野蛮的大火吞噬,

被他的新娘的礼物——来自两种伤口的血——所消灭。①

  那头毛刺直竖的野猪怒不可遏地撞倒了安卡乌斯。

大逆不道的麦里阿戈尔啊,你杀害了你妈妈的兄弟,

然后你又死在你发怒的妈妈的手中。②

他们都死有应得——

但是赫库勒斯永远找不到的那个

少年的死,又是为了赎什么罪呢?

嗨,这个孩子在安全的泉水边被拐走。③

勇敢的人啊,在连一眼泉水都应该畏惧的时候,

你们去奋勇探索大海吧。

  伊德蒙尽管精通算命之术,

还是在利比亚的沙滩上被一条蛇送入坟墓。

茅普苏斯对别人的预言都十分准确,却唯独搞错了自己的;

---

  ① 著名的古代英雄赫库勒斯也被称为"阿尔西德斯"(Alcides),他参加了阿尔戈号航行。他曾经下地狱抓获地狱看家狗。他射死企图强奸他妻子戴阿尼娜(Deianira)的奈苏斯(Nessus)。奈苏斯临死前骗戴阿尼娜说自己的血是爱情之药。戴阿尼娜于是用他的血和同样被赫库勒斯杀死的水怪的血混在一起,浸泡衣服送给赫库勒斯,期望他更爱她。赫库勒斯穿上后中毒,极为痛苦,在奥伊塔山上造了一座火葬台,死于其上。

  ② 麦里阿戈尔(Meleager)杀死野猪后,送给别人。他舅舅大怒。争吵中麦里阿戈尔杀了他们。他妈妈为兄弟报仇,把自己儿子的生命系于其上的一根魔棍烧了。

  ③ 赫库勒斯在参加阿尔戈号远航时带着一个美少年,名叫希拉斯(Hylas)。有一次希拉斯去泉边取水时,被林中女仙拐走。赫库勒斯痛心疾首,四处寻找,长时不归。阿奎罗(Aquilo,亦即 Boreas,北风神)的儿子艾特斯(Aetes)和喀莱斯(Calais)要求船只起航不再等待,结果赫库勒斯被一个人丢在那儿。

他死于非命，再也无法回到底比斯。①
如果他对未来的预测都是对的，
那么特提司的丈夫将四处流亡；
奥伊留斯的儿子②将在雷击之下淹死海中，
为自己的和父亲的罪行遭受惩罚；
当纳普留斯计划用骗人的灯火摧毁希腊舰队时，
将会一头栽入深海之中淹死。③
为了从菲拉伊那里赎回你的男人，
你，当妻子的，将要用你的灵魂为你的丈夫支付赎价。④
即使帕里阿斯曾下令第一艘船把金光闪闪的战利品带回来，
他最终还是在滚烫的大锅里煎烤，
在密封的浪头中前后奔突被烧死。
神明啊，你们已经充分为大海报了仇，
请饶了那位只是遵命行动的人⑤吧。

（歌队退场）

---

① 伊德蒙（Idmon）和茅普苏斯（Mopsus）都是阿尔戈号船上的预言师。
② 奥伊留斯（Oileus）也是阿尔戈号成员之一。他的后代阿加克斯（Ajaxs）冒犯雅典娜，被击杀。
③ 纳普留斯（Nauplius）也是阿尔戈号成员之一。他的儿子巴拉弥得斯（Palamedes）因为背叛希腊军队被处死。纳普留斯为报仇在海上用火光冒充灯塔之光欺骗希腊舰队，欲毁灭之。
④ 帕里阿斯的一个女儿阿尔希斯提斯（Alcestis）嫁给菲拉伊（Pherae）国王阿德麦图斯（Admetus）。阿德麦图斯也是阿尔戈号船员之一，后遇难。阿尔希斯提斯自愿以自己的命去换丈夫的命。
⑤ 指伊阿宋。他是听从帕里阿斯的命令出海找金羊毛的。

第四场

(保姆进场)

保姆　　我的灵魂吓坏了,瑟瑟发抖:巨大的毁灭正在来临。
美狄亚的悲苦增长得那么厉害,太可怕了,
它已经点燃,而且被过去的能量不断更新。
我经常看到她发狂,攻击众神,把天空都拽下来。
可这一次美狄亚正在准备更大的恐怖行动,比这些还要大。
当她疯疯癫癫地走出去,来到她的致命的神坛里,
她打开了她的所有存货,
她把自己一直都害怕的东西也拿出来了,
她排开了她的邪恶势力——神秘的、诡秘的、隐秘的东西。
她用左手举行了阴沉沉的仪式,
她召唤滚烫的利比亚的沙子出产的所有毒害,
还有被北方严寒冻僵的陶鲁山藏在长年冰雪中的物事,
还有许多其他的恐怖东西。
在她的魔法咒语的召唤下,
一队满身鳞片的毒龙从荒芜的巢穴中游了过来。
一头恶毒的蟒蛇拖着巨大的身躯,
不断伸出自己的三叉舌头,寻找它能杀死的对象,
它听到她的歌声后被震住了,

把鼓胀的身躯卷曲成一堆，盘绕起来。

"灾祸还太小了，"她喊道，

"地底下出产的武器太一般化了，我要从天上找毒药。

现在，现在是启动比普通侵害更毒辣的计划的时候了！①

让那条大蛇降临到这里吧，它就像一条急流一样爬着，

大兽和小兽都能碰上它的巨大盘绕

（派拉斯基人运用的是大兽，西冬人运用的是小兽②），

让奥菲库斯最终松开他紧紧地握着的手，把毒药全都倾倒出来；

让斗胆进攻那对神灵的皮通听到我的召唤后到来；

让水怪重返人间，让所有被赫库勒斯的手砍倒又长出的毒蛇都回来；

还有你，永远警醒的龙怪啊，你曾经在我的魔咒下第一次昏昏入睡，

你也快离开科尔克斯，到这里来！"

　　当她招来了各种各样的蛇怪后，

她又从有害的植物中收集邪恶的力量。

那高不可及的伊立克斯岩壁出产的，③

那溅着普罗米修斯血迹的白雪皑皑的高加索山脊生长的，

富裕的阿拉伯人用来涂抹他们的箭头的植物，

还有米狄人或敏捷的巴提人武装自己的箭囊的植物；

---

① 下面美狄亚召唤的是超自然的几种蛇怪：德喇库（Draco），这是北方的一个星座，位于大熊星座和小熊星座之间；奥菲库斯（Ophiuchus）星座很像一个人在与蛇搏斗。皮通（Python）是德尔菲的一条大蛇。太阳神阿波罗杀了它后夺得德尔菲。皮通曾经与太阳神和猎神开战。

② 大兽与小兽指大熊星座和小熊星座。人们在航海中用这些星座来定位。西冬人（Sidonians）指腓尼基人。

③ 伊立克斯山（Eryx）在西西里西面，是西西里的第二座高山。

或是高贵的苏班妇女在西卡尼亚树林中收集的
藏在冰冻的北极下面的液体；
还有大地在筑巢的春天出产的，或是
当僵硬的冬天摇落了森林的辉煌秋叶，
把一切裹在冰霜之中时出产的一切；
一切盛开着致命的花朵的草药，
一切扭曲的根子中的致命毒液，
——她在用所有这一切配药。
海摩尼亚山提供了这些有害的植物，
高高的品都山提供了那些草药；
这一种长在潘伽乌斯山梁上，被血染的镰刀割下柔软的长发；
那一种是隐藏自己的暗流的底格里斯河水浇灌出来的；
这些是达奴拜河出产的，那些是西达斯派斯河出产的——
这条河流经灼热的地区，在它的热水中携带着宝石；
还有拜提斯河出产的，这条河也为当地提供了名字，
它用缓缓移动的河水撞击着大西洋。
这一种是在太阳神即将升起曙光时割下来的，
那一种的根茎是在沉沉的深夜砍倒的，
还有那边的那种的叶柄，是她用着了魔法的指甲切下来的。

  她抓过致命的草药，从各种蛇身上挤出毒汁，
再加上不吉祥的鸟，一只毒枭的心脏，还有
从一只尖叫着的猫头鹰身上活生生地割下来的内脏。
这位邪恶手艺的女主人把它们分成几堆：
这堆有火焰般的吞噬力量，
那堆有把人冻僵的冰冷力量。
比这些更为恐怖的，是她在毒药上加的咒语。
——听，那就是她发狂的脚步声，还有她的歌声！

她一开口，整个宇宙都颤抖起来。

（美狄亚入场）

美狄亚　我向沉默的死者发出祈求，向葬礼之神，
向黑暗的混沌之神和昏暗的地下封闭的地府祈求，
向封闭在塔塔罗斯河岸中的阴惨的死神的洞穴祈求。
还有你们，鬼魂们，你们的折磨暂时中止，快去参加新的婚礼；
让旋转伊克西翁的轮盘停下来，让他落到地上；①
让坦塔卢斯安心地痛饮科林斯的泉水；
还有一直在辛苦徒劳、受着千疮百孔的水瓶的嘲笑的达纳乌斯的女儿们，
你们也都集合到这里，我今天需要你们的手的帮助。
让惩罚继续——而且更加厉害，但是都落到我丈夫的岳父头上，
让石头滚回来，把西西弗斯推下山，压倒在岩石上。②
　　现在，在我的仪式的召唤下，夜晚之星，③ 请你降临，
露出你可怕的一面，用你各种面容进行威吓。
　　为了你，按照我们民族的习惯，我解开我的头发，
我赤脚在隐秘的森林中踏步，
从干燥的云层中呼唤降雨，
我把大海赶到它的深处——

---

①　下面美狄亚召唤了几个典型的在地狱永远受罚的杀害亲人的重罪犯人。伊克西翁（Ixion）杀了岳父；他受的惩罚是被绑在永远旋转的火轮上。坦塔卢斯（Tantalus）杀死自己的孩子，献祭给神；他被罚在地狱中站在水中，四周都是水果，但是他一低头喝水，水就退去；一伸手摘水果，水果就消失；永远饥渴。达纳乌斯（Danaus）的50个女儿都杀死了丈夫；她们被罚在地狱中用布满漏洞的水瓶灌水，永远灌不满。

②　西西弗斯被罚推一块巨大的石头上山，但是到了山顶后石头就会重新滚下来，又得再次推。西西弗斯是克里翁的祖先，所以美狄亚命令只有他不得解除惩罚，甚至还要加重。

③　即月亮女神，也是阴间之神。

潮水被击退之后，就懒洋洋地退回到自身的深处。
同样，统治天空的法律被打乱，
世界同时看到太阳和星星，
而你，大熊星，也浸泡在禁海之中。
我改变了四季的行程：
夏日的大地在我的咒语下盛开繁花，
谷神被迫看到冬天收获庄稼。
伐希司河把它的急流转回到源头，
支流众多的希斯特河也收回了急流，
缓缓地在它的各条河道中闲庭漫步。
虽然风静止不动，波浪却怒吼着，发疯的海洋剧烈翻腾；
在我一声令下，
古老的密林深处失去了它的阴影。
太阳抛弃了白日，在半空中突然停下不动，
而地狱却在我的咒语下摇摇欲坠，抖个不停。

  月亮之神啊，你的神圣仪式的时刻已到。
  我向你献上用血手编织的花环，
    它们每个都是用九条蛇编织而成的，
  我们向你献上犯上作乱的提负乌斯身上的蛇，
    提负乌斯曾经撼动了朱庇特的王位。
  这里还有谋反的艄公奈苏斯的血，
    这是他吐出最后一口气时给我的。
  这是奥伊塔上的火葬灰烬，
    它吸收了中毒死去的赫库勒斯的血。
  这根火把是复仇的阿尔塔伊阿的，
    她是一位可爱的姐妹，但是是一位毫无慈爱的母亲。
  还有这些羽毛，它们是哈皮在逃离宰提斯时，留在一个人迹不到的洞穴中的。①
此外还有受伤的斯提姆法力亚鸟的羽毛,
　　它是被勒纳之箭②射中的。
祭坛啊,你发出了声音:
　　我看到女神响应了我,正在降临,我的三角鼎在
摇晃。
我看到了三岔口女神③的快速马车。
不是当她满月闪闪发光时整夜驾驶的那一辆,
而是当她一脸愁苦时驾驶的那一辆,就像她
在帖撒里人的魔咒下紧握缰绳跨越天空时那样。
请你从火把中弥漫出苍白昏暗的微光,
用新的恐怖威吓各国人民,
另外,狄克提娜,让科林斯的珍贵铜器发出响声帮助你。④
为了你,我们在祭坛沾满鲜血的草地上举行庄严的祭献;
为了你,从葬礼火堆中抽出的一支火把在夜中闪闪发光;
为了你,我昂起头,弓起脖子,念念有词;
为了你,我在我的飘舞的头发上绑上一道葬礼头带;
为了你,我挥舞地狱河边的阴惨的树枝;
为了你,我袒露胸膛,像一个麻伊娜得一样,
用神圣的匕首切开我的臂膀。
让我的血流到祭坛上;

---

① 哈皮(Harpy)是女人头、鸟身的妖怪。她们欺负盲人预言家菲纽斯时,被宰提斯(Zetes)赶走。
② 即赫库勒斯的箭。赫库勒斯曾经用他杀死的勒纳(Lerna)的蛇怪的胆汁浸泡他的箭。斯提姆法力亚(Stymphalia)湖边有怪鸟,以羽毛为箭射人。后被赫库勒斯所杀。
③ "三岔口女神"(Trivia)即阴间女神。古时人们认为三岔口一带孤魂野鬼很多。
④ 古时认为月食是诩被巫术所捕获,所以敲击铜器等威吓巫师。帖撒里一带以巫术著称,那里的巫师自诩能施法术把月亮拉下来。狄克提娜(Dictynna)即猎神狄安娜,也就是月亮女神。

我的手啊，慢慢熟悉如何抽出刀来，
要忍受流洒你自己的宝贵鲜血——
　　　　　（她切开臂膀，让血流到祭坛上）
已经割下去了，我已经献上了神圣的液体。
　　　如果你抱怨我用祈祷召唤你太多了，请你原谅我。
我祈祷：珀耳塞斯的女儿，我经常祈求你的弓①的帮助的理由
其实一直是同一个：伊阿宋。
　　　　　（她拿起药瓶，倒在袍子上）
　　　现在浸泡送给克柳萨的衣服，她一穿上它们，
悄悄蔓延的火焰就会一直烧到她的骨髓深处。
　　　　　（她拿起一个盒子）
包藏在这黄灿灿的金子中的是隐秘的火苗，
这是普罗米修斯送给我的，
他为了从天国窃火付出代价：
他的肝脏不断［被吃掉，又］不断长出；
他教会了我如何巧妙地隐藏火焰的力量。
火神也给了我藏在硫黄中的火，
我从我的同胞法通那儿得到了活火的电光。
我有喷火怪中间的那一位②的礼物，
我还有从公牛烧灼的喉咙里取出的火焰，
　　　我再掺进美杜莎的胆汁，
并且命令它们隐藏自己的恶毒。
　　　阴间女神啊，催化我的毒药，藏好我的礼物中的火种，
让它们逃过别人的目光，不怕别人碰到；

---

① 阴间女神的魔法的标志是弓和箭。
② 即公羊；喷火怪头是狮子，尾巴是蛇，中间一段是公羊，它口吐火焰。

让烈火进入胸膛和血管，

让四肢融化，骨头冒烟，

让新娘头发着火，燃烧得比她的婚礼火炬还要明晃晃。

我的祈祷得到同意了！

凶猛的阴间女神的吼叫声比平常高出三倍，①

她举起可憎的火把，射出了凶恶的光芒。

毒药的混合全都完成了；喊我的孩子进来，

我好通过他们把这些珍贵的礼物送给新娘。

（儿子们入场）

去吧，去吧，我的儿子们，一个苦命的母亲的后代，

用这些礼物和多多的恳求去讨好

你们的女主人和后妈。出发吧，

然后赶快回家，好让我最后抱抱你们。

（美狄亚、保姆和孩子退场。歌队入场）

第四合唱歌

歌队　沾满血迹的麻伊娜得在残忍的爱情驱使之下，

不顾一切地冲向何方？

她在她无法控制的疯狂中，

计划了什么罪恶？

她的面容在愤怒中变得坚硬，

激烈地摆着头，她在高傲地威胁国王，

谁能相信她是一个流亡者？

她的脸颊红光满面，然后又由红转白。

她的表情变化不定，无法长期保持一种颜色。

---

① 可能指祭坛上的火势大振。阴间女神有时也被看成是一头狼。

她来回走动，简直像一头被夺去了孩子的母老虎，
以发疯的速度在甘基斯丛林中四处奔走。
　　美狄亚不知道怎么控制愤怒，
也不知道怎么控制爱情。
现在愤怒和爱情结合在一起了，
结果会发生什么呢？
这位邪恶的科尔克斯妇女何时会离开
派拉斯基的土地，使我们的国家和王室脱离恐惧？
现在，太阳神啊，请你驱车向前，
不要让你的缰绳延迟了它；
让友善的夜晚快遮盖阳光，
让夜晚的使者金星淹没这可怕的一天。

| 第五场 |

（信使入场，从王宫方向跑来）

信使　　一切都完了！整个王国都毁了！
　　　　女儿和父亲都倒在混成一堆的灰烬中。
歌队　　中了什么诡计？
信使　　中了国王们通常所中的那种——礼物。
歌队　　礼物中又能有什么诡计呢？
信使　　我也大吃一惊，甚至在恐怖事件发生之后，
　　　　我还是几乎不敢相信。
歌队　　灾难有多大？
信使　　从王宫的各个角落中都冒出了熊熊烈火，
　　　　就像听到了命令一样；
　　　　建筑已经全都坍塌了，全城处于危险之中。
歌队　　用水去灭火啊。
信使　　不行；在这场灾难中，还发生了一件新的怪事：
　　　　水助火势；他们越是试图止住火头，
　　　　火就燃烧得越旺：它甚至控制了我们的防卫手段。

（信使和歌队退场。保姆和美狄亚入场）

保姆　　从波罗斯的家里①飞速逃走吧，

---

① 波罗斯（Pelos）的父亲坦塔卢斯曾经统治科林斯。

  美狄亚，赶紧逃向你选择的任何地方！
美狄亚 我离开？即使我前面已经走了，
我现在也会为了这个而回来的。
我正在观看一场崭新奇特的婚礼。

（她陷入思索）

我的灵魂，难道你想后退了吗？继续展开你的成功出击。
你现在享受的报复只是太小的一部分！
发疯的灵魂啊，如果你满足于伊阿宋没有结婚，
那说明你还爱着他。
找一个异乎寻常的惩罚，现在就准备好吧！
让所有的道德都让路，把荣誉通通赶跑；
纯洁的手完成得实在微不足道。
让你的愤怒驱使你，重新鼓舞你减弱的意志，
从你的胸膛深处竭尽全力汲取古老的暴力冲动。
你直到现在所干的一切，都还可以称为爱情。
动手吧，让他们明白，我过去为了他而犯下的罪过
是多么的微不足道和多么的普普通通。
我的痛苦一直所干的不过是这些行径：
一个初出道的学徒的手，一个女孩子的恼怒，
又能干出什么惊天动地的大事呢？
  现在我确实是美狄亚了；邪恶增长了我的才能。
我高兴了，我高兴我砍掉了我兄弟的头，
我高兴我切碎了他的四肢，
而且抢走了我父亲的秘密财宝；
我高兴我使那老头的女儿们动刀干掉了他。
我的痛苦啊，为自己找一个新的机会吧：
要想真正犯罪，你得有一双训练有素的手。

愤怒啊,你想打击哪个目标呢,你要用什么武器
射向背叛你的敌人呢?
我的心里已经秘密地作出了一个可怕的决定,
而且还不敢公开对自己坦白。
蠢人啊,蠢人!我也太匆忙了,
真希望我的仇敌有和他的夫人生的孩子!

(她停顿了一下,然后自言自语)

可是不管你和他生的什么孩子,当妈妈的都是克柳萨。
我已经决定了这种惩罚方式,这个决定是正确的;
我必须用勇敢的心计划这最后的罪恶。
孩子们,你们曾经是我的,现在你们必须
为你们的父亲的罪恶接受惩罚。

恐怖震撼着我的心,我的四肢寒冷得快要麻木了,
我的心脏吓得突突直跳。
愤怒正在让位隐退,
我身上的妻子已经被赶出去了,母性已经完全恢复。
我难道能流我的孩子的血——我自己的后代的血吗?
啊,失去理性的疯狂啊,不!
最好让那闻所未闻的罪行和该死的邪恶
甚至离我也远远的吧!
可怜的孩子们要赎什么罪呢?
他们的罪就是有个伊阿宋当爸爸,
更大的罪就是有个美狄亚做妈妈。

(稍停)

如果他们不是我的,让他们去死;
如果他们是我的,让他们灭亡。
他们没有犯过罪和错误,他们是无辜的,

这我承认；可是我兄弟也一样。
灵魂啊，你为什么摇摆不定？为什么我泪流满面？
为什么愤怒把我犹豫的心拖向一个方向，
母爱又把我拖向另一个方向？
犹豫不决的浪潮推着我摇摇摆摆地走，
就像当狂风相互开战，冲突的浪头同时把海水
推向两个方向，波涛滚滚，不知涌向何方。
我的心灵也是如此波涛汹涌：
愤怒压倒了母爱，母爱又压倒了愤怒。
愤怒啊，向母爱投降吧。

　　到这儿来，我亲爱的宝贝们啊，我毁了的家的唯一安慰，
到这儿来，用你们的臂膀抱住我。
让你们的爸爸保护你们不受伤害——
只要你们妈妈也这样做。
可是流放和逃离威胁着我；
很快，很快他们就要被从我的怀中夺走，
哭泣着，呻吟着——让他们失去他们的爸爸的亲吻，
因为他们正在失去他们的妈妈的亲吻。
我的痛苦又涨了上来，仇恨正在滚滚沸腾，
古老的复仇女神①又一次召唤我犹豫不决的手：
愤怒啊，你指向哪里，我就跟上。
真希望坦塔卢斯的傲慢女儿生的那一大堆小孩是我生的，

---

① 复仇女神，即幽立尼斯（Erinys），亦称为复力（Furies），一共有三位，名字分别是麦伽喇（Megaera）、提希风（Tisiphone）、阿莱克多（Allecto）。她们专门追杀犯下杀害亲人罪过的罪犯。

真希望我能生出两倍的七个孩子！①

对于报复来讲，我实在是太不能生育了。

不过，我也生了两个，这足够抵得上我的兄弟和我的父亲了。

（看到复仇女神携带她弟弟的幽灵来到）

那一帮复仇女神们怒气冲冲地上哪儿去？

她们要找谁？她们的愤怒打击针对何人？

恶毒的主子把她们的血淋淋的火把指向谁？

在鞭子的抽打下，一条巨大的蟒蛇不断扭动、吐着信子。

麦伽喇用致命的火把追捕谁？

这是谁的幽灵正在靠近，模糊不清，肢体残缺？

啊，这是我的兄弟，他要偿还血债。

我们会偿还他的——我们所有的人都会的。

把你的火把戳入我的眼睛，

砍吧，烧吧；看，我向复仇女神敞开我的胸口。

兄弟啊，让复仇女神离开我，静静地回到下界去；

让我一个人待着，兄弟；

然后用我这只曾经拔剑的手

（她杀了一个儿子）

我用这个牺牲抚慰你的幽灵。

（伊阿宋领着武装侍从靠近）

那边突然的喧闹声是怎么回事？

他们招集了武装士兵，要来干掉我。

我要爬上我们家的高高屋顶——

屠杀还没结束呢。

---

① 坦塔卢斯的女儿尼欧波（Niobe）吹嘘自己的孩子比女神莱托（Leto）的还要多，有十四个。于是莱托的孩子太阳神和猎神诛杀了尼欧波的所有小孩。尼欧波伤心痛苦，化为石头。

（对剩下的儿子）走，跟在我边上。

（对死去的儿子）你的尸体，我也会带走的。

动手吧，我的灵魂：你不能只是在隐秘的地方浪费你的壮举，你得让大众为你的作品喝彩。

（美狄亚爬上屋顶，抱着死去的儿子，领着另一个儿子。伊阿宋和众士兵入场，在街上招呼市民）

伊阿宋　所有为王室的灾难感到悲痛的忠诚市民们，赶紧集合！

让我们抓住这个十恶不赦的罪犯。

这里，上这里，英勇的武士们，

拿出武器来，连根铲平这幢房子。

美狄亚　　　　　　（出现在房顶）

现在啊，现在我又重新获得了我的王权，我的兄弟，和我的父亲；

科尔克斯人拿回了金羊毛的战利品；

我的国家被重新建立起来，

我被糟蹋的贞节又重新复原。

啊，神明的力量啊，最终眷顾了我，

啊，这样一个节日啊，一个婚礼的日子！

走吧，你已经干完了罪行——

但是你的复仇还没有完成：干完它，乘你的双手还很好使。

为什么你现在要缩回，我的灵魂？为什么犹豫？

难道我的愤慨已经退潮？我对我的行为感到后悔和可耻。

可怜的女人啊，我都干了些什么？

可怜的？即使我感到后悔，我也干了！

巨大的快乐违抗我的意志悄悄传遍我全身，

而且看啊，它还在增长。

（她在下面的人群中看到了伊阿宋）

　　　　　我唯一还缺少的就是这个——让他在一旁观看。
　　　　　我什么都还没有完成呢：
　　　　　如果他没有看到，那我干的任何罪恶都是白费了。
伊阿宋　　　　　　　（发现了美狄亚）
　　　　　她在那儿！她从高高的屋顶凶狠地朝下看呢。
　　　　　哪一位快点拿火把来，
　　　　　让她跌到她自己点燃的大火中烧死。
美狄亚　伊阿宋，为你的儿子们堆积火葬的柴火吧，
　　　　　去造一座坟墓吧。
　　　　　你的老婆和你的丈人已经享受了死者的待遇，
　　　　　他们都是被我给埋葬的；
　　　　　这个儿子已经服从了命运的安排，
　　　　　这一个也将在你的亲眼目睹下同样送死。
伊阿宋　不！以所有的神明的名义，
　　　　　以我们共同经受的流亡苦难的名义，
　　　　　以不曾被我的忠诚玷污的床榻的名义，
　　　　　求你放过我们的儿子吧！
　　　　　如果有什么罪过，那都是我犯下的：
　　　　　我去死，我用我有罪的生命做牺牲。
美狄亚　在你想保护的地方，在你感到痛苦的地方，
　　　　　我会把刀刺进去！
　　　　　现在，去吧，得意扬扬的男人，
　　　　　去追女孩子当老婆，抛弃做母亲的。
伊阿宋　一个儿子已经惩罚得我够了。
美狄亚　如果我的手杀一个就满意了，那它会就此罢休的。
　　　　　我即使杀了两个儿子，这数量对于我的痛苦来说还是太少了。
　　　　　假如我腹中现在有你的种子在悄悄萌芽，

伊阿宋	干完你已经开始干的事吧,我不再求你了。
	至少别让我的折磨拖延下去。
美狄亚	我的痛苦啊,好好享受缓慢的复仇,不要太匆忙:
	这一天属于我,我在享受恩赐给我的时间。
伊阿宋	野蛮残暴的女人,杀了我吧。
美狄亚	你是要我怜悯。

我也会用剑刺入我的肚子把它挑出来。

（她杀了第二个儿子）

很好,完成了。

痛苦啊,我再也没有别的可以献给你的了。

忘恩负义的伊阿宋,抬起你肿胀的眼睛看着我。

你认得出你的妻子吗?

我已经习惯了这样逃跑:

一条通往天空的道路正在为我打开,

两条蟒龙把它们多鳞的脖子伸到轭下,

当爹的,拿回你的儿子去。

（她向他抛下孩子的尸体）

我要乘着我的有翼马车去云中飞驰了。

（她驾着马车离开）

伊阿宋 （在她后面喊）

你尽管在高高的天空中漫游吧,

你瞧着吧:无论你去哪儿,那儿都绝不会有神明。①

---

① 本剧的开头和结尾都是一个词:神明。

论仁慈

| 第一卷 |

尼禄皇帝，我写了一篇关于仁慈的文章，希望你把它当成一面镜子，看到自己是注定要获得最大快乐的人。虽然美德行为的真正报酬在于行为本身当中——除了美德本身之外，不可能有对于美德的恰当报答了；但是，这儿还是有一种快乐：当你仔细地审视一番自己的良知，再看看那大批的乌合之众——他们总是你争我斗、拉帮结派、无规无矩，一旦挣脱羁绊就滋事暴乱，毁了自己也毁了别人——之后，不禁会自言自语："难道天神在芸芸众生中特别宠幸我，挑选我在大地上担任诸神的代表？我是决定各国生死存亡的裁定者；每个人的命运休咎将会怎样，都归我管；幸运女神借我之口宣布她将给每个人分配什么天赋；各国各地人民因为我的一句话而欢乐；如果没有我的支持和恩惠，这广大世界上没有任何地方能繁荣昌盛。我只要轻轻点点头，那些由于我的和平心境收敛不发的万千刀剑就会立即出鞘。哪些民族将被彻底摧毁，哪些将被放逐，哪些应当获得自由，哪些应剥夺自由，哪些国君应当沦为奴隶，哪些人会被加冕称王，哪些城邦应当沦陷，哪些城邦应当兴起……所有这些，统统取决于我的旨意。可是，虽然所有一切都由我来决定，我却既不会一怒之下或因年轻气盛而进行不公正的惩罚，也不会染上使心境平静安宁的人失去耐心的那种鲁莽固执的毛病，也不会由于虚荣心而使用恐吓、炫耀武力——这是具有王权的人通常喜欢使用的恐吓。在我这儿，刀剑隐而不见，或不如说尘封入鞘。我甚至宽恕了最卑

下的家伙；即使一个人除了名义上是人之外一无所有，也能受到我的恩宠。我的严厉深藏不露，我的仁慈随时涌出。我检点自己，就像要遵从我自己从尘封已久的黑暗中召回到光天化日之下的法律一样。我会因为一个人年幼无知而可怜他，也会因为一个人的高龄老迈而怜悯他；我既会宽恕身居高位者，又会宽恕那地位低下者。当我实在找不到慈悲的理由时，我就因为我自己而宽恕他。今天，如果不朽的诸神要求我作一个交代，那么，我将把那人类的全景展现出来。"

皇帝，你可以大胆地宣称：所有被神托付给你看管守卫的东西都完好无损；在你的统治下，国家没有遭受任何来自暴力和欺诈的伤害。你一直以来所追求的是不犯任何错误——这可是稀有的赞颂，至今还没有敬献给其他国君。你的所有努力没有白费，人们对你的无可比拟的善意没有忘恩负义，人们在评说你时并不吝惜溢美之词。人们纷纷感激于你；你对于罗马人的和蔼可亲没有人比得上，你是罗马的最大和持久的福祉。不过这也是你给自己身上加上的沉重负担。现在再也没有人谈起神圣庄严的奥古斯都或者提比略皇帝的早年岁月，也没有人去寻求你自身以外的楷模叫你去模仿，因为你统治的标准就是你自己已经给出的文治武功。如果你的善意不是自然而然的，而只不过是一时之举，那是会十分困难的，因为没有人能长久地戴着假面具；冒充者很快就会原形毕露。但是一切有根有据的东西，或者说一切从坚固的大地中生长出来的东西，都会在岁月的流逝中发扬光大。

只要你的那些高贵才能尚未确定航向，那么罗马人就会面临极大的危险。今天，为国家命运祈祷的人可以感到欣慰了，因为你不会出现突然忘乎所以的危险。确实，过度的繁荣只会使人贪婪；人的欲望从未得到完好的控制，以至于能在满足的时候停止下来。人们的欲望值总是越来越高，他们一旦获得了未曾期望的东西，马上就产生前所未有的最大期望。然而，今天你的所有臣民都不得不承认他们是快乐的；而且，除了让这些恩赐能持续下去之外，他们感到幸福已经无以复加。众多事实都使他们不得不这么认为——一般人是最不愿意承认这些的——安全保障是广泛而深入的；正义是得到伸张的；一幅最公正的国家的景象浮现在他们眼前：在这里，除了那种自我毁灭的"自由"之外，彻底自由的一切因素都丝毫不缺。总之，不管是高贵者还是卑贱者都一致赞美你的仁慈。因为对于其他的幸福，人们会根据自己的命运而体验和期望大小不等的一份；但是对于仁慈，所有的人都希望得到同等的一份。而且，谁也不敢对自己的清白那么完全有把握，敢说自己从来不犯错，以至于在看到那静候人性之过错的仁慈之心出现的时候不感到欣喜。

不过，我知道有一些人认为仁慈抬举的是最差等级的人，因为如果对于没有犯罪的人，仁慈便成了多余的；它是所有美德中唯一对于无罪的人无从施与的。但是，首先，就如药物既被病人所使用，而又为健康者所推崇一样，仁慈也是如此：尽管它是那些应受惩罚者所祈求的，但是它也被无罪者所珍爱。其次，由于有时运气会取代罪恶，因此仁慈在无罪者中间也是有适用之处的；仁慈不仅救助清白无辜的人，甚至还常常给正直的人以援助，因为有时由于情势所迫，人们不得不采取某种行为，它们尽管值得赞誉，还是有可能要受到惩罚。① 最后，（如果免于处罚）将会有一大批人重新走上向善之路。然而，宽恕也不应太泛化；因为一旦善恶之区分界限被去除，那么结果就会是混乱一团，罪恶泛滥。因此，应当用一个明智的适度规则来区分可拯救者和无可救药者。我们既不要不分青红皂白地一概施人以仁慈，也不要完全摒弃仁慈；因为宽恕一切人如同一个也不宽恕一样，都是残忍的。我们应该保持中道。然而，由于完美的平衡是困难的，那么一旦有任何事物扰乱了平衡状态，我们就应该把天平倾向更和善的一端。

上述这些问题，将在适当的地方讨论。这里，我将把整个主题分成三个部分来加以论述：第一部分讨论惩罚的宽恕问题；第二部分的目的

---

① 比如出现斯多亚派的所谓的"公民不服从"行为时。

在于阐明仁慈的本性和外貌,因为有些罪恶常常披着美德的外衣,只有用区别性的记号对罪恶加以标识,才能区分开它们;第三部分探求如何引导一般人的心灵接受这种美德,以及怎样确立它,并在实践中内化它。

对于一个人来说,在所有的美德中没有比仁慈更适宜于他的了,因为仁慈是最富于人性的——这一看法不仅被那些主张人是为了共同利益而出生的社会动物的人所深信①,而且也被那些在言行上只关心自己的好处的享乐主义者所确信②。因此,如果一个人寻求的是平静和安宁,那么他就会发现这一美德是适合他的,因为它是平和止争的。然而,在所有人当中,仁慈给国君或者王者带来的好处是最大的。因为伟大的权力只是在足以带来好处时才给予人以高贵和荣耀,而仅仅带来伤害的强大力量肯定是有害的。只有被大众既看成是上司,也看成是朋友的人才获得了坚实的、基础牢固的伟大力量;他们发现这个人天天为所有人的安全保持警惕;对于他的到来,民众并不像见到从巢穴中窜出的魔怪或者猛兽那样四散躲开,而是热切地追随着他,如同趋向赐福的神明一般。为了保护他,他们随时准备用身躯抵挡暗杀者的利剑;如果安全之路需要用血肉之躯铺就,他们就会倒在他脚下;他睡觉时,他们为他夜夜警戒,环绕排列成一个壁垒,以抵御那些危险的攻击。

民众和城邦如此一致地保护和爱戴国君,并且当国君的安全需要得到保护时又是如此挺身而出,堵住缺口,这些并不是没有理由的。而成千上万的人为了一个人去抵御兵刃,用他们的死去赎回那个人的生——也许那是一个年迈的老者,这种行为也不是自贬或者疯狂。

人的整个身躯是心灵的仆人,尽管相比之下,前者看起来庞大而显眼,而非物质的灵魂则无法看见,也不知道它栖息在身躯中的哪个部

---

① 可能指斯多亚派。
② 可能指伊壁鸠鲁派。

分；但是手、脚、眼睛都受心灵的调动。外部的肌肤是它的防卫。依据它的命令，我们或者无所事事，或者马不停蹄。它一下达命令，如果它是一个贪婪的暴君，那么我们甚至会潜入大海寻宝；如果它是一个贪求名誉的野心家，那么我们会毫不迟疑地把手伸入火中或者纵身跳入峡谷。同样的道理，对于聚在一个人周围的群众而言，他们被那个人的精神所统治，并受到他的理性的指引。如果缺少了智慧教导的支持，民众将会被自己的力量所压垮和毁掉。

因此，每当为了某一个人而动员十个军团投入战斗时，每当他们为了不让皇帝的军旗倒下而奋勇冲向前线慷慨赴死时，他们爱护的是自己的安全；因为国王是民众团结的纽带，是成千上万人的生命之息。如果整个帝国中少了那个伟大的灵魂人物，那么民众的力量对于自己来说将仅仅是一种负担，他们也将受制于人。

　　蜂王安全，众志成城；
　　失去蜂王，烟消云散。①

失去国君是一种灾难，它将会摧毁罗马的和平，它将令强大的人民气数衰竭。民众想要摆脱那种危险，就要知道怎样服从统治。但是一旦他们挣脱统治，或者由于某种突如其来的灾祸导致统治松动，又不让它重新恢复，那么，最强大的帝国的统一和组织结构将分崩离析。服从的结束，将是这个城市统治的结束。因此，国君和王者，公共秩序的卫士——不管他们的称号有多么的不同——显得比我们的亲戚更亲密可贵，也就不足为怪了。因为，如果通情达理之人把公共利益置于个人私利之上，那这个作为整个国家的核心的人自然就弥足珍贵。事实上，在早些时候，皇帝是如此地手握国家的大权，以至皇帝和国家彼此无法分

---

① 参看维吉尔《农耕》卷4，212。

开，否则双方就同归于尽。因为，皇帝需要权力，而国家则需要首脑。

至此，我的话好像离题了，但是实际上它正在接近真正的主题。如果你是国家的灵魂，而国家是你的身体（这一点刚才已经证明了），你将会明白仁慈是如此的必需，因为你对他人的仁慈就是对自己的仁慈。那些堕落公民就好像这个身体的弱肢，也应得到仁慈的赐予；如果确实需要放血治疗，那么手必须控制好，刀不要割得太深。如同我曾经说过的，依据自然之本性，仁慈这种美德是真正适宜于所有人的，而对于统治者而言，它又具有特别的魅力；因为统治者有更多的人要去拯救，有更充分的机会去体现仁慈。某个个人的残忍所带来的伤害是很小的，可是一旦国君们发起怒来，那就意味着一场战争！尽管诸美德之间是相互和谐的，没有一种比其他的更好或更高贵，然而对特定的人来说，某种特定的美德会更适合于他。灵魂的高贵是一种适用于所有人的美德，即使地位最最低下的人也一样。因为还有什么比战胜穷困潦倒更伟大、更勇敢呢？然而，高贵的心灵在一帆风顺的好运中能得到更自由的发挥，当它坐在法官席上时，将比作为普通百姓时更能发挥其优势。

仁慈在惠顾每个家庭时，都会给它带去和平和快乐；而对于皇宫来说，仁慈是相对缺少的，她也显得更非同凡响。当一个国君生气时，无人可以抵挡他的怒火，尽管判决太重，受害者也已经低头求饶了；只要他真的发了火，没人敢去恳求宽恕，更不用说反对他的判罚了。如果这样一个国君却克制自己，把权力用于更为美好的、更为和平的目的之上，并且反思："谁都能违反法律，动手杀人，但是只有我能拯救人。"还有比这更令人耳目一新的事情吗？高高在上者应该有崇高的德性与之相匹配，如果他不去追求与他的地位相称的或者更高层次的美德，那么他将（从原先的社会地位上）跌落在地。崇高精神的独特标志是温和与镇定，高尚地漠视不公和过错。只有女人才会愤怒得暴跳如雷，只有野兽——而且不包括那些高贵的品种——才会去咬啮和逼迫已经俯首在地的猎物。大象和狮子会放过被它们踩倒的动物，只有那些卑贱的兽类才残忍成性。残忍和无情的愤怒是与王者不般配的，朝人发火是自贬身价，那样一来也就不显得比对手高贵了。而如果赦免他人一命，赏给那些犯下重罪、死有余辜的人一点尊严，那么他就是在做只有君主才能做到的事情。任何人都可能取走高贵者的性命，但是一个人只能给予比自己等级低下的人以生命。饶人一命乃是地位高的人所独有的权力。而当他有幸拥有与神（靠着诸神的慈善，我们无论坏人还是好人才来到人世）比肩的权力时，就将获得前所未有的仰慕。因此，请国君学习神的精神，对于有用的和好的那些公民，你就愉快地看他们吧；而对另外一些人，就让他们仅作充数好了。让他对某些人的活着感到高兴，而对另一些人则容忍他们吧。

让我们看一下这个城邦：大街上的人群熙熙攘攘，如激流一般奔流不息。当有东西阻挡它时，就变成了众多细流，散入城市的各个角落；这个城市的人需要三家剧院才能装下，[①] 而且还消费了各地耕作生产的全部食物。仔细考虑一下，如果这个城市里只剩下很少一些被严酷的法官判定为无罪的人，那么将显得多么冷清，多么了无生气。根据这些审问官所援用的法律，他们自己就很少能逃脱惩罚，也没有哪个原告自己能免于受责。我倾向于认为，没有比总是寻找理由来设法宽恕别人的人，更加不情愿宽恕别人了。因为我们都犯了罪：有些人是在严重事情上犯的，有些人则犯在琐细事情上；有些人是故意犯罪，而有些人则是出于一时冲动，或者是受到了坏人的唆使；还有一些人则是由于意志不够坚强，摇摆不定，最后违心犯罪——虽然良心并未完全泯灭。我们不仅都犯过错误，而且在有生之年还将继续犯错。即使某人彻底净化了灵魂，再也没有什么事物使他迷惑或背叛人伦，但他也是在经历了犯错的过程后，才达到不再犯过错的境界的。

[①] 指罗马的三家大剧院：庞培剧院、马塞卢斯剧院和巴布剧院，它们每个都能容下很多人。

既然我在前面提到了诸神，那不妨把神立为国君应当仿效的标兵：国王希望神怎么对待他，他就应当怎样对待他的臣民。如果神不为人所感动，对我们的罪过错误毫不宽恕，这难道好吗？如果神灵始终与我们为敌，直到彻底毁灭我们，这难道好吗？那么什么样的国君能免遭占卜者为之拾捡断臂残肢的危险呢？① 但是，如果仁慈、公正的神是不会一看到当权者的缺点就立即雷劈电击予以惩治的话，那么，一个人间的统治者温和地使用权力岂不会更加公正？他可以问一下自己，下列哪种状况更悦目、更可爱：是平静清澈的天空呢，还是那到处闪电、震撼万物的雷声隆隆不断的天空？平静有序的帝国无异于那宁静、明朗的天空，残暴的统治则像阴云密布、雷声阵阵的天空：民众在突如其来的震怒面前战战兢兢、脸色苍白，甚至制造这场骚动和混乱的统治者也战栗不已。在私人生活中，一个人执意报仇，常常容易得到宽恕。因为他可能受到了伤害，而他的怒火中烧来自冤枉的感觉；此外，他害怕受到人们的鄙视；认为当一个人受到伤害而不进行报复，那将是软弱的表现——而不是仁慈。但是，那些能轻易复仇却忘掉仇恨、不考虑报复的人，就一定能赢得人们对他的仁慈的赞誉。那些地位低下的人动不动就吵架、动武、打成一团，动不动就火冒三丈，动不动就挥舞老拳；但是对于国君来说，即便是大声喧哗和口无遮拦，都与他的尊严极不相称。

你认为，这么一来国君就被剥夺了自由言谈的权利（而连地位最低下的人都拥有这样的权利），这可是一件严重的事情。你说："那是在受奴役，而不是在统治。"怎么？你难道没有意识到，我们这些人才是"主人"，而你却是一个"仆人"？你所处的位置和默默无闻于人群中的人是很不同的：这些人为了使自己的美德能被人谈及，需经长期的努力，而他们的恶行也无人问津；但是，你却不一样，一言一行马上会为流言所捕捉住。所以，

---

① 占卜师认为遭到雷击表明遭到了天谴。

没有人比那些名声不管好坏都远远播扬的人，更应在乎自己的名声如何了。有多少事你不能去做，而我们却可以去做——这要感谢于你。尽管没有人陪同，家中没有武器，身边也没带佩剑，我可以在城里的任何地方单独走动而不用害怕。然而，处于你所创造的和平生活中，你的生活必须戒备森严。您不能摆脱您的命运，它跟您形影不离。无论何时你离开高位，它的威严和壮观都将追随着您。这就是至高无上的"奴役"，它的伟大不能减损；您和诸神一样，享有此种无法避免的地位。就连他们也是被上天捆绑住的，就像神离开高处是不合法的一样，你的离开是不安全的；你已经被钉在了顶峰上。我们的活动几乎不被人注意，可以随意进进退退，可以任意更换服装，这些都不会惹人注目。但是您不能这样，因为您如同那太阳一般无法藏身。您被耀眼的光环所环绕，每个人都把目光转向这里。你想"露面"？不，您如太阳一般升起来！您一说话，世界上的人都能听到声音；您一发怒，万物都会颤抖，因为您打倒任何一个人，都会令他周围的人颤抖。正如闪电只危及少数人，可所有的人都害怕；强权的惩罚所引发的恐慌超过了实际危害；这是不无道理的，因为某个人具有无限权力时，人们担心的不是他已经做了什么，而是他可能会做什么。还要考虑一下，受到伤害的私人如果忍气吞声，就会遭受更多的伤害。但是，国君凭借仁慈，却能获得更可靠的安全保障；因为如果总是靠酷刑镇压的话，往往是镇压了几个人，却会激起所有人的仇恨。对于国君而言，发泄怒气的冲动应小于受到的挑衅。要不然的话，如同剪枝过的树木会重新抽出无数枝条，砍伐植物会让它长得更加茂盛一样，在国君的严酷镇压下，反而会树敌越来越多。因为那些被杀害的人的父母、儿女以及亲戚朋友都会前赴后继，加入报仇行列。我希望通过你自己家族的一个例子来提醒你，我所言不虚。从他的早期执政情况来看，人们认为那位神圣的奥古斯都是一位仁慈的国君。而实际上，与另外几位执政者共同掌权的时候，他曾大开杀戒。当他像你这般大的时候——刚刚度过18周岁，他就已经把匕首刺入朋友们的胸膛；他已经在悄悄打算袭击执政官马克·安东尼了①；他还是公敌榜的推行者之一。可是当他在高卢刚度过40岁时，有一次接到一个密告，傻瓜鲁西乌斯·秦那正图谋造反；他被告知袭击他的时间、地点以及方式，这是一个同谋告发的。奥古斯都决定镇压这伙人，遂命令召集同伴进行商议。他彻夜难眠，一直在寻思：这个就要受到处罚的小伙子是庞培（Gnaeus Pompeius）的孙子，有着高贵的血统，除了这次事件外行为无可指责。尽管奥古斯都曾经在与马克·安东尼聚宴中列出了公敌榜大开杀戒，但是他现在再也不忍心去杀一个人了；他不禁呻吟着，不时断断续续地喃喃自语："那会怎样？我难道让谋杀者逍遥法外，而自己却时时提心吊胆？什么！他难道不应伏法？我经历了众多内战的生生死死，在海军陆军的千军万马中出生入死，而当我给大地和海洋带来和平时，他却不是想谋杀我，而要把我作为祭品！"（从计划来看，刺客要在他献祭时袭击他。）在一阵沉静之后，他的声音更大了，似乎表明他对自己而不是秦那更为义愤填膺："如果这么多人希望你死，你为什么还活着？惩罚、流血何时有个尽头？这些有着高贵血统的年轻人要试剑，舍我其谁。如果为了我的存活而必须让如此多的人死去，那么，我的生命就不值得付出这么大的代价了。"最后，他妻子李维亚（Livia）打断了他的自言自语说："你会采纳一个妇道人家的意见吗？你不妨试一下有经验的医生的方法：当常规治疗方法不起作用时，就反其道而行之。到现在为止，你靠严酷一事无成。李必达效仿萨尔维第努斯（Salvidienus），慕勒纳（Murena）效仿李必达，凯皮欧（Caepio）效仿慕勒纳，埃格纳乌斯（Egnaius）效仿凯皮欧，② 更不用提其他人啦，他们的厚颜无耻令人蒙羞。现在你不妨仁慈一点，看行不行：就宽恕秦那吧。他已经被拘禁，不会再对你有什么伤害；你的宽恕反而有助于提高你的声誉。"奥古斯都非常高兴，因为他有了一个支持者。他谢了妻子，随后下达

---

① 马克·安东尼（Mark Antony）曾经与屋大维（后被封为"奥古斯都"）、李必达妥协，共同执政，组成"后三头"独裁。后来与屋大维公开决裂，被屋大维击败自杀。

② 这些人都曾经密谋反对屋大维。

命令：立即收回成命，取消召集同伴开会的要求；只把秦那带来觐见。他摒退左右，并命令给对方看座，然后说道："我首先请你不要在我说话的过程中打断我，不要在我发言的时候提出抗议，我会给你机会发言的。秦那，尽管你是我的敌对阵营中的人，但你是生而如此的，而不是我树立起来的死敌；我饶恕了你，我允许你保留了你父亲的所有财产。现在你是如此的成功，如此的富有，连你的征服者也忌妒你这个被征服者。你想要当祭司，我就让你当——越过了那些为我浴血奋战的将士的后代。我这样待你，你却执意想谋杀我。"听到这里，秦那叫喊了起来，说他不会如此疯狂。奥古斯都接着说道："秦那，你没有遵守承诺。我们不是说好了，你不可以打断我的发言。我说的是，你正在准备谋杀我。"接着，奥古斯都提起了这次行动的地点、同伙、整个谋乱计划，以及委托谁来带刀。他看到秦那由于良心发现——而不是由于前面的协议——而目光下垂，变得安静起来，于是问道："你谋乱的目的是什么呢？想成为国君？说实在的，罗马民众是不会认为我是唯一妨碍你的人的。你甚至保护不了自己的家人。就在不久前，在私人法庭上一个自由人就打赢了和你的一场官司。显然，对你来说，干什么都比反对皇帝更容易了。难道就我一个人妨碍你意愿的实行吗？请你告诉我，泡卢斯（Paulus）、费边（Fabius）、麦克希姆斯（Maximus）、高西（Cossi）、舍维利（Servilii），这一长串的贵族中——他们都是光宗耀祖的，而不是徒有其名的——又有谁能容忍你的统治？"

我不打算在文章中用很大篇幅来重复奥古斯都的话。如我们所知，他谈了足足两个多小时。他是故意延长了考验的时间，只有他一人对此十分满意。最后他说："秦那，这是我第二次给予你生命。第一次你还是一个公开的敌人，而这次你是一个试图弑君的阴谋者。从今天起，就让我们恢复友谊，让我们考验一下，看谁更遵守如下信诺：我承诺饶恕你，而你承诺欠我一条生命。"后来，奥古斯都还主动把执政官的职位授予了秦那——还因为他没有大胆主动地出来承担而责备他，而秦那也成了对他最有情义和最忠诚的人，并且还成了他唯一的继承人。从那以后，再也没有人策划推翻他了。

你的祖先对被征服的人是很宽大的。如果他不对他们宽大的话，他又能统治谁呢？撒鲁斯提乌斯（Sallustius）、克塞乌斯（Cocceius）、戴利乌斯（Deillius）以及他朝廷中的整个内阁，几乎都是他从敌方阵营中招降过来的。正是由于他的仁慈，帝国才会拥有多米提乌斯（Domitius）、梅萨拉（Messala）、阿西尼乌斯（Asinius）以及西塞罗这些精英。上天给予了李必达多长的寿命！多年来，他只满足于当一个执政官。只是在那个人死后，他才同意把最高祭司的职位授予他自己。因为他更喜欢荣誉的授予，而不是通过暴力抢夺。正是仁慈使他变得安全，广受爱戴。而罗马人在他的统治之下也不曾显得多么卑躬屈膝。这使他一直声誉卓著，如此声誉在众多的统治者那儿——甚至当他们还活着的时候——都是得不到的。我们如同信奉天神般信奉他，我们这样做并不是出于强迫。我们一致承认奥古斯都是一位好国君，完全称得上是一位"国父"。这恰恰是由于，他即使个人受到了侮辱也不会进行残酷报复，虽然这样的侮辱经常会比加害更加容易激怒一位国君；对于别人的挖苦嘲笑，他总是一笑了之。因为他在惩罚别人的时候仿佛自己在受罚。他如此地不愿杀人，以致对于和他女儿通奸的家伙，他加以流放，以策安全，还给了他们通行证。当你知道会有许多人反对你并谋杀你之时，你不仅仅释放他们，而且给予保障，这才是真正的宽恕。

这些都是奥古斯都在晚年或者说临近老境时的所作所为。在年轻时，他常常头脑发热、极易发怒，做了许多后来追悔莫及的事。没人敢把你的仁慈和神圣的奥古斯都相比，即使青年是成熟老人的竞赛对手。是的，奥古斯都是克制的、仁慈的，但这是在阿克兴①的水域被罗马人

---

① 阿克兴（Actium），希腊西部海岸，公元前31年屋大维在此最终击败安东尼和埃及女王的军队。

的鲜血染红之后;是在他自己的和敌人的船只在西西里被击沉之后①;是在培鲁西埃(Perusia)的大屠杀②以及公敌榜之后。而我当然不能把对残忍的倦烦说成是"仁慈"。皇上,真正的仁慈正是你身上所体现的:不是出于对暴力行为的忏悔,没有受到过血腥的玷污,也没有让同胞无辜流血牺牲。拥有无限权力却能真正自我约束,却能爱民如己;不是被低级的欲望、鲁莽的性格以及早期那些君主的先例所扭曲,去尝试有什么自由放纵的力量可用来镇压同胞民众,而是去钝化帝王权力的剑刃。皇上,神是宠幸于你的,你的城邦还没有被血腥玷污。你可以自豪地宣称:在这个世上你还未让人流过一滴血;考虑到没有一个人这么年纪轻轻就权剑在手,这就格外功绩卓著,美妙无比。

仁慈不仅会扩大统治者的声誉,而且还会加强他的安全;同时,它还是至高权力自身荣耀的体现和最牢靠的保护。不然,何以仁君③年迈之后,能把统治权一代一代传下去,而暴君的统治却受到诅咒,很快就会灭亡?暴君和仁君之间(仅仅从表面来看,他们似乎是一样的:都有很多的财富和极大的权力)的区别在于:前者是为了自己的享乐而残酷对待别人;而仁君的行为总是依照理性,不到万不得已不施酷刑。

"但是,仁君不也常杀人吗?"你问道。是的;但只是在为了城邦的利益时不得这么做;而暴君却是以残忍行为来取乐。他们之间的区别在于行为中,而不是在名称上。对于老狄奥尼修斯(Dionysius)④,说他比许多国君强,也许还公允、名副其实。但是对于不杀光对手不罢手的路西乌斯·苏拉,他能不被叫作一个暴君吗?尽管他后来让出独裁宝座,过起平民生活;可是有哪一个暴君如他这般杀人如麻、嗜血成性

---

① 屋大维军队于公元前36年在西西里击败了小庞培的军队。
② 许多人传播一种说法:屋大维在公元前41—前40年攻占培鲁西埃(Perusia)后,杀了许多俘虏祭献恺撒。
③ "仁君",直译为"国王"。
④ 老狄奥尼修斯(Dionysius)是叙拉古公元前403—前367年的暴君。

呢？他曾下令一次屠杀了七千罗马人。当他坐在柏洛娜神庙①旁，听到成千上万的人在屠刀下呻吟时，他对吓坏了的元老们说："元老大人们，让我们办正事吧。他们只是一些我命令诛杀的暴民而已。"他没有说错——对于苏拉来说，他们确实只是"一些"。谈到对敌人——特别是那些叛国降敌的人——的种种愤怒问题时，我们还会更多地谈到苏拉。同时，正如我说过的，对于都拥有军队保护的仁君和暴君来说，正是仁慈使他们判然有别：前者拥有军队是为了捍卫仁善；而后者却是以恐怖手段来控制仇恨，他即使对于身边的亲信左臂右膀也疑心重重。矛盾驱使他走向内心的分裂之路：因为人们怕他，所以才恨他；既然人们恨他，他就希望人们能怕他，而不知道当人们的仇恨十分强烈时会导致怎样激烈的反抗行为。他把下面的这句害人匪浅的该死诗句当作了座右铭：

只要他们感到害怕，那就让他们恨去吧。

适度的害怕可以遏制人们发火。但是持续的、激烈的、使人绝望的恐惧，则会使坐以待毙的人铤而走险，无所顾忌。这就像用皮套绳会让野马驯服，但用标枪驱赶它，马儿反而会冒着武器的击打而竭力逃开，冲破恐惧的压力。被彻底的绝望激起的勇气是最强烈不过的。恐惧应该留下某些安全感，它感到危险之外还有希望。否则，如果一个脾气温和的人跟其他人一样对危险感到了恐惧，那么他将会乐于冲向危险，结束已被剥夺了的生命。

爱好和平、仁慈的国君将会发现，他的卫兵是忠心耿耿的。这是因为他雇佣他们是为了保卫大家的安全；而将士们明白是在为国家安全服役，便为担当"国父"的保卫者而感到自豪，并且愿意承受任何艰难

---

① 柏洛娜（Bellona）是罗马的战争女神。

困苦。但是一个残忍嗜血的国君最终必然被随从们憎恨。他把士兵们作为刑具和斧子，用来折磨和杀戮；他把人像扔给野兽一样扔给他们。要让他们对这样的主人保持忠诚和爱戴是不可能的。没有比下面这些在押犯人更烦恼、更焦虑的了：他害怕人和神，他们是其罪行的目击证人和报复者，而他已经无力改弦更张了。这已可说是残忍发出的最大诅咒：罪犯必须继续犯罪，走上不归路；因为犯罪只能由犯罪本身来保障。但是，又有谁比那身不由己的作恶者更痛苦呢？一个值得怜悯的可怜虫！至少他自己应该感到可怜。其他人可怜他就是犯罪。这是一个滥用权力谋杀和掠夺的人；一个失信于国内外贸易伙伴的人；一个因为害怕刀剑而求助于刀剑的人；一个不敢相信朋友的忠诚和子女的亲情的人；一个当他反省了他所做的和他想要做的事之后，良心受到罪恶感折磨的人。他害怕死亡但又祈求死亡，仆人恨他，但他更恨自己。然而对于另外这一个人：一个心里总想着大家、为他人安全时刻警戒而不顾自己、把每一块国土当成自己身体的一部分加以照料的人；一个即使惩戒对自己有利也不愿采取严厉手段而坚持仁慈之道的人；一个头脑中从来不会有"仇意"和"残忍"字眼的人；一个如此渴求民众的称赞，以至于只为了全体罗马人的利益才适当使用权力的人；一个因民众能与他一起共享好运而高兴不已的人；一个言谈亲切、平易近人、容貌可亲的人；一个能善待正义的请愿，甚至对于非正义的请愿也不粗暴斥责的人。——对这样一个人，全体国民都会爱戴他、保护他、尊敬他。人们对他的评论不论在公开场合还是在私下都是一致的。人们都会急于生儿育女，曾因公共灾害而无儿无女的问题现在已经得到解决。他们深信：子女将来会有理由感谢自己——让他们生活在如此幸福的时代。这样一位国王是在用善行保护自己，他已不需要保镖；佩带武器对于他来说只是一种装饰而已。

那么，他的职责是什么呢？就像好的父母教训子女那样，恩威并施，有时甚至还会用鞭子。理性的父亲在儿子第一次犯错时就应剥夺孩子的继承权吗？显然不是。只有屡犯大错，以致让他失去耐心，不再责骂他们而开始担心、害怕时，他才会下决心诉诸白纸黑字①。但是，首先他会千方百计让尚未定性的孩子学好，即使孩子已倾向恶的一面。事情已经完全无望的时候，他才会采用极端措施。他只是在试尽了所有纠正办法后才求助于惩罚措施。这是一个父亲的职责；同样，这也是一个国君的职责。我们把他称为"国父"，可不是空口谄媚啊。因为其他诸多称号仅仅是一种荣誉的授予，诸如"大帝""幸运者""德高望重者"，人们想出了如此多的"响亮"称号给予那些人。而称他为"国父"，乃是要告诉他，他已被我们委以父亲般的权力，所以他应该任劳任怨地关注孩子们的利益，并且使自己的利益服从于孩子们的利益。对于一个父亲来说，割舍血肉是慢吞吞的；而且当切断之后，他会想着恢复它；在割舍过程中，他还会大声呻吟，会久久犹豫不决。因为一个快速惩罚的人，简直就是乐于惩罚人；而过度惩罚就等于是在滥杀无辜。

我记得，罗马人曾在广场上用铁笔处死了一个叫作特里克（Tricho）的罗马武士，因为他把儿子鞭打致死了。即使奥古斯都皇帝的威信也无法把他从人们的愤怒中解救出来，不管是为人父的，还是为人子的，都义愤填膺。但是塔里乌斯（Tarius）②却不是如此。当他察觉儿子试图谋杀自己时，并不是马上处罚儿子，而是经过调查，发现儿子真的有罪后才流放了他，并且还给了儿子与定罪之前一样多的生活费用。这可说是一次"奢华"的流放（把他流放到了马赛）。这样的处理方式赢得了人们的赞誉。这种仁慈大度的效果是：在那个总有人为坏蛋辩护的社会，竟然再也没人质疑：人们都认为那个被告受到了公正的处罚。因为这个不能仇恨儿子的父亲，总算找到了处罚儿子的方式。

我就用上述事例来描述一个类似好父亲的国君是什么样子的。当塔

---

① 即在遗嘱中剥夺遗产继承权。
② 塔里乌斯（Tarius）是奥古斯都时期一个出身贫寒但是靠自己努力获得相当权势和财富的人。

里乌斯准备召开私人法庭调查儿子时，他邀请奥古斯都皇帝参与审判。奥古斯都去了他家，坐在他旁边，参与了一个私人家庭的审议。他并没有说："把他带到我这里来。"因为那样一来，就变成皇帝在审讯了，而不是孩子的父亲。当辩方和控方发言完毕，所有证据也已经审查后，皇帝要求每个人写下各自的审判意见，以免大家看他的旨意投票。然后，在审判书打开之前，他庄严宣称：他不会从富人塔里乌斯那里接受任何遗赠。有人也许会说："这是一种弱者的表现；因为他害怕人家以为他为了给自己的前程扫清道路，就定了塔里乌斯的儿子的罪。"我不这样认为。我们中的任何人满可以对自己的良心抵御敌意的抨击有信心；但是一个国君生来就需要更留心名声的。因此他庄严宣告，他不会接受任何遗赠的。塔里乌斯果真当天就失去了第二个"继承人"①；然而皇帝因此才保有了公正投票的名声。奥古斯都在证明了自己严厉做法的一无所求——一个国君对此应该有所顾忌——之后，宣布塔里乌斯的儿子应当被流放到父亲指定的任何地方去。他没有判他以袋刑②、蛇刑或坐牢，这是由于他考虑的并不是要被判刑的这个人，而是请他来出主意的人。他说，从轻发落应该让父亲感到满意。毕竟这个儿子是如此年轻，又是被唆使的，在犯罪过程中也暴露了他的思想混乱——这与无辜已经相去不远。所以这个儿子应被驱逐出这个城邦，从父亲的视野中消失。能被一个私人家庭邀请去参与处理内部审议，并且又能被对方把他同其他无辜的孩子一起列为遗产"继承人"之一，他确实当之无愧！正是仁慈使得一个国君获得了如此荣誉；不论到哪里，他都使一切变得更加和美。

在仁君看来，即使一个人价值不大，也不应让他随意被杀，不管他是什么身份，毕竟是国家的一个成员。让我们拿较次级的权力形式来与

---

① 指奥古斯都。塔里乌斯剥夺了自己儿子的继承权，而奥古斯都又宣布放弃了塔里乌斯给他的继承权。
② 在早期罗马，杀父逆子将被判处与一只狗或蛇或鸡缝进一个口袋，丢入水中淹死。

王权比较一下。权力有许多形式，如国君统治臣民的权力，父亲管教子女的权力，老师教训学生的权力以及护民官或百人队队长带兵的权力。孩子稍稍犯错就鞭打，这样的父亲难道不应该被认作是最坏的父亲？哪些老师更能让人文教育增光呢？是那些一旦学生记不起来或阅读不快就责骂学生的老师呢，还是这些通过温和的责备使学生感到惭愧而去改正的老师呢？一个严厉的护民官或百人队队长，只会逼得士兵叛变他而当逃兵——这些人虽当了逃兵却是可宽恕的。我说，让人受到比不说话的动物所受到的更为残酷、更沉重的统治，这难道公正吗？一个有经验的驯马者是不会用鞭子来驯马的——那样反而会让马变得惶恐不安、桀骜不驯；只有通过温和的方式来驯马，才能使它安静下来。猎人也是如此，不管是训练小狗如何跟踪猎物，还是使用那些已训练过的狗去发现和捕获猎物，他既不会经常地怒斥（那样一来，猎狗会泄气，会陷入有违自己品种的胆怯中，逐渐丧失掉捕获猎物的天赋），也不会让它们不加约束地四处瞎溜。使唤那些行动迟缓的驮兽也是如此道理，尽管它们生来就是受苦受累的，但是如果受到了过分残忍的对待，它们也会拒绝负轭干活。

　　这个世上没有比人脾气更烈，更难以驯服，更需要技巧，更需要以仁慈相待的造物了。如果一个人羞于对驮兽和狗发泄怒火，却让人在人的手里遭受卑鄙的虐待，这是不是毫无道理？身体的疾病并不会使我们勃然大怒，我们要做的乃是想办法治好它。然而，我们的心灵也会生病，同样它也需要"医生"温和的、不带敌意的治疗。一个对他自己的治疗能力缺乏信心的医生是差劲的医生。对于所有民众托付自己生命的国君来说，他也应该像优秀的医生一样，去治疗那些头脑有毛病的人。他不应该很快就放弃希望或者干脆宣布那是一种绝症。他应该和他们待在一起，与疾病作斗争。对于有些人要以责备的方式，以使其对疾病感到羞耻；对于另外一些，为了更快、更好地治愈他们，则要用一种"欺骗治疗法"——给他们服用"糖衣药丸"。国君的目的不仅仅是让他们恢复健康，而且还要不让他们留下"难看的伤疤"。一个进行残酷惩罚的君主（谁会怀疑他有残酷惩罚的能力？）是不会享有好名誉的。最高荣誉是属于这样的君主的：能约束自己的权力；使许多人摆脱他人的愤怒；不为一己之利而牺牲任何人。

善待奴隶是值得称道的。即使他是你的"人形动产"，你应该考虑的也不是他在多大程度上会忍耐不反抗，而应当考虑在何种限度之内允许你对他们加害，因为按照公平正义的原则，仁慈也应赐予俘虏和买来的奴隶。那么，作为生而自由的、有身份的自由人，就更有理由要求你不把他们作为普通的动产来对待，而应把他们看成虽然等级较低、但不是给你当奴隶的，而是以被保护人的身份托付给你的。即使奴隶也有权在神像前得到庇护。尽管法律允许一个人随意处置他的奴隶，但是在对待人的时候，有一个限度：一切生灵所共同拥有的权利不允许造次。没有人比费迪乌斯·珀里欧（Vedius Pollio）自己的奴隶更恨他了。因为他竟用人血来喂肥他的七鳃鳗，还把那些令他不高兴的奴隶丢入鱼塘——或毋宁说是蛇坑！这个魔鬼，他应被千刀万剐，不管他把奴隶扔进鱼塘是为了喂七鳃鳗给他吃，还是专门喂七鳃鳗吃人！

对于这样的凶神恶煞，整个城邦的人都会蔑视他、仇恨他、厌恶他；人们对于残酷的国君也会如此。由于国君管的范围更大，所以恶名也会传得更远，乃至代代相传。被看作生来就成为公害的人，还不如不生呢！

人们无法想象，还有什么比仁慈这种德性更适合一个统治者了，不管他是以什么方式或以什么"合法性"而位居他人之上的。我们当然认为，布施仁政者的权力越大，仁慈也就显得更美、更壮观。如果这种权力调整到合乎自然法则，那就根本不会有害于人了。因为王权概念是自然本身所形成的，这个道理可以在蜜蜂等生物那里看到。蜂王住在最宽敞舒适的蜂孔中，它位于蜂巢的正中间——最安全的地方。另外，蜂王根本不干活，只是监督其他蜜蜂干活。一旦失去了蜂王，群蜂就会四下散开。它们不会同时接受两个蜂王,而是通过打斗来发现最好的。这个蜂王往往外表奇异,比起其他蜜蜂体形更大、体态更美。不过,蜂王与众不同的最大标志在于:蜜蜂特别容易被激怒,而且它们虽然体形不大,却是优秀的战士,总把它们的刺扎在所攻击的东西上;然而蜂王本身却是没有刺的。大自然不希望它残忍,不希望它进行代价高昂的报复,所以就卸掉了它的武器,使它的怒火没有武力支持。

伟大的国君们将在这里发现强有力的先例。自然的运作总体现在小处;微小的证据呈现着伟大的法则。如果不能从微小事物上汲取教训,那是丢脸的事。人的头脑的危害破坏力大得多,所以更应该表现出自制力。但愿人至少也服从同样的自然法则,毁掉武器后,他的怒火也就发泄完了;但愿他不能伤害多次,不能利用他人的力量泄愤,因为,如果一个人除了自身没有其他人作为发泄的工具,他的怒火将会很快消退;如果放任自己使用暴力,那他就会冒生命危险。即使如此,他的生活也不会平平安安了。因为他要别人怕他,就必须同样害怕别人,必须观察每一个人的手脚;即使人家并没有打算攻击他,他也时时刻刻都在提心吊胆,草木皆兵。如果一个人可以从不伤害别人,因此自己也不用提心吊胆,可以善意地利用特权为所有人带去幸福,那么他还会去忍受那种战战兢兢的生活吗?如果认为一个国君能够安全地住在某个别人住于其中一点都不安全的地方,那就错了。因为个人安全是要以相互安全来交换的。所以,他根本没有必要在山上建立高大的城堡,或者把陡峭的山壁作为屏障,或者切断山坡,或者把自己用层层围墙圈起来。仁君即使住在开阔的平原上也是安全的。对国民的爱才是唯一无法攻破的堡垒。

还有比人人希望他健康长寿、人人即使在私下也为他祈祷的生活更光荣的吗?这样的人如果身体稍有不适,就会引起人们害怕,而不是希望;为了主人的安全,大家无不心甘情愿地用任何珍贵的东西去交换。如此幸运的人,肯定会努力活下去的。他一直行善,不是因为国家是他个人的,相反,是因为他个人是属于这个国家的。有谁敢谋害这样一个人呢？如果在他的统治下，他能主持公正并维护和平、纯洁以及安宁和尊严，并且国家繁荣昌盛，又有谁会不竭尽所能去保护他的安全，乃至他的健康？对于这样一位给百姓带来安宁生活的国君，人们只能怀着崇敬之情，把他当作不朽的神来加以崇拜仰视，假如神灵赐予我们仰视诸神的能力的话。请告诉我，这样一位如神一般行事、仁慈慷慨并把他的权力用来追求更好目的的国君，他的地位难道不是仅次于神的？这应该是你的理想和目标：成为最伟大的人——但是同时一定要成为最好的人。

一个君主实施惩罚通常由于两个原因，或者为自己报仇，或者为他人报仇。我将首先讨论出于他个人原因的情景。当一个人为了泄愤，而不是为了惩戒而复仇，就很难做到适度了。此时提醒他不要轻信他人，应去查出真相，应维护无辜者的利益，要记得查明事件真相既是被告的事又是法官的事，等等，是大可不必的。因为所有这些都是有关正义的问题，而不是仁慈的问题。此时我想督促他的倒是：即使他明显受到了不公的伤害，他也应该控制住自己的感情。如果他的安全能得到保证，那么就应该免去对对方的惩罚；如果还没得到，那么就应减轻惩罚，愿意宽恕那些针对他个人的罪行，胜过宽恕针对他人的罪行。正如一个真正慷慨大方的人不是那些任意挥霍别人财物的人，而是倾囊而出施舍自己财物给别人的人，同样，我也不会把对于他人的痛苦心安理得的人称为仁慈的人，而是把即使自己受到刺痛，也不会变得狂躁不安的人称为仁慈的。这样的人懂得，即使你有最高权力，也应忍受伤痛，因为这是宽容大方的表现。可以说，没有人比虽受到了不公正待遇却不报复的国君更荣耀的了。

报复通常是为了达到下列两个目的之一：一个人在受到伤害后，他或是从报复中得到补偿，或是为了免于今后再受到伤害。但是，对于国君来说，他的财富如此殷实，没有必要寻求补偿；他的地位如此显赫，没有必要靠打击他人来提高声誉。我这是就他受到比他低下的人的攻击和侮辱的情形而言的。而就曾经平起平坐的敌人来说，如果他已看到他们跪在他的脚下，那么这就足以达到报复的目的了。一个奴隶、一条蛇或者一支箭都可能取走国君的性命；但是没有一个比被拯救者低下的人能拯救他的性命。所以，手中握有生杀大权的国君，应该以高尚的精神去行使神所赐予的这一权力。如果他在对待那些曾经和他一样位居顶峰的人的时候能如此自制，那么事实上他已报仇雪恨，完成了所需的全部真正惩罚；因为对于只有仰人鼻息才能苟且偷生的人来说，他已经殒命了，而从高位栽下来变成了敌人的阶下囚，他的性命和王位不得不等别人来判决的人，这样的人活着只是在给饶他性命者增添荣耀；他得到饶恕比他被除掉更能使对手美名远扬。他成了对手的权威的一道永久的风景线，而凯旋式上的一幕却很快就会烟消云散。然而，如果在安全限度内，能够让被征服者保留王位，让他回到曾被推翻下来的那个位子上，只满足于剥夺被征服者的荣耀，那么人们对于作为征服者的国君的赞誉将与日俱增。相对于他个人的胜利，这是一种更大的成功，这证明了他在被征服者身上没有发现什么东西配得上胜利者。对于他的国民——不知名的以及地位低下的，他更应做到适度；因为挤压他们的话，他的收益更少。对于有些人，我们会乐意去宽恕他们；对于另外一些人，我们将不屑去报复，以免像捏死小虫时那样弄脏自己的手。对于一些百姓议论纷纷的人，不管是饶恕还是惩罚他们，都应该充分利用这一机会展示高贵的仁慈。

  让我们接下来讨论对他人伤害而进行惩罚的情形。法律进行这类惩罚有三个目的，这也应被国君所重视：或者是为了改造受罚者；或者是通过惩罚此人达到教育改善他人的目的；或者是通过除掉坏人以使大家能更安全地生活。通过程度较轻的刑罚，会更容易改造犯罪者本人。因为当一个人还有一些未失去的东西时，他会更谨慎地生活。没有人会珍惜被彻底毁掉了的名誉；如果名誉毁尽，就使惩罚毫无实施的余地，结果反而给罪人带来了某种豁免。再者，减少惩罚，国家的公共道德将会得到较好的改善。因为，如果犯罪的人很多，那么犯罪就会成为一种习以为常的事；惩罚的数量越多，力度就越减弱，所发挥的公共羞辱功能也将大大降低。而且频繁使用刑罚，刑罚的严厉性——往往起着最好的改正功能——将会失效。如果国君耐心地处理恶习，当然不是说赞同它，而是在实在不行的情况下才极不情愿地、极其痛苦地诉诸严刑；那么，在这个城邦中，良好的道德风尚将会树立，罪恶现象也会消除。统治者的仁慈将使民众不愿意做坏事；和善的人所颁布的刑罚会显得尤其严厉。

另外，你会注意到，反复处罚的罪行总是有人去犯。你父亲①在短短五年内判处袋刑的人数超过了有史以来的总和。只要极大的罪恶处在法律边界之外，孩子们是不大去尝试的。有高度智慧的最高贵的人士，对自然行为方式有极强洞察力的人，宁愿忽略人类的暴行，认为那是不可思议的大胆出格，而不愿通过惩罚来标示它是一种可能的暴行。当法律制定了弑父罪后，弑父的犯罪行为就多了起来，正是刑罚本身让孩子们看到了犯这种罪的可能性。事实上，当袋刑比十字架刑更常见时，子女对父母的孝敬真的降至了最低点。在一个人们极少受到处罚的城邦里，人们对正直行为的认可就会形成，会如鼓励共同的善一样鼓励这种德行。如果一个城邦自己认为无可指责，那么事实上它就会如此；一旦看到只有少数人不节制守法，那么大家就会对这些过犯表现出极大的愤慨。相信我，让某个城邦以为是坏人占了如何如何的多数，那是十分危险的事情。

元老院曾经通过一个决议，认为应当通过服饰来区分奴隶和自由民。我们立即就清楚地看到，当奴隶以服饰来统计我们的人数时，这对我们来说有多么的危险！同样，如果没有一个人的罪行被宽恕，那我们肯定也会面临同样危险的恐惧——不久大家就会明白，国家是坏分子占

---

① 即克劳狄乌斯皇帝（Claudius），他收尼禄为义子，并传位于他。

优势。正如众多的葬礼对于医生来说是丢脸的，众多的刑罚对于国君来说也是不光彩的。统治者越能宽以待民，那么民众也越会听从他。人的天性是执拗的，对于压制和刁难本能地就会反抗，他宁愿自己跟着走而不愿被别人牵着走。正如松弛的缰绳更容易控制千里马一样，仁慈也更容易使正直之士心甘情愿地服从。为了城邦自身的利益，也值得保有仁慈这种美德；通过这样的方式，能完成更多的好事。

残忍是一种完全非人性的罪恶，它在根本上与善良的人不相称。一个人如果以流血伤害为乐，丢掉人性变成丛林动物，那他简直就是一头疯狂的野兽。亚历山大大帝，我问你，你把里西马赫乌斯（Lysimachus）① 扔给一头狮子吃，与你自己用牙齿把他撕咬成碎片，又有什么区别？你的嘴就如狮子的嘴，你的兽性亦如狮子的兽性。如果你有狮子的利爪和能吞下一个人的大嘴，那你该多么高兴！我们不会期望你这双杀害亲密朋友的手会饶过任何人，也不再期望你那残忍的心——它是万国万民的永远灾难——会厌腻血腥和屠杀。对于你，如果在杀害朋友时能挑选人来当刽子手，那已经是"仁慈"了。残忍之所以被大多数人厌憎的原因在于：它首先越过了习俗界限，其次越过了人性界限；它想方设法去寻求折磨人的新方法以及各种能延长痛苦的刑具，以折磨人为乐。那种人的心灵已达到了极度病态、极度疯狂的地步：残忍待人已成了一种快感行为，而杀人也成了乐趣。在这种人的背后接踵而来的是怨恨、仇视，以及取他性命的毒药和利剑。他是众人的危险因素，因而他危机四伏，他会遭他人暗算，有时又面临整个民众的暴动。某些个人遭到小小打击，整个城邦还不会为之震动；但是，如果统治者的怒火蔓延开来针对所有人，那么，他也就成了众矢之的。细小的蛇的游动不太会引起人们注意，因此也不会受到人们组织起来的讨伐；但是当它长得异乎寻常地庞大，变成一个怪物，射出毒液污染水源，喷出火

---

① 亚历山大大帝的一员大将。

来焚毁万物时，不管它走到哪里，都将受到人们针对它的军事攻击。小恶可能逍遥法外；但是对于大恶，人们就会采取打击行动。同样，某一个人生病甚至不会引起家里人的恐慌；但是当人们接二连三地死去时，就表明这是一场瘟疫，其他人就会惊叫着逃散，甚至会举手威胁诸神。如果只发现某一间房屋着火，这一家和左邻右舍会浇水扑灭它；但是当火势蔓延烧着了许多房屋时，人们只能拆毁半壁城池来止住它。

残忍甚至会引起奴隶对主人的反抗，尽管他们要冒着被钉上十字架的危险；处于残酷统治下的以及受到威胁的各个国家和民族，都会起来推翻暴君统治。有时连暴君自己的卫队也会起来造反，因为这些人已经从主子那儿耳濡目染了背信弃义、尔虞我诈以及残暴之类的品性，他们当然会把这些用到主子自己身上。对于被你教坏的人，你又能期待什么？恶人不会一直驯服听话，也不会仅仅在指定的界线中犯案。然而，即使假设残酷统治是安全的，那又将是一个怎样的国家呢？除了那些陷落的城池光秃秃的轮廓以及民众普遍的恐惧表情之外，再也看不到什么；到处充满了悲伤、恐惧和混乱；甚至人们娱乐时也会感到恐惧；即使人们赴宴时都感到不安全，因为喝醉的人都不敢随便讲话，更不用说在其他布满了告密中伤者的公共场所了。尽管宴会很铺张，享用的又都是皇宫中的东西，观赏的是名扬天下的表演者，但是又有谁喜欢这种坐牢似的娱乐呢？

天哪！此人会是一种怎样的灾难和诅咒啊！他又发火又杀人，他以听镣铐银铛之声和看同胞被砍头的景象为乐！他到处带来血流成河。人们一见到他就惊恐万分、逃之夭夭。哪怕狮熊横行天下，毒蛇和恶兽掌权统治我们，生活也不过就如此了吧？那些缺乏理性的、因凶残受到我们追杀的野兽至少还饶过它们的同族，它们的相同形貌就是它们彼此的安全保障。但是暴君们却不是这样，他们的怒火连亲族都不放过，陌生人和朋友一样对待。这样，他们越是随意发怒，怒火就越是变得暴戾。从屠杀一个一个人，发展到消灭整个民族；纵火烧屋、把古城夷为平地，这些都被认作权力的象征。下令杀害一两个人，已经被认为不能与"王权"般配；除非同时让一大群可怜的人引颈屠刀之下，残忍发泄的怒火无法感到畅快过瘾。

真正的幸福在于给大多数人带来安全保障，把他们从死亡的边缘解救出来，在于通过仁慈获得那"城冠"。① 没有什么奖章比那因救助同胞而获得的"城冠"更配得上一位国君的卓越了，或者更为漂亮精彩了；而不是从战败者那里掠夺武器和俘虏，不是使战车沾满野蛮人的血迹，也不是掠夺而来的战利品。在世界各地拯救众多的人，那是像神一般地使用权力；而不分青红皂白地成批杀人，则不过是一种毁灭性的力量而已。

---

① "城冠"奖章是一个橡树叶子做成的奖章，是奖给在战场上救了战友性命的罗马士兵的。奥古斯都因为"拯救了罗马公民的生命"而获得这一奖章。后来的罗马皇帝经常获此奖章。

第二卷

尼禄皇帝，我是因您的一句话去写关于仁慈的文章的。我记得，听到您的那句话时，我敬佩之至，之后我也向别人介绍了您那高贵的话。您的话充分显示了您那伟大的善心——不是事先谋划好的，不是为了向别人显示点什么，而是突然地从您内心迸发出来的，这揭示了您的仁慈在与命运抗争。您的近卫军长官布鲁斯（Burrus）是一位很有才能的人，生来就是为您这样的国君效劳的。有一次，他将要执行处死两个海盗的命令时，催您记下他们的名字，写出处死的理由。这样的事通常被拖延而迟迟不办，可是他坚持说这事一定要做。因此，您不太情愿，他也不情愿，当他拿出纸递给您时，您不由得叫喊道："要是我根本没学过写字，那该多好！"这是多么精彩的话！所有国家都应听听这句话，包括那些居住在罗马帝国中的民众，也包括边界邻国那些自由常常得不到保障的民众，还包括那些有力量和勇气起来反抗的人们。多么精彩的话！应该让这世上的人都集合起来听听，让国君们对此效忠！多么精彩的话！值得让所有善良的人来听听，以便让那"黄金时代"重现。实际上，现在是人们驱除一切心灵的贪婪欲念，寻求正义和善良，以及让虔敬、正直、荣誉感、节制再度盛行的时候了。罪恶长期泛滥的时代就要结束了，我们就要迎来一个幸福和纯洁的时代。

皇帝，我们将满怀信心地期待的这样一个时代很有可能将会到来！您的心灵仁慈将会被人们叙说，并且会逐渐流传到帝国的各地，所有事物都会向你看齐。心灵的好才会带来一个人身体的健康：如果灵魂是活跃的，那么他的身体也就会有活力，会变得敏捷；反之则会变得消沉、萎靡不振。最终将会出现配得上这种善的民众和诸多同盟，正义终究会回到世上来的！您将不必再到处劳神费力。请允许我在这个话题上再停留一会儿，这并不是为了取悦于您，因为那不是我的行为方式：我宁愿犯颜直谏也不会阿谀奉承。那我的理由是什么？除了希望您能尽量熟悉自己的良好言行，使现在的这种善的自然冲动最终成为一种原则，我还想到，许多令人震惊又危害甚大的说法已然融入人们的生活并流行开来。比如，"只要他们感到害怕，那就让他们恨去吧"。还有那句与它意思相近的希腊诗歌，那句诗说的是某个人希望他死后，就让大地在烈火中震颤去吧。这类的话还有很多。而且那些有文学天赋的人在写到残忍和仇恨的主题时，会用其生花妙笔表达出人们心中强烈的暴力欲念。但是，我却从未听到一句精彩妙语从善良、温和的人口中说出来过。那我的结论是什么呢？我想说的是：尽管有时您要违背意愿，非常不情愿地写一些批条——这些有时甚至使您痛恨"书写"本身，但是您必须像现在所做的那样去完成它，尽管极其不情愿，极想把它拖下去。

为了使我们不会有时仅仅被"仁慈"之名所误导而相信了某种与仁慈正相反的品质①，我们不妨考察一下，什么是仁慈，什么是仁慈的本质及其限度。

仁慈意味着某个人有力量对他人进行报复却能自我抑制，或者说是地位高的人对地位低的人惩罚时所表现的宽大。一个定义未免不足以涵盖"仁慈"的全部内涵，因此，多提供几个定义是更为稳妥的；在此，我把"惩罚者的宽大倾向"也归入仁慈的内涵之内。下面的这个定义——"仁慈"是指对一些罪有应得的人的宽恕——尽管接近真理，但是会遭到人们的反对，因为美德不会不给予一个人他所应当得到的东

---

① 即"怜悯"。对于斯多亚派，这是一种缺点，而不是一种德性。

西。然而，事实上每个人又都知道，"仁慈"恰恰在于不进行那些应当施予的惩罚。

无知的人认为，"仁慈"的对立面是"严厉"；可是要知道，一种美德是不会与另一种美德互相对立的。那么仁慈的对立面是什么呢？是残忍，也就是实施刑罚时的残酷心态。"但是，"你说，"有一些人虽然不是在实施刑罚，但同样是残忍的。比如那些遇到陌生人就杀的人。他们这样做不是为了得到什么，纯粹是为了杀人而杀人；并且还不满足于此，他们还会折磨别人，比如臭名昭著的布西里斯（Busiris）和普罗克鲁斯坦（Procrustes）①，以及那用鞭子抽打并活活烧死俘虏的海盗。"的确，这很残忍。但是由于它不是出于复仇动机，因为没人受到伤害，也没有事先发生的罪恶激起这些人的怒火；所以它超出了我们定义的范围。我们的定义只限于刑罚执行中的失控和过度。那种以折磨人为乐的行为我们可以叫野蛮，而不是残忍，或者也可称之为疯狂。疯狂分多种，没有一种行为比杀死人、把人撕成碎片更无可辩驳的是疯狂了。那些被我称为"残忍"的是这样一些人：他们的惩罚本来确有其理由，但是惩罚起来却没有节制，比如法拉里斯（Phalaris）②，据说他常用一种毫无人性的、令人难以置信的方式折磨人，尽管被折磨的人是一些有罪者。为了避免陷入诡辩，我们可把"残忍"定义为"一个人趋于残酷的心态"。仁慈与这种残忍的品性是水火不相容的，并且会远远避开它；但是仁慈与严厉却是相容的。

现在可以追问"怜悯"究竟是什么了。许多人把它称为一种美德，并把富有同情心的人称为好人。但是这其实也是一种心灵的缺陷。我们应避免两种情况——尽管它们与严厉和仁慈相近：一种是以严厉作为伪装的残忍，另一种是以仁慈作为伪装的怜悯。的确，在后一种情况下，

---

① 布西里斯是臭名昭著的埃及国王，他残酷地杀害外乡人祭神。普罗克鲁斯坦是古代希腊的一位凶残的大盗。
② 法拉里斯（Phalaris）是古代著名暴君，据说他用烧红的铜牛烤人。

危险较轻；但是这两种情况都犯了同样的错误——我们都不知道什么是正确的。所以，正如宗教给神灵增添容光，而迷信却伤害了神的荣誉一样，好人都会表现得既仁慈又温和，但是都会避免可怜他人。因为被他人受难的景象所压倒，乃是人格软弱的表现。它往往见诸最差劲的人身上，如那些老妇以及穷女人，总被罪大恶极者的眼泪所打动；而那些家伙是一有可能就会越狱逃跑的。怜悯只看到有人在遭难，却不考虑其原因何在。可是仁慈却是有理性的。

我知道，在那些无知的人中间，斯多亚学派并不受欢迎，因为他们认为这套学说过于严苛，不能给国君们提供好的建议；而且他们对它禁止贤哲可怜他人、饶恕他人的主张进行攻击。抽象地说，这种教条确实是可恶的，因为它似乎主张人们一犯错就要受到惩罚，这就没给人留下改过自新的希望。果真如此，这样的理论又是一种什么样的理论呢？它难道叫我们忘掉人性的教训，关闭人们借以对抗厄运的最可靠的避难所——人们之间的相互帮助？但事实上却是，没有哪一个学派比斯多亚学派更友好、更温和了；没有哪一个比它更充满爱心、更关心公共利益了。它公开宣称的目标，就是为民众提供服务和帮助，就是不仅仅关注自身利益，而是关注所有人的利益。而怜悯却是由于看到他人的不幸而引起的悲伤之情，或者是由于目睹他人承受了不该承受的厄运而引起的伤心。可是贤哲是不会悲伤的，因为他的心灵是宁静的，任何事物都不会使它蒙上阴影。没有什么比灵魂的高贵更有益于人了，而高贵不会和伤感同时出现。悲伤会使人变得愚钝、精神萎靡。可是贤哲不会如此，即使他本人面临灾难，他也会立即回击，战胜命运对他的打击。他始终保持镇静，在各种震撼面前面不改色；如果他是个轻易悲伤的人，他就不能做到这一点了。

而且，贤哲具有远见，他总能预先制订好行动计划；而来自内心不安的东西永远不会清楚明了。由于人在悲伤中不适宜于辨别事实，制定计策，躲避危险，评估是非，所以贤哲是不允许怜悯的，因为没有人能在可怜他人时精神不受苦。我希望那些富于同情心的人所做的是：应该愉快地、高尚地给悲伤者带去宽慰，同时又不给自己增添伤感。对于遇到海难的人，他会伸出援助之手；对于流浪者，他会给予居所；对于衣食无着者，他会发放救济。但是，他不会像大多数寻求怜悯之名的人那样做：那些人以一种侮辱人的方式把救济品扔给人家，他们蔑视那些他们所帮助的人，不屑于和他们交往。相反，贤哲会像同伴之间相互授受一样，互通有无。他会把儿子的生命还给哭泣的母亲，会下令去掉俘虏的锁链，会把角斗士从角斗学校释放出来，他甚至会掩埋罪犯的尸体。可是，在做这些事情时，他始终是心平气和、不动声色的。因此，贤哲是不会怜悯他人的，但是会援助他人，让他人受益。他生来就是为了帮助所有人和为公共利益服务的，所以他会让人人得到一份恩泽。即使对于那些理应受指责和惩处的不幸者，他也会适当地给予一定好处。但是他更乐于帮助那些穷困者以及与灾难作斗争的人。无论何时，只要可能，他都会去抵挡命运的打击，因为除了扭转命运不测的打击之外，他还有其他展示自己的力量和智慧的更好方式吗？他不会因为对方跛着脚，或者衣衫褴褛、瘦骨伶仃，或者年老体迈、拄着拐杖而脸色难看，失去同情心。对于所有值得帮助的人，他都会给予帮助，并且会像神一般仁慈地注视那些不幸者。

怜悯与不幸很接近，因为它既包含不幸成分，又源于不幸。我们知道，看到别人泪眼模糊时，自己的眼睛也湿润，这是眼力不强的表现；正如当其他人都笑时自己总是也跟着笑，就不是一种高兴，而是一种病，这就像别人打哈欠自己也跟着打哈欠一样是病。怜悯是一种心灵被各种痛苦过度折磨后导致的软弱表现。因此，要求贤哲可怜他人，就好像叫他在陌生人的葬礼上恸哭一样不合情理。

"但是，"你又问，"他为什么不原谅别人呢？"好的，那就让我们接着讨论一下什么叫原谅。最终我们会发现：贤哲不应该对别人加以原谅。原谅就是该罚不罚。对于为什么贤哲不应原谅他人，重视此教条的人有过很详细的论述。在此，对他们的观点我作一番简要的介绍："原谅就是应罚不罚。贤哲不会做不该做的事，不会不做他应该做的事；因此，他不会当罚而不罚。但是他会以一种体面的方式，把你原本想通过祈求原谅得到的东西赐予给你。因为他会赐予你仁慈，会为你着想，会尽力改正你的错误。他还是会做原谅你时所做的同样的事情——可是他不原谅你；因为原谅就放弃了他应该去做的事。对于一种人他只是给予口头告诫，当他看到对方尚处于可以改造的年龄时，就不会惩罚他；对于那些苦于犯罪而不可自拔的犯人，他会予以释放，因为犯人往往是受到教唆所致，因酒堕落。他还会让他的对手不受伤害地离去。如果他们是出于体面的动机——为了忠诚、为了维护条约或者为了捍卫自己的自由——而起来斗争，那么他甚至会赞扬他们。所有这些，都是仁慈的表现，而不是饶恕。仁慈有决定的自由权；它不是根据法律条文来判刑，而是根据公平和善的标准。因此，它可以自主地开脱某人，估价损失赔偿价值。它做那些事情并不显得理亏，而是像在做最公正合理的事情。但是，原谅却相反，是不惩罚理应受到惩罚的人；原谅是当罚不罚。仁慈的优越性主要体现在这里：它宣布所有被开释者不应受到任何不同的待遇。与原谅相比，仁慈显得更为完美，更加值得称道。但是在我看来，这些都是字面上的争论，实际上当涉及具体行为时，看法就一致了。贤哲会免去许多惩罚，也会救助那些品性有问题但却能改正的人。他会像那优秀的农夫一样，不仅照料那些又挺直又高大的树木，而且也去支撑那些由于某些原因长得弯曲的树木，以便让它们变得挺直起来；对于另外一些，他会进行修剪，以便不让它们的枝条妨碍它们长高；对于一些因土壤贫瘠而长得不好的树木他会施肥；对于一些受到其他树木遮盖而见不到阳光的，他会为它们开辟空间。因此，贤哲是懂得用不同疗法治疗不同病人的，是懂得怎样把弯的树变直的。"

……①

---

① 其余部分缺失。按照开头的计划，本文应当有三个部分。

论恩惠（节选）[①]

[①] 由于塞涅卡的《论恩惠》较为冗长、重复，我们选译了7卷中的4卷，即第1，2，6，7卷。——译者注

| 第一卷 |

杰出的利玻拉理斯（Liberalis）啊，在那些粗心大意的人所犯下的各种各样的错误之中，几乎没有比不知道怎样去施予或接受恩惠更让人丢脸的了。因为一般来说：如果施惠的方式不对，那么别人就会不知感激，而这时我们再抱怨付出得不到回报时，一切都已经太迟了；因为恩惠在施予别人时就已经不再属于我们了。所以不足为怪，在我们的诸多劣迹中，不知感恩是最为常见的。我以为这一现象是由若干原因所导致的。

第一个原因是我们没有挑拣真正值得帮助的人。我们借钱给人时一定会仔细调查他的财产状况，并了解他的生活习性；我们不会在寸草不生的贫瘠土地上播种；但是我们在施惠的时候却不加任何区分，甚至可以说是滥施乱抛。

如果你问我：是拒绝帮助别人丢人，还是要求别人的报答更丢人？很难说；因为从施惠行为的本性来看，只有对方自愿回报，我们才有权接受报答。以破产为借口来逃避债务显然是最不光彩的，因为一个人要偿还所欠的债务，他所需要的只是真诚的愿望而不是财富；因为只要心怀感激，那他就是报答了你的恩情。但是，如果说那些即便在口头上都没有表示感激的人是应该受到指责的话，那么我们也应该受到指责。我们发现许多人是忘恩负义的，但这种情况大多是由我们自己造成的，因为有时我们会凶巴巴地讨债，有时在帮了人之后又反复无常、后悔不迭，有时候又会在细枝末节上吹毛求疵。这样，我们就摧毁了别人所有的感激之情。这不仅发生在我们施惠之后，甚至在施予的行为中就已经是如此了。我们当中有谁会愿意别人轻易地向自己提要求——哪怕只是一次呢？有谁不是在怀疑别人对自己有所乞求时紧锁双眉，转过头去，假装俗务缠身的样子，或谈个不停，使对方根本没有机会开口，并以其他多种花招拒绝对方紧迫的要求呢？有谁不是在被堵街角时由于懦弱不敢直接拒绝而采取拖延政策，或是脸色发青、紧锁双眉地勉强答应，承诺的声音也是几不可闻呢？然而，没有人会对出于被迫而非自愿的恩惠心存感激。有谁会对他人居高临下式的施舍，以及恶狠狠扔过来的馈赠，又或在被纠缠不休后为息事宁人而给予的恩惠心存感激呢？如果有谁会希望一个在求告中精疲力竭、希望屡屡破灭的人心存感激，那他一定是在自欺欺人。接受恩惠的人也在领受施惠者的心意，因此我们不应随意施恩惠；因为从一个不像话的赠予者那里获益的人只会感谢他自己。对于施惠我们也不能拖拖拉拉，因为在每一次施惠中施予者的意愿都是非常重要的；拖延只能表明你一直就根本不想给。就施惠而言，最重要的是不能带有侮辱性；因为人性的特征是，伤害与善待相比起来沉淀得更深；受到善待在意识中会飞速消逝，而所受的伤害却永远留在记忆中。一个在提供帮助的同时当众污辱人的人，又能期待得到什么呢？如果你能宽恕这样一个"帮助"过你的人，那么你的感激就已经足够了。

然而，众多忘恩者的存在并不能成为我们不再慷慨的理由。因为首先，正如我所说的，是我们自己增加了忘恩者的数量；其次，即使是神灵也对那些渎神者和对神冷漠者充满了绵绵不绝的仁慈。因为神只依其本性行事，他们无所不在的恩惠甚至惠及那些贬低其福祉的人。在我们凡人的能力范围内，让我们以此为准则吧；让我们馈赠而不是投资吧。施惠时想到回报的人注定要受到欺骗。不要光想好心没好报的事。想想看：我们的老婆孩子常常让我们失望，然而我们依旧娶妻生子；我们在屡遭挫折后还是无怨无悔,战败者还是会再次出征,遭遇海难者还是继续出航。那么,施惠的人难道不是更应该持之以恒吗?一个人仅仅因为得不到回报就不再行善,那他就是施恩图报,就给了忘恩者一个借口,而忘恩者的卑鄙之处就在于找借口逃避回报。有多少人不配看到阳光!但太阳照样升起。有多少人为来到这个世界而抱怨啊!然而自然依旧孕育着新的生命,哪怕有些人情愿不出世,她也大肚能容。不求摘得善行的果实,但求行善本身。即便在遭遇恶人之后仍然不忘找寻善人——这是真正优秀而高贵的好人的标志。要是没有恶棍,帮助大家又有什么光荣可言?但是,美德正是在于在没有回报保证的情况下施予恩惠,而且,这一善行的果实已经立刻为高贵的灵魂所品尝。千真万确,我们不应该让这种想法改变初衷,减少我们做善事的可能性;即使我不再对找到一个感恩图报的人心存希望,情愿没有回报也不应该不去行善,否则就意味着抢在忘恩者前面犯错。我会解释这是什么意思的。不回报的人犯错大,不施惠的人犯错早。

> 如果可以随意浪费你的恩惠,你就对大众施惠;
> 你会失去许多,但是你总会帮对一人。①

这段诗的第一句有两点是可以批评的:因为一方面恩惠是不能滥施的,另一方面,浪费任何东西都是错误的,尤其是恩惠;如果你的恩惠是不加分辨地随意给出去的,那么它将不再是"恩惠",你可以用你喜欢的任何其他名称称呼它。第二句诗的观点是对的:一份恰到好处的恩惠可以弥补大量滥施的恩惠的损失。但是,我恳求你考虑这样一个看法:鼓励施惠者在没有找对任何受惠者的情况下继续施惠,这岂不是更符合真理,并且与施惠者的慷慨心灵更为匹配呢?因为"你必然失去

---

① 这句诗的作者不详。

许多"的观点是错误的；什么都没有失去，只有记账的人才会有损失。对恩惠而言，这笔账很简单——这些东西都付出了；如果有回报，那是净收获，没有回报，也不是什么损失。我是为了送人而送人的。没有人为自己的善行记账，也没有人像贪婪的收租者一样在固定的时日索要租金。善人只有在收到回报时才会想起他曾经做过好事。否则，行善就变成了放贷。把行善看作一项投资，就是放贷赚取不光彩的利息。不管你以前善行的结果怎样，继续行善吧；即使一不小心落入了忘恩者之手，这也是更好的选择，因为也许有一天他们会因为羞耻心，或是偶然的机遇，又或是看样学样而懂得感恩。不要犹豫厌倦，完成你的任务吧，做一个好人该做的事。用你的金钱、信用、影响力、建议和金玉良言去帮助不同的人吧。即使野兽也能感受人对它们的善意，没有动物会如此野蛮，以至于你对它的关怀不能使它驯服，使它依恋你。狮子会让管理员安全地清洁口腔，暴躁的大象为了食物会像奴隶一样驯服；即便动物在天性上不能理解和判定善行，它也会被持之以恒的善待征服。一个人忘了一次恩吗？下次也许就不会了。他已经忘了两次吗？也许第三次蒙恩就能令他想起以前所受的其他恩惠。

  一个过急地认为自己的恩惠白费了的人，他的恩惠当真也就白费了；但是，如果他坚持源源不断地行善，那么即便是铁石心肠和粗枝大叶的人也会心怀感激的。面对不断到来的恩惠，忘恩者甚至不敢睁开眼睛。为了忘掉恩惠，他转过头去；但是不管他转向哪里，都用你的恩惠包围他吧，这样他就处处都看到你了。

  对于这些东西的性质我将稍后叙述。现在请允许我暂时离题，问一个看上去无关的问题：为什么美惠女神（Graces）是三个人，为什么她们是姐妹？为什么她们要手牵手？为什么她们面带微笑，充满了青春的活力并且是童贞女？为什么她们穿着宽松透明的衣服？有人认为，她们中一个代表了施惠，一个代表了受惠，另一个代表了报恩；另有人认为她们代表施惠者分为三种——施惠的，报恩的，既赢得恩惠又报恩的。

两种解释你可以任选一种；但是了解这些事情的意义又在哪里呢？为什么三姐妹手牵手围成一个回归圈跳舞呢？因为恩惠在经过一次又一次传递后又回到了施惠者手中；整个过程只要有一次中断就会破坏整个链条的美感，而持续不断地有序进行，就是最美丽的。然而在这一舞蹈中，大姐有着特别的荣耀，正如那些施惠者一样。她们容光焕发，正如那些施惠者和受惠者通常的表情一样。她们如此年轻，这是因为关于恩惠的记忆是不该变老的。她们守身如玉，这是因为在所有人的眼里恩惠是如此的圣洁而一尘不染；她们穿着宽松的衣服，这是因为恩惠理应不受任何束缚；衣服的透明则象征着恩惠希望被人看到。一切都那么贴切。

那些盲从古希腊文化的人会说这一切都是当然之理；但是没有人会想到：赫西阿德（Hesiod）给恩惠女神取的名字会和我们的主题有任何关系。他管大姐叫阿格拉伊亚（Aglaia），二姐叫欧佛洛绪涅（Euphrosyne），小妹叫塔利亚（Thalia）。许多人都曲解这些名字的含义来迎合自己的看法，并使之符合某些理论，尽管赫西阿德只不过是随心所欲给她们取名的。因此荷马改变了其中一位的名字，叫她巴西特亚（Pasithea），并让其结婚，以显示她们虽然是处女，但是也不是终身不嫁的女祭司。在另一个人的诗中，她们身着紧身衣并穿着由厚织物或佛里克索斯羊毛①编成的长袍。而且，墨丘利和她们站在一起，其原因也不是因为雄辩要求恩惠的回报，只不过是因为画家想这么画而已。

以机智闻名的克吕西波（Chrysippus）②据说非常聪慧，能洞察真理的内核，他讲话有的放矢，言简意赅——然而这个人把这些幼稚的东西填满了他的书，以至于他几乎没有说到施惠、受惠和报恩的责任本身；他的虚构故事没有为他的学说增光添彩；恰恰相反，他的学说倒淹没在虚构故事之中。因为先不提海卡顿（Hecaton）从他那里抄来的东

---

① 该用法来自于佛里克索斯和金羊毛的故事。
② 克吕西波是早期斯多亚学派的主要理论家。

西，克吕西波说恩惠女神是朱庇特和欧律诺墨（Eurynome）的女儿；她们比时光三女神还年轻，长得更加美丽，因此还被指定为维纳斯的游伴。在他看来，她们母亲的名字也有一些相关含义，她之所以叫"欧律诺墨"，是因为大量施惠者必然拥有大量财富①；这人好像当真以为母亲通常跟着女儿取名字，或是以为诗人说的名字会是真实的一样！事实上，"命名人"总是靠大胆弥补他的健忘，在叫不出别人真实名字的时候随便捏造一个；同样，诗人们也认为说出真理是无关紧要的，他们要么为节律所迫、要么被声音的美感迷惑，就给每个人取个恰好能嵌入诗句的名字。取一个前所未有的新名字也不会让他们感到有伤大雅的；下一个诗人就会随心所欲地再取新名字。为了证明这一点，让我们来看一下我们特别关注的塔利亚吧，在赫西阿德那里她叫塔利亚，而在荷马那里她叫缪斯（Muse）。

　　为了避免犯我正在批评的错误，我将停止探讨这些问题，它们离主题太远了，可以说毫无关联。要是有人指责我贬低克吕西波时，只有请你为我辩护。他无疑是一个伟大的人物，然而他毕竟是一个希腊人，他极为聪明，辩才无碍，但是过于尖细者容易弯曲，反而会刺伤自己；在他的智慧看起来全力出击之时，实际上却什么也没有刺穿，只是在外面戳戳捣捣而已。但是，在这里的主题上，小聪明又有什么用呢？

　　我们讨论的是恩惠，探讨的是构成人类社会的首要联系纽带；我们需要确定行为准则，以避免将盲目滥施视作慷慨，当然也要避免过于谨小慎微而有失慷慨；我们的慷慨既不能过多也不能过少。我们应该学会心甘情愿地施惠、心甘情愿地受惠和心甘情愿地报恩，并且把在行动和精神上超越我们的恩人设定为崇高目标，而不仅是做到和他一样；因为欠恩者永远报不了恩，除非他能超过恩人；我们要学会：施惠者不应对恩惠记账讨债，受惠者的感恩也应超过欠账数额。为了鼓励我们参与到

---

① 欧律诺墨的原意是"大海的女儿""宽阔"。

这场光荣的行善竞赛中来,克吕西波告诉我们,鉴于恩惠女神是朱庇特的女儿,我们应该担心,如果我们缺乏感恩之心,将可能犯渎神罪和冒犯这些如此美丽的女孩!请教给我更能行善、更能感恩的秘密,请告诉我这两者的心境如何能互相竞赛的秘密,它们竞相忘记给予他人的恩惠,永远记住他人所给予的恩惠。至于那些荒唐故事,就把它们留给诗人吧,诗人只想取悦于人们的耳朵,杜撰好看的故事。但也有人希望治愈人类的灵魂,希望在待人接物时保有诚信,希望每个人都能永远铭记他人的恩惠——就让这些人慷慨陈词,奋力实践吧;除非你相信凭着轻描淡写的神话故事和老妇人的道理就能够力挽狂澜,避免最可怕的事情——忘恩负义——的发生。

但是,在跳过这些无益的和不相关的问题后,我必须指出:我们首先要知道的问题乃是:当我们受惠时究竟欠了他人什么。得到钱的说是钱,得到执政官职位的说是执政官职位,得到祭司职位的说是祭司职位,得到行省管理权的说是行省管理权。但这些东西是恩惠的记号,而不是恩惠本身。恩惠是不可能伸手触及的,它存在于心灵之中。在恩惠的物质载体和恩惠本身之间,有着很大的差别;因此金银或诸如此类被人看重的东西并非恩惠,唯有施惠者的好意才形成恩惠。但是,无知者只认看得见、摸得着和握得住的东西,不重视真正稀有和珍贵的东西。我们握在手里、看在眼里和妄图占有的东西都终将消失;厄运和不公都能夺走它们。但是恩惠在体现它的外在之物消失之后仍能存在;因为行善是一种道德行为,没有力量能使它消失。

如果我把一个朋友从海盗手里救出来,但是后来他又被其他对头捉住关进了监狱,那么他并没有失去我的恩情,只是已不能享用它罢了。如果我把某人的孩子们从沉船或大火中救出来,但是之后他们又被疾病或厄运夺走,那么,即使他们已经不复存在,施予他们身上的恩惠依然存在。因此,所有那些被误称为"恩惠"的东西只是体现好意的工具而已。其他事情也是一样——形式是一回事,实质又是另一回事。将军会奖励给士兵金胸链、城冠奖章或公民桂冠。但是桂冠本身有什么价值呢？紫色镶边的长袍呢？权威的束棒呢？法庭和战车呢？这里没有一样东西是荣誉本身，它们只不过是荣誉的象征罢了。同样地，我们能看到的东西也不是恩惠——那不过是恩惠的痕迹和记号。

  那么恩惠究竟是什么呢？它是给别人快乐并以此给自己带来快乐的行为，而且是自愿自发而为的。因此，重要的不是做了什么和给予了什么，而是行动的精神实质，因为恩惠并不在于这些东西，而在于行动者和给予者的心灵。这种显著的区别，可以用一句话来把握：善行无疑是好的，而所做的事和所给予的东西却谈不上好与不好。心意既可以提升小礼物的价值，给不起眼的东西染上光辉，也可以使庞大贵重的东西贬值；人们所需求的东西的性质是中性的，谈不上好和不好；一切取决于目的，主导精神原则赋予物质以形式。可以付价和传递的东西不是恩惠，这就像献给神的荣耀不在于牺牲的祭品，尽管它们肥肥的，金光闪闪的，而在于崇拜者的一片圣洁的诚心。因此，好人用玉米粉和稀粥就能表达虔敬；相反，恶人即使用许多牺牲的鲜血涂满祭坛也不能洗脱不敬神的罪名。

  如果恩惠不是存在于行善的愿望中，而是存在于物品中，那么礼物越多恩惠也就越大了。但这不是真的，因为有时我们会觉得，源自于伟大心灵的小礼物对我们而言是更大的恩惠，"他的精神抵得上国王的财富"，他给得很少但给得乐意，他关注我的困苦，却忘了自己的难处，他不仅愿意而且渴望帮助他人，他把施惠看作受恩，他施予却不求回报；他收到回报时早已忘记了曾经施惠；他时时关注并及时抓住帮助别人的机会。另一方面，正如我以前说过的，有些恩惠尽管从物质上或表面上看起来不错，但或是施者出于勉强才拿出或是出于无心之举，那就不能要求别人的感激了。心甘情愿地施予会比大量地施予赢得更多的感激之情。某人给我的恩惠很小，但是他已经无力给得更多；另一个人给我的恩惠很大，但是他犹豫、拖延、抱怨，在施舍中傲慢跋扈，并四处宣扬，他想取悦的人并不是他要帮的人——他的施予并不是为了我，而是为了自己的骄傲。

从前，苏格拉底的学生经常送他礼物，每个人都依据自己的财力行事；一个名叫埃斯基涅斯（Aeschines）的穷学生对苏格拉底说："我不能给你任何配得上你的东西，我发现自己原来是一个穷人。因此我给你我唯一拥有的东西——我自己。这个礼物，请你笑纳，并且记住，其他人给了你很多东西，但他们留给自己的更多。"苏格拉底说："这怎么不是一份厚礼呢？——除非你认为自己的价值很小。因此，我将用心使你变得更好，来作为回报。"通过这份礼物，埃斯基涅斯超越了亚西比德和赠送苏格拉底厚礼的富家子们，而亚西比德的心灵和他的财富是相匹配的。

你看到了，即使在赤贫中也是有办法慷慨的。在我看来，埃斯基涅斯的意思是："哦，财富啊！你让我贫穷是白费心机的，我尽管清贫，也将找到一件配得上这位伟人的礼物，既然我不能从你那里拿给他，那我就从自己这里给他。"你也没有任何理由认为他看轻自己：他认为他的价值就是他自己。他真聪明，这个年轻人找到了一个把自己呈送给苏格拉底的办法！我们应该关心的不是恩惠的大小，而是施惠者的心意。

让野心勃勃的人容易接近的富人是精明的，口碑一定不错，虽然他不想帮这些人，但他会鼓励他们的幻想；但是，如果他言辞刻薄，表情严肃，名誉就会受损；如果他还炫耀自己的好运，这些人就会投来忌妒的目光。因为他们表面讨好，暗地里却厌恶成功者，他们憎恨他做那些自己如果走运的话也会做的事。

今日人们甚至不加掩饰地嘲笑别人的妻子，然后再向对方交出自己的妻子。如果一个人禁止他的妻子坐着轿子招摇过市，并四处游荡招来众多的目光，他就被认为是一个不懂礼貌的乡下人，讨人嫌，太太们也会齐声声讨他。如果一个人没有享有登徒子之大名，不给别人的妻子零花钱，太太们就会说他很可怜，品位太低，和女佣私通。于是，通奸成为婚姻最适当的形式,寡妇和单身汉成了时尚。唯一的娶妻者就是拐跑别人妻子的人。而且,人们竞相浪费偷来的东西,并且更为凶猛地聚敛他们贪婪地挥霍掉的财物;他们肆无忌惮;他们嘲笑他人的贫困,特别害怕别人伤害,他们恶言恶行搅乱和平,用暴力和恐惧来欺压弱小。行省被劫掠,审判席被待价而沽,卖给出价最高者,所以并不奇怪,因为万民法规定,你可以出卖任何你所购入的东西!

因为主题诱人,我的激动已经把我带得太远了。因此就让我打住吧,我只想说:不仅仅是我们这一代人深受这种罪恶的困扰。我们的祖先抱怨,我们抱怨,我们的子孙也将抱怨,道德的毁灭,邪恶的横行,人事每况愈下,各种罪恶愈演愈烈。然而,这些事情滞留不去,只像波浪一样荡来荡去,涨潮时深入内陆,退潮时则以低水线为限。有时通奸比其他罪恶更为普遍,贞洁失去她的统治;有时宴饮狂热流行,最可耻的暴殄天物、暴饮暴食的疯狂抓住了每一个人;有时人们对身体过分装饰,对外表美过分关注,这显示了灵魂的丑陋;有时失去控制的自由会变成放纵和专横;有时公众和私人生活中的残忍流行,愚蠢的内战践踏了所有神圣不可侵犯的东西;有时候醉酒也能赢得荣誉,喝酒最多的人成为英雄。

诸恶不会只在一个地方翘首以待,而总是变换形式,互相间纷争不断,经常打乱仗,今天我灭了你,明天它灭了我。但是,我们给自己下的定论总是一样的:我们现在是邪恶的,过去是邪恶的,而且将永远邪恶。杀人犯,僭主,小偷,通奸者,抢劫犯,渎神者,卖国贼,永远层出不穷。但是,比这一切更糟的是忘恩负义的罪行;或者我们应当认为:所有这些罪行都是由忘恩负义而来的,没有它,所有罪孽都不会成气候。

要谨防忘恩负义,把它看成最大的犯罪;但是当别人忘恩时,就把它当作一件最小的事而原谅吧。因为你所有的损失就是浪费了一些礼物,但是你的恩惠本身却没有受到损伤。虽然我们应该优先帮助知恩图报的人，我们也要为那些不太感恩的人做些什么，并且我们还要帮助那些曾经忘恩负义而且大概屡教不改者。举例来说，如果我能把某人的孩子从巨大的危险中解救出来，而自己却毫发无伤，那么我是不会犹豫的。如果是一个值得帮助的人，我将以鲜血为代价保护他，与他共对危险。如果他不值得我去帮，但是只要我喊救命就能帮其摆脱强盗，那么，为了救人我会毫不迟疑地呐喊的。

接下来，我将探讨应该给予什么恩惠和怎样给予恩惠的问题。我们应该首先给予必需的东西，然后是有用的东西，再下来是让人快乐的东西，不过应该是耐久的东西。我们应该从必需品开始；因为维持生活和装点生活的东西留给人的印象是不一样的。面对一件可有可无的礼物，人们在评价时可能会轻视它，他们会说："把它拿回去吧，我不需要；我对我现在拥有的很满意。"有时候，我们不仅想归还收到的东西，甚至想把它扔回去。

在必需的东西当中，首先是那些缺少了它们我们就活不了的东西；其次是那些缺少了它们我们就不应该再活下去的东西；最后是那些缺少了它们我们就不愿再活下去的东西。第一类是这样的：[把人们]从敌人的魔掌中、僭主的怒火中、死刑中以及人生其他各种不测中解救出来。当我们消除别人的这类危险时，危险越大越可怕，我们越受到感激；因为人们想到自己从巨大的灾祸中解脱出来，心有余悸，于是提升了我们善行的价值。然而，我们不能因为恐惧会增添救人的分量而在救人时行动迟缓。接下来要讲的是这类东西：没有它们，我们也能够活下去，但却生不如死，譬如自由、贞洁和良心平安。在这些之后是那些因为亲情血缘和长久的习惯而为我们所珍视热爱的东西，诸如妻子儿女，等等。我们认为失去了这些，比失去生命更为严重。

接下来就是有用的东西了，这类东西多种多样；其中包括金钱（数量不必多），公职和升迁（对于那些有政治抱负的人），因为没有比让自己处于可以利于自己的地位更有用的东西了。

超过这些尺度的东西都是奢侈品，它们会惯坏一个人。对于以上提及的东西，我们应该注意在合适的时候给予别人，而且，不要给平常的东西，我们应该给别人很少拥有的或至少在我们这个时代稀少的东西，这样别人就会更乐于接受了。只要我们在合适的时间和地点出手，那些本身价值不高的东西也会变得可贵。让我们想一下什么东西是我们给了别人以后让他们最开心的，什么东西是别人接受以后爱不释手的，以至于每当看到它时就会想起我们。我们要注意不要送给别人多余的东西，例如，送妇女老人打猎用的武器，送文盲书本，送猎网给专注于学问的人。另一方面，我们也要注意，在送别人礼物时，不要送那些暴露别人弱点的东西，例如送酒给酒鬼，送补药给体弱的人。因为让接受者想起自己缺点的礼物只会使人恼羞成怒。

　　如果行善的选择权在我们自己手中，那么我们一定要选择那些耐久的东西，以便我们的礼物持久耐用。因为很少人会如此铭记恩情，哪怕看不到实物，还会记得自己收到过什么。然而，即使是忘恩者，也会在看到礼物的时候想到我们；如果礼物就在他们的眼皮底下，他们就被逼得无法忘记，并不得不印象常新。因为我们不应提醒别人曾帮过他，就让我们去寻找那些留存时间长的东西吧，就让实物本身去挽回正在逝去的记忆吧。我更愿意送人银器，而不是银币；同样地，我更加愿意送人雕像，而不是衣服之类很快用破的东西。很少有人的感激之情保留的时间会超过实物存在的时间；更多的人只在东西还有用的时候记得它。如果可能，我不希望送给别人的礼物被花费掉；我希望它持续存在，紧紧跟随我的朋友，渗入到他的生活中。

　　没有人会愚蠢到需要被提醒：不要给刚刚组织过公共节庆的人送角斗士和野兽，不要在隆冬送夏装，仲夏送冬衣。在施惠时应该运用常识，一定要考虑到时间、地点和人情，这些将决定礼物是否合适，是否受到欢迎。应该给某人他没有的，而不是他非常富有的东西；给他久觅不得的东西，而不是他随处都能看到的东西，这样的礼物有多么好！礼物不必很昂贵，但是要稀罕少见，这是富人也会笑逐颜开地接受的。这就好像普通的水果，没吃几天我们就吃厌了；但是，如果它们是反季节成熟的，那就令人高兴了。同样地，人们也会对他们从没收到过的，或者是我们从来没有给过别人的礼物赞赏不已。

当马其顿的亚历山大大帝征服东方，骄傲自大地以为自己并非凡人时，科林斯人派出使团向他祝贺，并授予他公民权。亚历山大对这一礼遇笑起来了，于是其中的一位使者对他说："除了你和海格立斯，我们没有给过别人公民权。"亚历山大欣然接受了这一荣誉，而且还好客地、符合礼数地招待了他们。他想的不是谁给了他公民权，而是他们给过谁公民权；亚历山大是荣誉的奴隶，尽管他既不知道它的真实性质，也不知道它的局限性，他仅仅是紧紧地跟着大力神和酒神的步伐，甚至在他们停留的地方也不驻足，他的目光从赐予荣誉的使者那儿移到了自己的与神有份上，就好像他的虚荣心所渴求的天国真的向他打开了，他和大力神平起平坐了！然而这个没有美德、只有鲁莽的、只不过运气好的疯狂的年轻人有哪一点能和大力神相比呢？大力神不为自己而战，他周游世界不是为了贪婪，而是为了解放他征服的国家；他是恶人的天敌，好人的保护神，天地间和平的保卫者。但是亚历山大从孩提时代起就是各民族的掠夺者，是自己的敌人和朋友的苦难的根源，他以恐吓全人类为最高乐趣；他忘记了，并非只有那些猛兽才会让人害怕，就算是那些最为懦弱的动物，只要拥有了致命的毒液也会让人感到害怕。

现在让我回到主题。如果随意给人恩惠，那么你将得不到任何感激；在旅店里没人会觉得自己是店主的客人，而在一个公共宴会上没有人觉得自己是主人最亲密的朋友，他满可以说："请问，他给了我什么恩惠呢？实际情况是，他给了那个他几乎不认识的人同样的东西，他还给了他的敌人——一个臭名昭著的人——同样的东西。你认为他想给我什么敬意吗？非也！他只不过是在满足自己的虚荣心罢了！"如果你希望别人感激你，就别滥施无度吧——没有人会因为你送给天下所有人的东西中有他一份而对你感激涕零的!

　　希望没有人认为我是在建议限制慷慨;实际上,它能走得越远越好,但是要走在一条正确的道路上,而不是四处徘徊。可以用这样一种方式施惠,让每一个人即使和其他人一起收到礼物,也觉得他与众不同。让每一个人拥有某种表示亲密关系的记号,这样他就能感到自己更受重视。他会说:"某某人和我收到了同样的东西,但是我并没有向施惠者索取过。""某某人和我收到了同样的东西,但是我很快就收到了,他却等待了很长时间。那些人也得到了同样的东西,但是施惠者在给予时说的话不一样,态度也不一样。""某某人是向他要才要到的;我没有要。""某某人收到了一份礼物,但是他能够很轻松地报答,他已行将就木,而且膝下无子无女,没有负担,这让人产生很多的联想①;尽管我得到的东西和他的一样多,但是我实际上得到得更多,因为他没指望我报答。"一个妓女会让每一个情人都觉得自己得到了特别的眷顾;同样地,如果一个人希望自己的善行得到别人的感激,那么他就既要广施恩惠,又要确保每一个收到礼物的人都会觉得自己得到了特别优待。

　　要注意,我这并不是在给行善设置任何障碍。恩惠越是多和好,就越会给施惠者带来荣耀。但是我们要运用自己的判断力,因为随意地、不假思索地施惠,是不会赢得任何人的感激的。因此,如果有人认为我提的这些建议是为了限制慷慨,使它无从伸展的话,那么他就着实误解了我的告诫。除了仁慈,我们斯多亚派更崇敬何种美德呢?我们更倡导什么呢?有谁比宣讲人类友情的斯多亚派更适合为此喝彩呢?那么实情又怎样呢?即使源自于正确的情感,如果不通过慎思而形成美德,头脑的任何冲动也都是不值得称道的,所以我反对慷慨变质为滥施。可以伸手欣然接受的恩惠,乃是理智赠予那些配得上的人的那种,这是我们唯一想展现和承认的,而不是任意冲动地到处抛洒的那种。你会把羞于提

---

① 例如,送礼者可能会垂涎他的遗产。——原注

到的人送给你的礼物称为恩惠吗？当恩惠带给我们的喜悦不是来自于实物本身，更是来自于施惠者，那么这些恩惠是多么宜人啊，多么刻骨铭心，永不忘怀！

克力斯普斯·巴西恩努斯（Crispus Passiennus）以前经常说，从某些人那里我们宁可得到建议，而不是恩惠，从另一些人那里我们宁可得到恩惠，而不是建议；他还举了一个例子说："如果是神圣的奥古斯都，我就会希望得到他的建议，如果是克劳狄乌斯，我就会更希望得到他的恩惠。"我个人认为，我们绝不应该从一个不值得尊重的人那里寻求恩惠。那么，究竟该怎么办呢？难道不应该接受克劳狄乌斯的礼物吗？应该，但仅仅当作幸运之神所送给我们的而已，命运的起伏谁也说不准。我们为什么要区分这两件本性上合二为一的事情呢？如果一份礼物缺失了精华部分——出于慎思判断而施予——那它就不成其为恩惠了。不是出于理智和正确的选择而送来的一大笔钱并不是恩惠，它更像是天上掉下的馅饼。有许多东西我们不妨收下，但是无须回报。

| 第二卷 |

杰出的利玻拉理斯啊，现在让我们检查一下，在第一部分中尚未谈完的主题——施惠的方式。对于这个问题，我可以给出一个捷径——让我们以自己愿意接受的受惠方式对别人施惠。在此当中，最为重要的是，我们在给予的时候要乐意、迅速和毫不犹豫。

那些对于在施惠者手中停留过久的、舍不得拿出的，或者是在给予时一脸忍痛割爱的样子的恩惠，没有人会心存感激。即使有时不得不耽搁一会儿，我们也要千方百计避免出现故意拖延的表情；犹豫几乎相当于拒绝，得不到感激。因为善行中最为暖人心的是行善者的好意，所以行善者如果犹豫，那就表明了他并不情愿，因此他并不是在"给予"，只不过是架不住对方的一再要求，不得不拿出来；实际上，许多人的"慷慨"只不过是由于缺乏拒绝的勇气。激起最多感激的恩惠是那些主动给出，并飞快地到达我们手中的恩惠；如果有延误，那也只是由于接受者的矜持而已。最好的做法是预先就鉴貌辨色，想到各人的愿望，次之是当别人说出愿望时满足它。前者在别人提出要求前解决，所以更好；因为，老实人在不得不向人求助的时候，往往不好意思，难以开口。所以，解脱别人的这一难堪的人，就能使自己的恩惠大为增值。由于自己的要求而得到恩惠的人，并不是白白地得到它；实际上，正如我们最为可敬的祖先所发现的那样，再没有什么东西比由我们的恳求而来的东西更为昂贵的了。如果我们不得不公开对众神起誓，那么起誓前一定会三思而行的。所以，尽管求神是再正确不过的事了，我们在求神时也更愿意在心中默默祈祷。

不得不说"我请求"是令人不安和有压力的，人说这句话的时候，会感到羞愧。你应该让你的朋友或你想交友的人不用说这话；如果是应要求而给予的话，那么不管你给得多么快，也还是迟了一步。因此，我们应该预测每个人的心愿，并且，一旦我们知道了，就不要让对方自己开口；你可以确定，主动给予的恩惠一定会合人心意，并被人记住的。如果我们不够幸运，没能猜出对方的心思，那就打断他的话；这样，我们就显得是本来就想要给的一样。不需请求，只要一经提醒，我们就应该立即答应，并且以迅速的行动来表明，在他要求之前我们就想帮助他了。就像治病取决于进食的合理时间一样，在恰当的时候，白开水也能成为灵丹妙药；不管是多么细小和平常的恩惠，只要你给得迅速，一刻也没有浪费，那么，它就有价值得多，会比那些尽管昂贵，却拖拖拉拉、经过再三考虑之后才送出的恩惠赢得更多的感激之情。行动迅速说明他乐于做这件事；而正是因为他乐意，他的脸上才洋溢着微笑。

许多人或是因为沉默，或是因为支吾其词而毁掉了他们原本的大恩惠，这给人留下了不开心的印象；他们答应别人，但看起来却像是要拒绝。如果善意的行动能够辅之以善意的语言，那该是多么美好啊！让充满人情味的、大方的语言来使礼物锦上添花又是多么美好啊！为了让受恩者因为自己要求慢了而自责，你可以这样谦和地抱怨："我为你迟迟不肯告诉我你的需要而生气，为你如此羞于向我提要求而生气，为你让别人来见证这件事而生气。""我恭喜自己，因为你选中了我来检验友谊；下一次，无论你需要什么，你都直说，这是你应该得到的——这一次我原谅你的害羞。"这样做的结果，是他珍视你的友谊胜过你的礼物，不管他要的是什么东西。施予者的善心好意达到顶点的标志乃是受惠者离开后会这么说："今天我的收获真大；但是，比起用其他方式得到数倍于我讲的那些财物，我更希望遇到这样的好人；他的情操高尚，我永远也报答不完他的恩情。"

然而，依然有很多人因为言辞刺耳、自高自大而让自己的恩惠显得面目可憎，以至于我们在遭受这种待遇之后，后悔接受了他们的嗟来之食。另外，在他们作出承诺之后，一系列的拖延也接踵而来；而再也没有比不得不讨要别人已经答应给的东西更让人难堪了。恩惠应当当场施予。但是对一些人而言，承诺易，兑现难。于是，你不得不先求人去提醒他履行承诺，再求另一个人去做完这件事；在经过许多人的手之后，一份简单的礼物变得破烂不堪了。因此，给予者得不到多少感激，因为我们后来请的说情人都要分走一部分感激之情。因此，如果你希望自己的善行能被人感激，那就注意要履行承诺，就像谚语说的那样"不折不扣"。不让人拦截，不让人妨碍；就施惠而言，如果别人也从中得到感激，那势必会减少你应得的那部分。

再没有比漫长的等待更让人痛苦的了；较之于一拖再拖，一些人更能平静地对待希望破灭。然而，许多人会陷入这样一种错误之中，他们认为只要不断地拖延履行承诺，那么向他们求助的人的数量就会大为增加。由此可见，他们的用心是一己之虚荣；这就像皇室廷臣一样，他们喜欢能延长自己的高傲的大排场，他们一定要让每个人都长时间地看到自己是如何大权在握，非此不足以感到自满。他们做事从不及时，从不一次做完。他们伤害人时出手很快，他们的恩惠总是姗姗来迟。因此，你可以相信，以下这位喜剧诗人的话是绝对正确的："你不知道吗？——你越是拖延，我的感激之心离你越远。"

还有人义愤填膺地大骂："要做就做，不做拉倒。"还有："没有东西会这么昂贵的，要经过这么多麻烦才给；我情愿你干脆不答应。"当一个人为了等待恩惠而精疲力竭，并且开始厌恶的时候，他还会心存感激吗？就像延长惩罚是最为残忍的，快速地处决犯人在某种意义上也是一种仁慈，因为极刑也就终止了折磨。在死刑中，最糟糕的部分是行刑之前的间隔；同样，就恩惠而言，权衡的时间越短，得到的感激也就越多。即便是等待恩赐也会让人不安；大部分的恩惠都是以助人脱离困境为目的，因此，如果在可以立刻使他人解脱的情况下，仍然让他长时间地备受煎熬，或者是让他迟迟得不到获救的喜悦，那么，施惠者就是在作践自己的恩惠。慷慨都是急欲实施的；乐意行动的人都会很快地行动；如果一个人拖延行善，拖了一天又一天，那么他就不是真心的。因此，他就失去了两个宝贵的东西——时间和自己善意的证据；拖延的同意等于不同意。

利玻拉理斯，在每一次行善中，说话和行事的态度都是最重要的部分。迅捷让我们得到很多，拖延让我们失去很多。就像投标枪，尽管所有的枪头都是由相同分量的钢铁制成的，但是用力投出的和失手滑出的打击有着天壤之别；同一把剑既能擦伤也能刺死一个人，关键在于是如何刺出的；同样，尽管给予的东西可能是一样的，给予时的态度却是最为重要的。如果给予者不让我们谢他，在给出时就忘记了他曾经给过，这样的礼物该是多么的宜人和珍贵啊！在施惠于人时谴责对方，那是疯了，这是在善行中加入侮辱。故而，绝不能让我们的恩惠变得让人愤怒，绝不能带着一丝一毫令人不快的东西。即使你有什么想警告你的朋友的，换个时间再说吧。

法比乌斯·委如考苏斯（Fabius Verrucosus）曾说过，由硬心肠的人粗鲁地给予的恩惠，就像是掺着沙砾的面包，饥肠辘辘的人必须接受，但是却难以下咽。

当宫廷侍卫马略·那普斯（Marius Nepos）陷于债务之中，向提比略（Tiberius）皇帝求助的时候，皇帝命令他提供债主的名单；但是，这不是在施惠，而是在纠集债权人。收到名单后，皇帝写信给那普斯，说他已经下令把钱付掉了，信里还夹带了几句难听的批评。结果是那普斯欠了他的人情，但也可以说没有真正地欠；皇帝把他从债务中解脱了出来，但是并没能让他对自己感恩。然而皇帝这么做可能另有所图——我想他是想阻止其他人跑来向他提出同样的要求。那也许是一个通过羞耻感来制止人的贪欲的有效方法，但是一个施惠的人一定要用一种完全不同的方法。为了让你的恩惠更为可人，你应该千方百计地使它吸引人。这位皇帝的态度不是在施惠——而是在责骂。

现在顺便讲另外一点：即便对一个国君来说，为了羞辱别人而施惠也是不恰当的。也许有人会说："然而，即使这样，皇帝也不能摆脱他想回避的东西。因为在这之后，许多人来提同样的要求，而他则命令所有这些人向元老院解释负债的原因。在此之后，他才拨给了他们一定的款项。"但是，这不是慷慨，而是谴责。你可以称这个为救济和皇家补助，但那不是恩惠，因为它令接受者一想起就脸红。传唤我的是法官。为了得到我要求的东西，我必须为此在法庭上辩护。

所有道德问题专家都认为，有必要在一定的条件下公开地施惠，而在其他条件下，则要秘密地施惠。——在接受是荣誉的情况下，例如军功奖章、官职以及其他由于公开而变得更为吸引人的荣誉，我们就要公开地施惠；另一方面，对于那些不能提升一个人的威望，而是解脱别人的病痛、贫穷和耻辱的——我们就应该悄悄地给予，只让受惠者知晓。

有时候，在帮助人的时候还不得不欺骗他，不让他知道是谁帮了他。有一个故事说的是：阿基劳斯（Arcesilaus）有一个朋友，这个人虽然贫穷，却不想让人知道。在他病重无钱维持生计的时候，他还是想瞒着大家，于是阿基劳斯在他不知晓的情况下，在他的枕头底下放了一个钱包，这样，这个过分自尊的人就可以发现——而不是接受——他所需要的东西了。"那又怎么样呢？他不应该知道是谁帮了他吗？"是的。如果这是构成恩惠的要素之一，那么他一开始就一定不能知道；以后，我还会为他做更多的事情，给他更多的礼物，由此他可能会猜出第一次帮他的是谁；最后，尽管他不知道已经接受了帮助，我却知道我帮了他，这岂不更好？"这是不够的。"你会说。如果你认为你正在投资，那当然就不够了；如果你认为那是礼物，你就应该以对接受者最有利的方式送过去。你会满足于自我见证；否则你的快乐就不是来自于施惠，而是来自于让人看到你在施惠。"至少那个人应该知道的!"那么,你想要的就是一个欠你债的。"至少那个人应该知道的!"什么?——如果不知情对他更有利、更可靠和快乐,你还会坚持己见吗?"我要让他知道是我!"那么,你在漆黑一片中就不救人了吗?我并不否认,无论如何我们也应该关注来自受惠者的自愿而来的快乐;但是,如果他需要帮助,却羞于接受,除非保密,我们的恩惠就会使他难堪——那么,我决不会在公报①上刊登我的好人好事!我会注意不让他知道是我帮了他,因为绝不能用恩惠来羞辱别人,甚至提都不要向他提起,这是最为重要的和必不可少的要求。就恩惠而言,有一个对双方都有约束力的规则——一方应立即忘记曾施过惠,另一方则永远不应该忘记曾受过惠。

不断地提起我们的恩惠,对于对方的灵魂来说是一种折磨。在前三头统治下,有一个人曾经被处死刑。恺撒的一位朋友救了他。但是他由于忍受不了恩人的傲慢,大声疾呼:"把我带回到恺撒那里去吧!"如果你一再提起恩惠,那么对方就会像那个人一样大声呼号了。不要一再重复着说:"是我救了你,是我把你从死神手里抢了回来。"如果是我自己记得你的恩惠,那才是真的记得;如果是由于你的提醒才记起的,那并不算数。如果你救我是为了向他人炫耀,那么我什么都不欠你的。你还要拿我炫耀多久呢?你还要让我把自己的不幸放在心里多久呢?如果我是一个战败者,我也只应该在凯旋式中陈列一次!不应该提起我们赠予别人的东西,向对方提起它就是要求对方回报。绝不能喋喋不休,决不能让对方去回想——你想要提醒对方你曾经帮过他吗?办法只有一个,那就是再帮助他一次。

我们也绝不能告诉别人。让施惠者三缄其口吧,让受惠者去说吧。有人四处向别人吹嘘自己的善行,结果受害者回嘴说:"你不会否认你得到了充足的回报。""何时?"另一个人问。"多次了,"受害者回答

---

① 罗马官方每天出版的刊物,在某种程度上相当于我们的报纸。

道,"在许多地方——也就是无论何时何地你提起自己的恩惠时!"你如果四处去说,也会遭到别人如此驳斥的;你有什么必要去提起它呢?有什么必要去抢占别人的权利呢?有人会比你做得更令人信服:你的事迹如果你不说,让别人来说,反而张扬了你的品格。如果你不说,别人就不会知道你做了什么,那么你肯定会认定我是忘恩负义的。错了!不但我们根本就不应该提起它,如果有人当着我们的面提起它,我们就有责任这样回答:"这个人绝对有资格接受更大的恩惠,尽管我想帮他一个大忙,可还没有做到呢。"在你这么说的时候,千万不要有开玩笑的味道,也不要像某些人那样,对心里很喜欢的人表面上却摆出一副要拒绝的架势。

另外,我们必须尽可能地给慷慨涂上可亲的色彩。农民如果在播种之后什么也不干,那么他就会一无所获;庄稼只有精心培育,才会有收成;如果希望苗儿成熟长大,那就要从头到尾精心培植。这一规则也适用于恩惠。还有比父亲对儿女的恩惠更为伟大的吗?但是,如果你在儿女年少时就停止付出,那么一切都将只是徒劳,你必须能以持续的付出来呵护最初的果实。对于其他所有的恩惠而言,这也是同样适用的:如果你不再理会它们,你就会失去它们;仅仅施惠是不够的,还需要呵护。对于那些你施恩的人,如果你希望他们感激你,那么你就必须不仅仅是送出你的恩惠,更要爱他们。首先,如我前面所言,先让别人的耳朵根子清静一点。提醒别人只会让人烦心,指责别人则会遭人怨恨。在施惠的时候,再没有什么东西比傲慢更应该避免的了。为什么要让你的表情看起来像是不屑一顾呢?为什么要让你的话语听起来不可一世呢?行为本身就能提升你的价值。必须停止自吹自擂;即便保持沉默,我们的行动也会替我们说话的。施惠时如果傲慢无礼,那你得到的将不仅仅是忘恩负义,还有别人的厌恶。

盖伊乌斯(Gaius)皇帝给了庞培乌斯·派努斯(Pompeius Pennus)生命,也就是说,不杀他了;庞培乌斯获释之后想要表达谢意，于是皇帝便伸出左脚让其亲吻。有些人试图为他的这种行为开脱，说这不是傲慢的表现，而是想展示他那双镶着珍珠的镀金便鞋——不，是嵌满宝石的纯金便鞋。他们说，如果一个执政官是在亲吻黄金和珍珠的话，这算是什么侮辱呢？因为他在皇帝身上再也找不到更干净的地方了。这个人一生怀着这样一个明确的目的，要把自由国家转变为波斯似的专制国家。他认为一个元老院成员，一个老人，一个担任最高公职的人像被征服者拜倒在征服者脚下一样，当着所有贵族的面拜倒在自己的脚下，还嫌不够！他找到膝下的一块地方，将自由打倒在那里！这难道不是用左脚踩在了国家之上？虽然你或许认为他没有这个意思。他还要把自己的鞋钉戳进元老的脸，好像他在对执政官进行生杀予夺时穿着便鞋这样既可耻又疯狂的举动还不够傲慢！

噢，骄傲啊！鸿运当头时埋下祸根，引来最大的灾难！如果从你那里一无所得，我们该是多么的高兴啊！你把所有的恩惠都变成了伤害！你的行为怎么能得体呀！你把自己捧得越高，摔得也就越重，这也表明你配不上那些让你得意忘形的好运道；你毁掉了所有你给予的东西。我很想问问她，为什么骄傲万分之际表情大异，使她宁愿戴着面具而不是以本来面目示人。如果送礼的人面带温柔和善的表情，虽然他身为上级却不居高临下，而是充满善意，与我平等相待，弃绝一切炫耀，他不待我陷入窘境就及时出手相助，这样接到的礼物无疑让人高兴。要使这些傲慢的人懂得别让傲慢毁掉了自己的恩惠，只有一个办法，那就是向他们说明：恩惠不会因为哗众取宠而变得更为重要；而且，别人也不会因此而高看他们；骄傲是一种幻象，它会把他人的爱意变成仇恨。

有些礼物会危害接受者，就这种情况而言，行善不在于给予，而在于不给；我们应该优先考虑请愿者的利益而不是他们的愿望。人们经常会希望得到有害的东西，而我们的判断力又由于受阻于激情而无法辨别它们的破坏性；但是，当欲望平息，当压倒谨慎的疯狂冲动过去之后，我们又会痛恨那些给我们带来恶果的礼物的赠予者。就像我们不给病人喝冷水，不给悲伤和怒火中烧的人武器，不给疯子任何能伤害自己的东西那样，一般说来，对那些要求得到有害东西的人，我们一定要坚拒，尽管他们会诚恳谦卑地要求，有时甚至是可怜兮兮的。我们应该不仅关注恩惠的开头，还关注其结果；我们的恩惠应该让别人在接受时感到高兴，在接受之后也能感到高兴。有许多人会说："我知道这对他没有什么好处，但是我又能做什么呢？他苦苦哀求，我不能拒绝。这是他自己的事情——要怪只能怪他自己，不能怪我。"不，你错了——他会怪你的，而且他这么做是对的。当他恢复理智，当扰乱其心神的疯狂退却的时候，他怎么能不痛恨那个让他陷于危险境地的人呢？如果请愿者的要求对他们具有毁灭性，屈从这样的要求就是一种残酷的善意。就像违背某人的意愿而解救他的生命是一种可敬的行为一样，给予他人有害的东西也只是源于披着礼貌外衣的仇恨，即便这是接受者自己要求得到的。让我们所施予的恩惠能让接受者在使用中越来越满意吧，就让它们永远不会变得邪恶吧。我不会给一个人钱，如果他要钱是为了用来包养情妇的话；我也不会参与到不光彩的事件或计划中；如果我能够，我会去阻止犯罪；如果我有心无力，那么我也不会助纣为虐。不管一个人是被怒火引上了一条他本不应该走的道路，还是他被勃勃雄心迷惑而离开了安全的路线，我都不会允许他利用我的力量为祸，也不会让他在将来某个时刻有可能这样说："那个人用他的爱毁了我。"在朋友的恩惠和敌人的祈祷之间常常没有什么区别。后者希望毁掉我，而前者的不合时宜的好意恰恰也会毁掉我。然而，正如经常发生的那样，还有比在恩惠和仇恨之间没有区别更让人汗颜的吗？

让我们永远不要施予给我们带来耻辱的恩惠吧。既然友谊的全部意义在于朋友和我们自己平等相待，那么我们就必须要同时考虑双方的利益。如果他需要，我会帮助他的，但是不能搞得我自己也需要别人的帮助；在他破产的关头，我会帮助他的，但是不能搞得自己也处于破产境地，除非我这样做能够挽救一个伟人，或者是一项伟大的事业。如果某样东西是我羞于向他人要求的,那么我就不会给别人。我既不会夸大小恩惠的价值,也不会错认大恩大德为小恩小惠;把施惠当作放贷的人会毁掉所有的感激之情;你只要让对方清楚认识到自己恩惠的价值,你的礼物就会发挥最大作用。我们每一个人都应该衡量自己的资源和能力,以避免在施惠时过度或不及。我们还应该考虑受惠者的品质,因为某些礼物送给大人物则显得寒酸,而某些礼物对小人物而言则显得过于贵重了。你应该比较馈赠和接受双方的品质,由此评估礼物的价值,注意对施惠者而言,礼物不能过轻或过重;对受惠者而言,不至于因为礼物太轻而看不上眼,或是因为太重而惶恐不安。

亚历山大心智不正常,满脑袋浮夸的计划,他曾经拿一整座城市送人。当接受者衡量自己的身份后,说自己不般配,怕招来忌妒之心。亚历山大回应说:"我问的不是你适合接受什么,而是我适合给予什么。"这话听起来神气活现,有王者气度,实则愚蠢至极。因为在礼物本身中并没有决定它适合于谁的东西;这完全决定于施予者和接受者——还有送礼时间、理由和地点,等等,离开这一切细节,一切都免谈。如果这份礼物不适合那个接受者,那么它也不适于你送人。人的品质和他的职位应当相称,而且美德处处在于有度,过多和过少同样都是错误的。即使命运之神把你抬到了这样一个位置,使你有权把一座座城市作为赏赐物(但是,如果你当初不去攻占和浪费它们,那么要高尚得多),然而,有人由于过于渺小,还是不能把一整座城市放进自己的口袋!

某个犬儒学派的人曾经向安提柯要一塔连特①的钱;他所得到的回答是:一个犬儒学派的人不应该要求这么多。在遭到拒绝后,他又要一个小银币。得到的回答是:给予这样少的东西是与帝王的身份不符的。"这种诡辩,"有人会说,"是最不体面的;国王找到了一种拒绝给予的方法。对于银币,他只想到了国王的地位;对于一塔连特,他只想到了

---

① 塔连特,古罗马的钱币单位。——译者注

犬儒学派的身份,尽管他既可以基于犬儒学派的身份而让他接受一个银币,又可以基于国王的地位而给他一塔连特。姑且认为某些礼物对于犬儒学派的人而言是过于贵重了,但是一个高尚的帝王不会因为任何东西太小,以至于不能赐予。"如果你问我的意见,那么我可以告诉你,我认为国王是对的。一个鄙视金钱的人开口向别人要钱,这是不能容忍的。你们犬儒学派的人公开宣称憎恶金钱,已经选择了这一角色——那就必须扮演它。对他而言,以清贫的方式挣钱是言行不一。我想使用一个克吕西波从球类游戏中得出的类比。如果球掉到地上,那么毫无疑问,这不是投球手的责任就是接球手的责任;游戏只有在双方正确地投球和接球时才能继续。好的选手必须既有办法把球扔给离他较远的同伴,也有办法把球扔给身边的同伴。对于恩惠而言,这也是一样的。它必须能够同时适合于施惠者和受惠者双方,不然的话,它就不会以恰当的方式离开施惠者的手而来到受惠者的手里。如果我们和高手一起玩球,那么我们投球的时候就会更轻松,因为不管我们投得怎么样,他都有办法把球投回来;如果和新手玩,我们就不敢投得太用力,以便于让对方容易接到。当球扔回时,我们也会跑过去接。同样,我们也要这样来对待恩惠。虽然有些人有待提高,但是只要他们乐于大胆地尝试,我们就应该表示满意。但是,我们自己往往是别人忘恩负义的主要原因,我们促使他们忘恩,就好像我们的恩惠只有因为不可能得到回报才变得伟大一样!这就好像心怀恶意的选手故意为难同伴,损害比赛,因为游戏只有在合作精神下才能进行。有许多人天生反常,宁肯失去给予别人的东西,就是不愿接受回报——因为他们自负,喜欢让别人欠他们的人情。但是让接受者做他们应该做的事,鼓励人们回报,友善地解释他们所做的所有事情,好像回报别人一样热心接受他人的谢意,相信受惠者希望尽心尽力地回报,是多么美好、多么友善的事情啊!一个放贷者会因为讨债过头而令人厌恶,同样地,如果他在接受别人的还款上制造麻烦,刻意拖延,那么他的名声也不会好到哪里去。就恩惠而言,接受回报是对的，这就如同要求回报是错的一样。一个人如果给得乐意，从不要求回报，对别人的回报能很高兴地接受，真心地忘记了曾经给出，所以他把别人的回报当成恩惠来接受，那么他就是最好的。

有些人不但施惠时傲慢，受惠时也这样，这是一个不该犯的错误。现在让我转到主题的另一个方面，探讨一个人在受惠时应该怎么做这一问题。

在任何一项涉及两个人的义务中，对双方的要求是同等的。当你思考了怎么做父亲时，你会发现怎么做儿子也是同等重要的问题；为人夫当然是要承担某些责任的，然而为人妻的责任也不会轻一些。他们双方同样给出和接受，都需要一个相似的行为准则，但是正如海卡顿所说的，这样的准则很难遵循。因为美德总是难以获得的，甚至要接近美德也不是一件易事。光做美德的事情是不够的，还要在原则的指导下做。在整条人生之路中，我们一定要让理性作为向导，我们所有的行为不论大小都要听从它的教导；要按照理性发出的指令施惠和接受。

理性的第一条戒律是：我们没有必要接受所有人的恩惠。那么我们应该接受谁的恩惠呢？简明的回答是：那些我们帮助过的人。让我们看一下，是否挑选我们可以接受其恩惠的人比发现可以对他施恩的人更需要辨别力。因为即使不会发生不幸的后果（事实上，常常发生许多不幸的后果），受惠于你不想欠情的人还是一种痛苦的煎熬；另一方面，从即使伤害了你、你依然会喜欢他的人那里受惠是非常令人高兴的，特别是在他的友谊中有一种牢靠的快乐。对谦恭而诚实的人来说，有责任去爱不能给他带来快乐的人是一种最大的不幸。我必须再三提醒你，我不是在说那些完美的贤哲，对他们而言所有的责任都意味着愉悦，他们是自己情绪的主人，可以决定为自己立法并服从。我所说的是那个尽管不完美，却渴望踏上完美之路的人，他的激情经常不愿服从他的意志。因此，选择我希望从他那儿受惠的人是必要的。实际上，较之于选择债主，我们在选择恩人的时候要更为仔细。因为对于债主我只需还清欠他的款项就可以了,而且在归还之后,我就清偿了所有的债务,获得了自由;但是对恩人我必须得付出额外的东西;即便在回报之后,我和恩人之间的联系依然存在;因为就在我刚回报完之后,友谊的存在又让我重新开始回报;就像我不愿承认一个不值得我与之相交的人是我的朋友一样,我也不愿承认一个配不上最为神圣的恩惠的特权的人是我的恩人,友谊就是由这种特权产生的。"但是,"你回答说,"我并不是总是可以说'我不要'的。有时候我不得不违背自己的意志去接受一份恩惠。如果给予者是一个残忍的、脾气火暴的暴君,他会认为拒收他的礼物是对他的冒犯,我能不要他的礼物吗?类似地,想象一下对方是土匪,或者海盗,又或者是一个有着强盗土匪脾气的国王。我应该怎么做呢?这样一个人难道不算一个我可以从他那里受惠的人吗?"在我说你必须选择自己的恩人的时候,我排除了强制力和恐惧的情况,因为它们把所有的选择都毁灭了。但是,如果你是自由的,可以由你自己来决定是否接受礼物,那么你就应该在心里衡量这件事;如果客观情势剥夺了所有选择的可能性,那么你会意识到,你已经不是接受恩惠,而是服从命令。没有人会由于接受了自己无力拒绝的东西而负有回报的义务;如果你想了解我是否愿意,那么就请你给我表达异议的可能性吧。"但如果他救你的命呢?"如果不是自愿地给予和自愿地接受,那么礼物是什么东西就不再重要了;虽然你救了我,但是这不是你成为我救命恩人的理由。毒药有时也能救人,但这不是它成为有益健康的理由。有些东西是有利于我们的,但是却没有让我们承担回报的义务。一个打算刺杀某位僭主的人用剑刺穿了他身上的一个肿块,然而他并不会因此而得到僭主的感谢,尽管他这一剑治好了连外科医生都不敢动刀治疗的疾病。

你看,行动本身并不是很重要的,因为很显然,一个心怀恶意却歪打正着的人并没有给予我们恩惠;这种恩惠是由偶然性造成的,而那个人的本意却在伤害。我曾在竞技场上看见一头狮子,它认出某个角斗士是它从前的管理员,于是保护他不受其他野兽的攻击。那么野兽的帮助能算是恩惠吗？绝不可能，因为它这么做的时候既没有意志，也不是出于良好动机。这头狮子和你谈到的僭主属于同一范畴——两者都救了一个人的命，但都不是施惠。既然被迫接受的东西不能被称为恩惠，那么那些违背我的意愿使我对某人负有回报义务的东西也不能被称为恩惠。你应该先给我自我选择的权利，然后再给我恩惠。

人们争论这一问题：马库斯·布鲁图斯（Marcus Brutus）是否应该接受恺撒的赦免而活下去，要知道他已经决定要杀死恺撒。对于他要杀恺撒的原因在其他地方谈。尽管在其他方面他是一个伟人，但在这件事上我认为他犯了严重的错误，没有能够按照斯多亚学派的教导行事。或者是因为他被"皇帝"的名字吓倒了，尽管在一个公正的皇帝的统治下，国家会兴旺发达；或者是因为他希望国王和奴隶都能获益颇丰的国家，自由还能够依旧存在；或者是因为他认为在古风尽失之后，国家早先的政体还能恢复；或者是因为他认为在其曾经目睹成千上万的人靠斗争决定成为哪一个人的奴隶，而不是决定是否做奴隶的地方，公民权利的平等依然能存在，法律还会保持公正！实际上，他对自然人性和自己国家的历史是多么的健忘啊，他认为谋杀了一个专制者之后，就不会再有其他人怀有相同的目标了——尽管在这么多皇帝被刀剑或雷电杀死之后，依然会出现一个塔奎因（Tarquin）统治！但是布鲁图斯应该接受恺撒的赦免而活下来，尽管他不必因此视恺撒为父亲，因为恺撒是通过破坏公正而获得施惠大权的；因为一个人没杀你，并非就救了你的性命，他所给予的只是放了你而已。①

一个受到更多争议的问题是：如果一个俘虏的赎身钱来自于恶棍，那么这个俘虏将怎样做。我能让一个卑鄙小人救我吗？如果他已经救了我，我应该怎么样来回报他呢？我应该跟卑鄙下流的家伙和平共处吗？可是我应该不和救我的人在一起吗？我会告诉你我怎么做：即使是对这

---

① 这可能比喻罗马人对角斗士的处理习惯。

样一个人，我也会接受他的钱以获得自由。但是我在接受的时候把它当作借款，而不是恩惠；我会把钱还给他的；另外，当我有机会把他从险境中救出来时，我会救他的。至于友谊，这可是一种平等人之间的关系，对这样的人我是不会俯就为友的；我也不会把他当作一个救命恩人，而是当作一个放贷者，我必须要做的就是还清他所借给我的款项。

一个值得我受惠的人有可能在给我恩惠的时候伤害他自己。如果他帮助我会给他带来不便甚至危险，那么我是不会接受的。想象一下这种情况，即他愿意在审判中替我辩护，但是他会因此而成为国王的敌人。如果他愿意为我冒险，我却不做更容易的事——独自承担危险的话，那么我就是他的敌人。

关于这一点，海卡顿曾引用了阿基劳斯的一个愚蠢的例子，但是并不能说明问题。他说阿基劳斯拒收了一个人给他的一笔钱，以免冒犯那个人小气的父亲。但是拒绝接受偷来的东西，仅仅是拒收而不是归还，又有什么值得赞美的呢？拒绝接受别人的财产作为礼物又能体现什么自制力呢？如果需要以一个高贵的人作为例子，那么就让我们选择朱里乌斯·格拉齐努斯（Julius Graecinus）吧。恺撒杀了他，仅仅因为这位暴君不想看到比自己更优秀的人。他接受朋友们的捐赠来维持公众游戏活动的开销，却拒收了法比乌斯·波斯库斯（Fabius Persicus）赠送的一大笔钱；当那些不考虑赠送者而只考虑赠送的东西的人指责他拒收了那笔钱的时候，他答道："我连和这个人喝一杯酒都不肯，还会从他那里受惠吗？"有一个叫莱比卢斯（Rebilus）的执政官，他的名声同样很坏，曾送过他数目更大的一笔钱，他坚持命令格拉齐努斯收下那笔钱，得到的回答是："很抱歉。但是我也拒收波斯库斯送的钱了。"这是在接受礼物，还是在挑选元老呢？

在决定了应该接受礼物之后，就让我们愉快地接受它，表现出我们的喜悦，并让给予者看到，这样他的善意就能够得到即刻的回报。看到朋友幸福，我们也就有充分的理由高兴，当然，最好是让他获得幸福。

让我们通过公开表达感激之情来表示礼物是多么美好，不但要让施惠者听到，还要让所有人听到。在受惠时心存感激之情，那就已经偿还了第一笔债务。

有些人不愿意接受恩惠，除非你能在私底下给予他恩惠。他们既不喜欢有东西证明其受过惠，也不喜欢让别人知道。但这些都是错误的。给予者应当可以陶醉于他的恩惠对收礼人的帮助，因此接受者应该公开接受。耻于承认的礼物，本来就不应该接受。有人在角落里或在某人的耳朵旁偷偷地道谢；这不是谨慎，而是变相拒绝回报；一个人如果只在旁无他人的情况下才会道谢，那就表示他是一个忘恩负义的人。有人反对对其受惠情况所作的记录，拒绝聘请代理人，拒绝见证人，只想在收据上签自己的名字。这些人和那些竭尽全力隐瞒曾受过惠的人属于同一类别。他们不愿公开受惠，是因为害怕别人说他们的成功靠他人帮助，不靠自己。他们很少去见那些救了自己的命或帮了大忙的人，这一来，他们虽然避开了依靠他人之名，却成了忘恩负义者。

还有人最贬低对他们最好的人。对某些人而言，冒犯他们比帮助他们更为安全。因为他们讨厌欠人情，于是摆出一副对别人无所亏欠的样子。尽管他们要做的只不过是记住别人提供的帮助，常常回想；因为只有忘记恩惠的人才是不知恩图报的，而记恩本身就是实在地回报了。我们接受恩惠的时候，应该不卑不亢。如果一个人在受惠时表现漠然——而这时应该是恩惠最让人高兴的时候——那么在一开始的精彩冷淡下去后，他会做什么呢？有人在接受恩惠时表示轻蔑，仿佛在说："我真的不需要它，但是既然你坚持要给，那么我就只有服从你了"；另一些人则在接受恩惠时显得无精打采，这就让施惠者怀疑他是否知道已经受惠；还有人在接受恩惠时很少说话，这比保持沉默更显得忘恩负义。

恩惠越大，就越要热忱地表达谢意；可以这样赞美恩人："你自己不知道，你实际上帮了更多的人"（因为每个人都会高兴看到自己的恩惠惠及的范围要比期待的还要广）；"你不知道你究竟给了我什么，但是你应当知道它比你认为的要重要得多"（体现感激之情的办法就是说自己为恩惠无比感动）；"我永远不能报答完你的恩情，但是至少，我走到哪里都不会停止对人诉说我永远也不能报答你的恩情"。

没有什么东西比菲纽斯（Furnius）的话更能赢得奥古斯都皇帝的好意和获得其他恩惠了，当时皇帝答应他饶恕他那支持安东尼的父亲，他说："皇帝，你对我唯一的伤害就是迫使我不论活着还是死了都表达不尽感激之情！"还有东西比无法对自己满意、永远无望报完恩情，更能证明一颗感恩的心呢？

通过以上这类的语言，让我们来清楚地表达而不是隐瞒我们的感激。甚至不必多说，如果我们拥有了应有的感情，感激就会显露在脸上。感恩的人受惠时当场就应该有回报的想法。克吕西波宣称这样的人就像是赛跑运动员，站在起跑线上等候栅栏打开，如果他想超越抢先起跑的对手，那么他就必须显示出过人的力量和速度。

现在，我们必须要思考一下，什么是忘恩负义的主要原因。它或者是自视过高，或是人类固有的偏袒自己及其行为的弱点；或者是贪婪；抑或是忌妒。

我们先讲第一个可能的原因。每一人对自己而言都是一个慷慨的法官。结果就是认为完全是自己赢得了所有收到的东西。他在接受礼物的时候，不但好像别人是在为自己的贡献付酬，而且还认为自己的价值被低估了。"他给了我这个东西，"他说，"但是给得如此之迟，并且还经过了这么多的周折！如果当初我选择向张某某、李某某①求助，那么我得到的该比现在大多少啊！我可没有料到会这样——我已经被他归入大众之中了。在他眼里我真的是这么低贱吗？他还不如对我熟视无睹呢！"

有一个叫格纳乌斯·兰图卢斯（Gangues Lentulus）的占卜官，后

---

① 此处原文"张某某"和"李某某"同为一个单词 so-and-so，意即某某人，为符合中文的习惯，故作此译。——译者注

来被他释放的奴隶弄得一贫如洗,这之前他曾经是一位巨富——这个眼睁睁看着自己四亿元钱的人(我这么说是极其精确的,因为他除了"看"之外什么也做不了!),才识浅薄,心灵可鄙。尽管他是最为吝啬的人,对他来说吐钱还是比吐字容易——他的谈吐太贫乏了!他把他的发达都归于奥古斯都皇帝;他来到奥古斯都身边时,除了顶着一个高贵的名字之外一无所有;然而就在他爬上罗马的首富地位之后,却还常常抱怨奥古斯都诱使他离开了自己的律师学业,他所得到的东西远远没有他由于放弃练习讲演而失去的东西多。然而事实是:奥古斯都皇帝除了给了他其他的恩惠以外,还使他免除了在一个他永远不会成功的行业中可笑地白费力气!

贪婪不让任何人感恩,因为不能自制的贪欲永远不会满足于已经得到的东西,我们得到得越多,想要的也就越多;就像由火焰所引起的火灾越大,火势就越是凶猛和漫无边际;在贪婪被用来聚敛巨额财富的时候,它就会显得空前的活跃。同样地,野心也不让人满足于某个公共荣誉,尽管这曾经是他最大胆的奢望了。没有人会因为做了护民官而表示感谢,而是会因为没有当上地方执政官而抱怨不停;即使当了地方官,如果他还缺少一个执政官职位,那么他还是不会感激;而且尽管他当上了执政官,如果只当一届,那么他还是不满意。他的贪婪总是得寸进尺,而且他看不到自己已经很成功了,因为他从来不看看他从何处开始,只是盯着前面的目标。

但是忌妒的罪恶比所有这些东西都要强大和扰人,它通过攀比搅得我们心神不安。它争辩道:"他给了我这个东西,但是给某某人的更多,给某某人的更早";它也不同情任何人,而是与所有人争宠。但是,看重我们已经得到的恩惠,相信没有人得到的尊敬会超过自尊,这样岂不是更简单、更理智得多吗?"我本该得到更多,但是要他给得更多并不是一件易事;他不得不将其慷慨的施舍物分给其他许多人;这仅仅是开始,让我们欣然接受,用我们的感激之情来激起他更关照我;他迄今为止做得太少了，但是他会更经常地做的；他喜欢某人胜过喜欢我，但是他喜欢我又胜过其他许多人；某某人的为人和功劳不如我，但是他有他的魅力；我的抱怨并不能让我配得更大的帮助，而是使我甚至配不上已经得到的东西。更多的恩惠给了最卑鄙的人而非我，但是这又有什么关系呢？幸运神糊涂的时间远远胜过清醒啊！每天我们都在抱怨坏人兴旺发达；雹灾经常放过罪大恶极之人的田地，却去袭击最正直的人的庄稼；每个人都得忍受自己的命运，这在交友中和在其他事情中都一样。"再大的恩惠也会被恶意挑出茬子，再小的恩惠也能被善意的解释扩充丰盈。如果你只看恩惠不好的一面，那么你永远也不会缺少抱怨的理由。

　　看看人们在评价神的礼物的时候是多么的不公，即使是那些自称是哲学家的人也是这样。他们因为在个头上比不过大象，在速度上比不过小鹿，在轻盈上比不过小鸟，在力量上比不过公牛而抱怨；他们因为海狮有坚韧的皮，鹿皮更加秀丽，熊皮更为厚实，海狸皮更显柔和而抱怨；他们因为狗的嗅觉比我们灵敏，老鹰的视力比我们敏锐，乌鸦的寿命比我们长，许多动物游泳的本领比我们高而抱怨。并且，尽管自然不能容忍某几种品质集中于同一人中，例如速度和力量，然而他们依然将人类不能同时拥有几种不可兼得的品质称为太不公道，还说神忽略了我们，因为我们没有抵御疾病的良好抵抗力和预知未来的知识。他们几乎妄自尊大到了憎恨自然的地步，其理由居然是我们人类低于众神，没有和他们处于平等的地位！但是，如果我们转而关注神给予我们的众多巨大的恩赐，感谢神使得我们能够在这个美丽的地方处于仅次于他们的地位，并且成为大地的主人，这样岂不是更好吗？有谁会把我们和那些处于我们统治之下的动物相提并论呢？可以给予我们的，都已经给我们了。相应地，不管你是谁，你对人类命运的批判都是不公平的。想一想我们的父亲［神］给予我们的伟大恩赐；想一想那些被我们戴上了铁轭的动物，它们的力量可比我们大得多了；想一想我们能够抓住比我们速度快得多的动物；想一想一切动物都逃脱不了我们武器的攻击。我们得到了这么多的优秀能力和技艺，尤其是得到了心灵，它不管想什么，都可以立即想到它，它的速度比星星还快，因为它能事先预测星星今后许多年代的轨迹。另外，看看田地里的所有庄稼，所有的库存财富，以及其他所有的一个接一个的恩赐物。你可以遍览所有的造物，但是你不会发现任何一种你想和它调个位置的，你可以从它们身上分别选择你希望得到的某些品质。所以只要你对大自然对你的偏爱有一个正确的评价，你一定会承认：你是自然的最爱。事实是，不朽的众神一直以为我们是最亲近的，并且，他们给予了我们仅次于他们自己的位置，这是最大荣誉了。我们已经得到了伟大的东西，但又没有过度。

亲爱的利玻拉理斯，我认为这些东西都是必须要考虑到的，因为一方面，当我讨论微不足道的恩惠时，必然要提到伟大的恩惠；另一方面，忘恩负义的罪恶虽然开始于对大恩的犯罪，会进一步波及所有的恩惠。人如果轻视这些最大的恩惠，那么他又会感激谁呢？还有什么礼物是他认为珍贵的，或者是值得回报的呢？人如果否认从众神那里收到了作为礼物的生命——而这是他每天向众神乞求的，那么他会因为自己生命安全而感激谁吗？因此，任何教导人们要感恩的人，既是为人，也是为神伸张正义；即便众神已经置身于所有欲望之外，不缺任何东西，我们依然可以向他们表达感激之情。

没有人可以拿自己的弱小和贫穷作为忘恩负义的借口，或是说："我要做什么呢，怎么做呢？什么时候我能回报那远远高于我的宇宙的主人呢？"实际上，这种回报是容易的——如果你吝啬，并不需要花钱；如果你懒惰，也不需要劳作。你一欠下报恩的义务，只要你真心想报答，你就已经做了很多了，因为欣然接受恩惠的人已然回报了恩惠。

这一点，在我看来，是斯多亚学派的诸多悖论中最不让人感到讨厌或怀疑的一个：高兴地接受恩惠的人已然回报了恩惠。因为我们斯多亚学派在每一个行为中都看重动机，一个人只能做他的意志所选择的那么多；而且因为孝敬、诚信、公正，以及一切美德都是自足的，一个人即使只手不动，依然可以在动机中感恩。一个人只要达到了目的，他就已经收到了自己努力的回报。当一个人施惠的时候，他的目的是什么呢？答案是：为了帮助那个他施恩的人，使他快乐。如果他如愿以偿，如果他的意图传达到了我这里，使得大家高高兴兴，那么他就得到了他要的东西。因为他并不希望我给他任何东西作为交换。否则，那就不是恩惠，而是交易。一个人如果抵达了他的目的港，他的航行就是成功的；稳健的手投出飞镖，如果击中了目标，那么它就完成了使命；施惠的人希望接受者能够心怀感激地接受。如果恩惠被欣然接受，他的目的就达到了。"但是，"你说，"他还想得到某些更多的东西！"那么这就不是恩惠了，因为恩惠的主要标志就是不去想到报答。我接受恩惠时的心态，是与我的恩人施惠时的心态一致的，这样我就已经回报了恩惠。否则，这种最好的善行就得屈从于最糟糕的条件——为了显示感激之情，我必须向幸运之神索求钱财！如果运气不佳，我就不能回报。动机就足够了。"那么，"你说，"难道我不应该尽我所能去回报吗？难道我不应该寻找合适的时机，急切地去填满施惠者的口袋吗？"是的，但是即使一个两手空空的人也可以有感激之心啊，否则恩惠就太不像话了！

"一个人已经接受了一份恩惠，"你说，"不管他如何感激，但是他仍然没有履行完所有的责任，因为回报的那一部分责任还留着；这就像玩球的人灵巧而准确地拿到球是挺好的，但是如果他不能灵敏、迅速地把接到的球投回去，那么他还不是一个真正优秀的选手。"但是这一类比并不恰当。为什么呢？因为比赛的成功不依赖于选手的头脑，而依赖于他的动作和他身体的灵敏度；而且，对于一个完全由眼睛担任法官的动作，必须整个地清晰呈现出来。然而，我不愿意说接住球而尚未传回去的选手不是好选手，如果他的耽搁不是因为自己的错误引起的话。"但是，"你说，"即使这个选手不缺乏技术，因为他已经完成了一半职责，而且能完成另一半职责，然而比赛本身却依然是不完美的，因为它的完美在于接球和投球的不断往复。"我不想再进一步驳斥这个观点了。让我们就这一点达成共识吧，即不是选手而是比赛缺少了某些东西。我们正在讨论的问题也是这样，给予的东西有所欠缺，因为一个与之相等的东西依然还没有归还；但是这一礼物的给予者的灵魂却无所欠缺，因为它已经发现了另一边与之对应的灵魂；而且，就给予者的目的而言，它已经如愿以偿。

有人馈赠我恩惠，我是完全按照施惠者所希望的那样接受它的：于是他得到了他想要的回报，这也是他唯一想要的东西；因此我表明了自己是感恩的。在这之后，我就可以享受我的东西了，包括我的恩人给我的这一新的好处。这个好处并不是部分地完成的责任所剩下的，而是一个完成的结果的额外部分。菲狄阿斯（Phidias）做了一个雕像；他艺术的作品是一回事，他艺术的经济产品又是另一回事；艺术作品在于完成创作的东西，艺术的经济产品在于用它挣钱；即使他的雕像没有卖掉，他的工作也已经完成了。他发现作品有三个层次：第一层是他看到自己创作了它，这个他在工作完成时就已经获得了；第二层是它带来的荣耀；第三层或是它带来的好处，或是将之售卖，或是来自于其他。同样地，一份恩惠的第一个果实是对它的意识，一个人在按自己的意愿馈赠别人礼物时，就已经能够体验到了；第二层和第三层分别是它带来的荣耀和那些它交换得来的东西。因此当一份恩惠被欣然接受时，给予者当即收到了感激报答；但是，还没有收到经济回报。因此，我所亏欠的，是某种恩惠以外的东西，因为对恩惠本身而言，我已经在充满感激的接受中得到完全回报了。

"那么，"你说，"难道一个人什么都不做也算报答了恩情吗？"但是他已经做了主要的事情——通过表现得兴高采烈，他已经给了你一个好处，并且使你们之间平等了，而这是友谊的标志。其次，回报恩惠的方式和偿付贷款的方式是不一样的。你没有理由要我支付你实物——我俩的交往账目全在于情感！只要你看到许多事情是言语所无法表达的，那么你就看到我所说的话并不艰涩难懂，尽管在开始的时候它和你的意见并不一致。有很多东西是没有名字的，而我们用来指称它们的词并不是专门属于它们自己的，而是我们从其他东西那里借来的。我们说到我们自己的脚，也说到睡椅的脚、船帆的脚和诗的"脚［音步］"。还有，我们用"狗"这个词来指称一种猎犬、一种海鱼和一个星座。既然我们没有足够的词语来专门指称每一个特定的东西，那么就在必要时借用一下吧。"勇敢"是一种合理地蔑视危险的美德，或者是一种关于如何躲避和面对危险的知识。然而，我们同样地称一个角斗士，也称卑贱的奴隶由于鲁莽而不怕死是"勇敢"的。"节约"是关于如何避免不必要开支的知识，或是关于如何适当地使用个人财产的艺术。然而，我们称一个小心眼的吝啬鬼为"节约"的人，尽管在节制和吝啬之间有着天壤之别。这些东西在本质上不同，然而我们语言的匮乏却使得我们同样地称这两种人为"节约"的人；同样，我们称对小灾害保持理性并蔑视之的人和非理性地疯狂冒险的人同为"勇敢"。因此我们说，一份"恩惠"既是一次善行，又是由善行给予的东西，例如金钱、房子和官服。这两样东西共用一个名字，尽管它们的含义和作用是很不一样的。

因此，请注意，不久你就会明白，在我所说的话里面没有你不相信的东西。如果我们对恩惠报以友好的欢迎，那么作为善行的恩惠就已经被我们回报了；作为物品的恩惠，我们当时还没有回报，但是我们有回报的愿望。对于好意，我们已经用好意来回报；对于具体的实物，我们还需用实物还。因此，尽管我们说高兴地接受恩惠的人已然回报了，我们还是建议他回赠他的恩人类似的礼物作为回报。

我们上面说的一些东西偏离了常识，然后又从另一条路上回到了常识。我们否认拥有智慧的人会受到任何伤害，然而挥拳打贤哲的人会以伤害他身体的罪名被判刑；我们否认愚者能拥有任何东西，然而从愚人那里偷东西的人会因为盗窃而受罚；我们宣布所有的人都是疯子，然而我们没有给所有的人吃藜芦这种药；正是对那些我们称为疯子的人，我们委托给他们投票权和法官的裁判权。因此，我们宣称以善意受惠的人已经回报了，然而，我们仍将让他欠下债务——在他回报之后，依然有回报的义务。这么做的目的，不是要禁止行善，而是要鼓励我们既不要害怕恩惠，又不要在恩惠面前感到承载着不堪忍受的重负。你大声说："好东西已经被赐予我了，我不再饥渴，我被从悲惨的贫穷中解救出来，我的生命保住了，而且比生命更宝贵的自由也保住了。我怎样才能回报啊？到哪一天我才能让我的恩人看到我的心啊？"就是这一天——就是你这么说的那一天！接受恩惠吧！拥抱它吧！欣喜万分吧！不是因为你正在接受恩惠，而是因为你应该拥有它和回报它。这样，你就不会因为阴差阳错铸成大错，忘恩负义了。我不会对你列举任何困难，以免你绝望，并因为想到繁重的苦役而晕倒。我没有说你的未来，你完全可以用现有的东西付账！如果你现在不感恩，那么你永远也不会感恩。那么，你要做什么呢？你没有必要拿起武器——也许有一天会有这个必要。你没有必要横渡大洋——也许有一天你会扬帆远航去偿还恩情，即使暴风雨即将来临。你希望回报恩情吗？那么高兴地接受它吧。你已经通过感激回报了——不会像还清债务那样的完全，但是你可以心安理得地拥有它了。

| 第六卷 |

最杰出的利玻拉理斯,有些时候我们仅仅是为了训练思维而探究某些东西,它们全部处于日常生活之外;对于其他一些东西,我们会在探究的过程中得到乐趣,在结束的时候得到益处。我会让你看到全部这些东西的。你可以随自己喜欢,或是让我详细地讨论它们,或者是让我仅仅作为插曲把它们列出来。但是,即便从那些你要求立刻停止讨论的东西那里,我们也还能得到收获:因为发现一些东西不值得一学也是有好处的。因此,我会关注你的表情,并以此作为指引,详细讨论一些问题,剔除其他一些问题。

有没有可能剥夺一份恩惠是一个问题。有人说那是不可能的,因为恩惠不是东西而是行动。礼物是一回事,给予的行为又是另一回事;水手是一回事,航海的行为又是另一回事;还有,尽管没有了疾病,病人就不是病人,但病人和他的疾病还不是一回事;因此一份恩惠是一回事,人们在受惠中接受的东西又是另一回事。恩惠是无形的,并且从来不可能失效;它的物质载体不断地易手,拥有者也随之改变。因此,当你从任何人那里取走你已经给他的东西时,你只是取走了恩惠的物质载体,而非恩惠本身;连自然女神自己也不记得她曾经给过什么。她可以停止施惠,但是不能取走它们。亡者曾经生存,盲者有过光明。我们接受的礼物将来可以不再属于我们,但是不能变得过去不曾属于我们。有些时候,我们不能长时间地享用一份恩惠,但是恩惠本身是不会因此消失的。即使自然调集所有的力量来撤销自己的行动，也无法做到。一个人的房子、钱和财产，以及所有可以被称为"恩惠"的东西，都是可以被剥夺的，但是恩惠本身却依然固定不动。没有力量能够抹杀施惠者曾经施惠、受惠者曾经受惠这一事实。

在我看来，诗人拉毕里乌斯（Rabirius）① 写给马克·安东尼（Mark Antony）的话确乎是神来之笔。命运抛弃了马克·安东尼，他除了得体的死亡的权利之外一无所有，然而就在他即将死去之时，依然不禁喊道：

> 我曾给出的东西，现在我也拥有了！

噢！如果他想要，他可以拥有多少东西啊！这些就是人们依赖的财富，在人类无常的命运中它们稳定不变。而且，它们越是壮大，招致的忌妒也就越少。你为什么要节省财富呢？就好像它是你自己的一样？你只不过是一个管家。你所拥有的这一切使得你自高自大，从芸芸众生中脱颖而出，忘记了自己的脆弱；这一切是你用铁栅栏围起来，用武器守卫着的；这些是别人以血的代价偷来的，而你又用自己的鲜血来保卫它们；为了它们，你召来无数的舰队，鲜血染红了大海；为了它们，你摧毁了无数的城市，浑然不觉命运在你身后准备了多少暗箭；为了它们，你多次破坏了家族关系、朋友关系和伙伴关系，而整个世界也因为双方的敌对冲突而动荡不安——这一切都不是你自己的。它们由你来保管，现在正在逐渐落入他人之手，你的敌人会来抢夺，你的继承人会把你看作敌人。你在问我怎样才能把它们变成你自己的东西吗？将它们作为礼物送给别人吧！这样你就是最好地利用了自己的财产，而且是真正地享用了它；你对它们的所有权也就确定无疑，不可动摇，也更为荣耀了。

---

① 奥古斯都时代的一个小诗人。——原注

你所认为的使你富有和强大的财富，你只要自己保留在手，就只不过是不起眼的"房子""奴隶"和"钱"；但当你把它给予别人时，它就成了"恩惠"了。

"你承认，"有人反驳说，"有些时候我们会从施惠者那里受惠，却没有回报他的义务。在这种情况下，恩惠已经被剥夺了。"我们可能因为很多原因不再对某份恩惠心怀感激之情，不过不是因为恩惠被剥夺了，而是因为它已经被毁掉了。设想一下，一个人在一桩案件中替我辩护，却曾经逼迫我的妻子和他通奸。这样，他没有取走他给过的恩惠，而是由于他的恩惠和一次同等程度的错误相抵，我已经不必再对他感恩戴德了；而且，如果他伤害我的程度超过了他早先给予我的恩惠，那么他不仅得不到我的感激，还给了我权利让我在任何时候抗议，并替自己报仇，以平衡错误超过恩惠的部分。因此恩惠没有被收回，而是被压倒了。告诉我，难道不是存在一些凶残恶劣的父亲，以至于他的儿子离开他们并与之脱离关系是正确和恰当的吗？那么，他们有没有收回曾经给予的生命呢？绝不，但是他们后来的恶行已经毁掉了其先前的恩惠赢得的好感。被取走的不是恩惠，而是对恩惠的感激之情，而结果也不是我不再拥有恩惠，而是我不再对它承担任何义务。这就好像某人刚借给我钱，就放火烧我的房子一样。借款之恩已经被他的损害所抵消。我没有还他什么，也不再欠他什么。同样，如果某个人曾慷慨地善待我，然而后来却在多方面显露出自负、无礼和残忍，这就使得我好像从来没有从他那里接受过东西一样：他已经毁灭了自己的恩惠。尽管租约仍有效力，但是如果地主踩踏佃户的庄稼，砍倒佃户的果树，那么他就没有权利向佃户收租金。这不是因为他收到了预定的款项，而是因为他已经让这件事变得不可能了。也正是因为这个原因，某个债主会经常被他的债务人告上法庭，因为他在其他的场合夺走了债务人比其所欠款额更多的东西。法官不会仅仅只从债主和债务人的角度断案，法官会说："你确实借给了这个人钱。然后呢？你赶跑了他的羊群，杀死了他的奴隶，你没有出钱就占有了那些银子。算算你们各自的得失，我的命令是：你走进法庭的时候是一个债主，却必须作为一个负债者离开。"同样，恩惠和伤害之间也抵消了。我重复一下：经常是恩惠并未被拿走，但是回报的义务却没有了；如果给予者后悔送出礼物，如果他说他因为送出这个礼物而难过，如果他唉声叹气，或者在给予的时候愁眉苦脸，如果他认为不是在赠予而是在丢弃礼物，如果他是为了取悦自己而给予，或者为了取悦我之外的别的什么人，如果他坚持目中无人，吹嘘自己的善行，并且到处宣扬，使我感到痛苦；那么，尽管我因此不欠他任何东西，这恩惠依然存在于我的手中，这就像对某笔款项，债权人不能得到合法的追讨权，无法把它要回来，但这笔钱也许还是某人亏欠他的。你给了我一份恩惠，但是在这之后你又伤害了我；恩惠的回报应该是感激，伤害的回报应该是惩罚；但是我不是非感激你不可，也不一定非要报复你不可——两者已相互消解了。当我们说"我已经回报了你的恩情"，我们的意思不是把收到的礼物还给赠予者，而是以其他东西代替之。因为回报就是用一个东西抵偿另一个东西；既然我们每一次回报的和接受的都不是相同的东西，那么很明显，我们回报的和接受的是价值相同的东西。即使我们用金币偿还银子，也是偿还了债务；而且即使没有用现金清偿，口头承诺的支付方式也是有效的。

我想你会说："你在浪费时间。因为我是否知道我不欠他人的恩惠，是不是还在我的手上，这一问题的答案有什么用呢？这就像聪明律师耍的小花样，他宣称某人可以不取得遗产，却可以取得构成遗产的那些东西，仿佛遗产和构成遗产的东西有任何区别似的。你还是替我搞清楚这一观点，它有实际价值：在同一个人既给我恩惠又伤害我的时候，我应该去回报他的恩惠，并报复他，就像是与他开了两个不同的账户；或者我是应该将两者合一，不采取任何行动，任由恩惠被伤害抹杀，伤害被恩惠抹杀吗？由此我想到我们土地法的诉讼程序合乎前者。你们斯多亚派应该知道，在你们的学说中法律是什么意思。在法庭上对各个案子的处理是分开进行的,我上告某人的案子和他上告我的案子不会混为一谈。比如如果某人让我代为保管一笔钱,而后他又偷了我的东西,我会告他偷窃,而他则会为了拿回那笔钱而告我。"

利玻拉理斯,你举的例子事关成文法律,是我们一定要遵守的。一条法律不会和另一条法律混为一谈。它们各自按自己的轨道行进。一起针对存款的诉讼与另一起针对偷窃的诉讼是判然有别的。但是恩惠不受任何法律约束,它委任我自己做法官。我有权衡量任何一个人给我的恩惠和伤害,然后再来决定是我欠他的多还是他欠我的多。在法律诉讼中我们是无力自主的,必须按照规程行动;然而对于恩惠,我拥有全部的权力,我作出判决。因此,我不在恩惠和伤害之间作出严格区分,但是它们面对的是同一个判断。否则,你就是让我在同一个时刻既爱又恨,既抱怨又感谢;但是这是违背人性自然的。与之相反,我宁愿比较恩惠和伤害,看看结果是不是我还得到了一些好处。这就好像如果一个人在我的手稿上印了其他的东西,尽管他没有抹掉先前的字,却把它们遮盖掉了一样,居于恩惠之上的伤害也不会让恩惠被人看见。

你现在愁眉苦脸,似乎不太满意,好像我离题太远了,而我曾答应过依你表情的变化行事。你好像在对我说:

何必远行驰向大海?转舵向左;紧靠岸边。①

我不能再贴近主题了。如果现在你认为我已经穷尽了这个问题,那么就让我转向接下来的一个问题吧——对一个无心之中帮助了我们的人,我们是否应承担感谢的义务。我原本可以把它表达得更为清楚一些,但是为了方便下面的区分,包括了两个问题,这一命题本身不得不显得有点晦涩。这两个问题是:对十分不情愿地提供帮助的人,我们是

---

① 维吉尔:《埃尼阿斯》卷5,162。

否应承担任何义务；对在毫不知情中提供帮助的人，我们是否应承担任何义务。

　　对一个被迫帮助我们的人，我们无须承担任何义务。它的原因是非常清楚的，不必我们多费唇舌。如果在任何情况下，我们都能牢记：恩惠必须首先是经由某种意图而给予我们的，其次是经由某种好意而给予我们的，那么这个问题和其他类似的问题都能很轻易地得到解决了。所以，尽管河流能承载起无数的船只，能连绵不绝地运送货物，带来成群的鱼儿，蜿蜒穿过富饶的农田，我们却不会去感谢它。没有人会对尼罗河感恩戴德的，这就好像他不会因为肆虐的洪水或退潮过慢而怨恨它；风没有给我们恩惠，即使它和风习习；卫生方面有益的食物也没有给我们恩惠。给我恩惠的人必须不仅仅是给予，还必须有意地帮助。因此，我们不会受惠于无语的动物——尽管有无数人因为良驹飞奔而脱险！也不会受惠于树木——尽管有无数的劳动者炎炎夏日中在它的浓荫下乘凉！如果一个人是在不知情的情况下帮助我，或者他是在不能知情的情况下帮助我，那么他都缺乏助人的愿望，这样，他和以上那些东西又有什么不同呢？那就和希望我去感激船、马车或是长矛没有差别了，因为我去感激一个仅仅是偶然地帮了我的人，而那个人和前面提到的那些东西差不多，都没有帮助我的意愿。

　　谁都可以在不知情的情况下受惠，但是没有人能够在不知情的情况下施惠。有许多病人会在经历了一些偶然事件之后突然痊愈，例如一个人因为在极寒之天跌入河中而重获健康，有人由于受到鞭打而摆脱了瘟热，但这些都不能被称为治疗。因为突如其来的恐惧把他的注意力转移到了另一桩麻烦事之上，于是危险在不经意之间就过去了。但是尽管这些东西使人们恢复了健康，我们依然不能称它们具有治疗的作用。类似地，有些人在不情愿的情况下帮了我们，不，正是因为他们不愿意，他们才帮了我们。这同样不能成为我们感激他们的理由，因为是运气使他们的坏念头转变成了好事情。你认为我应该感激一个意在攻击我，却误中了我的敌人的人吗？如果他没有失手，受伤的就是我了。经常会出现这种情况，一个公开作伪证的人使得真正诚实的证人不被信任了，进而引得人们同情起被告来了，因为看起来他好像深陷阴谋之中。有些人正是被想要加害他们的权力所拯救；而本想通过法律宣判某人有罪的法官们也会因为偏好而拒绝宣判其有罪。然而，尽管这些人帮了他，这也不是恩惠，因为问题不在于标枪击中了哪儿，而在于它的目标是什么；并且，不是结果而是意图，才使恩惠和伤害区别开来。我法庭上的对手由于自相矛盾，由于自负而冒犯法官，由于匆匆忙忙、只准备了一个证人而增加了我的胜算。我不会考虑他的错误是否有恩于我——因为他的本意在害我。

当然，为了表示我对恩人的感激之情，我必须渴望去做他因为给我恩惠而渴望我做的事情。没有比憎恨在人群中踩了你一脚的人，或泼水溅到了你的人，抑或是把你推向你本来不会去的地方的人更不公平的了。然而，他的行为确实伤着了我们；除了他不知道自己做了什么这一事实之外，还有什么东西能使其免于责备呢？使一个人可以给我们好处却没给我们恩惠，使一个人伤害我们却没有侵犯我们的，是同一个理由；因为是意图区分朋友和敌人。有多少人因为疾病而免于服兵役啊！有人由于受敌人之迫出庭却因此免于在房屋倒塌中受难，有人不幸沉船，却因此免于落入海盗之手。然而我们并不觉得对这些事件有承担报恩的义务，因为偶然性不会感觉到它提供了帮助，用官司来折磨和阻碍我们的敌人虽然正巧救了我们的命，我们却不会对敌人感激。不是源于好意的东西是不可能成为恩惠的。有人帮了我，而他自己却对此一无所知——我对他没有义务。有人在害我的时候帮了我——我会学他的样的！

让我们转到第一种情况上来。你会让我感激一个并没有打算施惠于我的人吗？现在再看看第二种情况，你想让我感激一个违背自己意愿帮助了我的人并回报他吗？第三种情况是这样的：他意在伤害，却碰巧做了一件好事。为了让我感激你的恩惠，你只有施惠的愿望是不够的。但是为了让我免于感恩，你不曾有这一愿望就已经足够了。对一份恩惠而言，仅有愿望是不能被完成的。正如如果缺乏运气，再好再多的愿望也不能转化为恩惠；同样，好运气带给我们的也不是恩惠，除非它是由好意所引导的。为了让我对你有回报的义务，你必须不仅要帮了我，还要有意识地帮助我。

克里安提斯（Cleanthes）用过这样一个例子。他说："我派了两个人去找柏拉图，把他从学园带到我这里。其中的一个人找遍了整条柱廊，以及其他一些他认为会找到柏拉图的地方，最终还是疲惫不堪地空手而归；另一个人则在附近坐了下来，看一个江湖医生行医，而且，在他与其他奴隶一起嬉戏的时候，这个心不在焉的懒汉根本没有找，却看到了柏拉图，因为他碰巧经过那里。他说，第一个人是值得我们表扬的，因为他尽力去做了我们要求他去做的事情；相反，我们应该鞭打那个幸运的懒鬼。"

依我们之见，是愿望真正帮助了一个人。现在让我们来考虑一下在什么情况下应当承担回报义务。一个人有愿望，却还没帮我是不够的；一个人帮了我，却没有这样的愿望，也是不够的。设想一下有人想给我礼物，却还没有给；是的，意图是有了，但我还是没有得到恩惠，因为恩惠的完成既需要具体的东西，也需要意图。就像我不欠一个想借给我钱、但还没有借的人任何东西一样，对于一个想帮我却没有帮成的人，尽管我们还是朋友，我却没有回报他的义务。另外，我也希望给他些什么（尽管他希望给我一些东西），但是，如果我的运气比他好，确实能给他东西，这样我就不是在回报恩惠，而是给了他一份恩惠。他就会因此欠我恩情了。这恩惠的来回报答始自于我，会从我这里算起。

我已经知道你会问什么了。你不必再说了；你的表情已替你说了。"如果有人是为了自己而帮了我们，"你问，"那么我们还有回报他的义务吗？因为我经常听你抱怨：有些东西是人们给他们自己用的，但是他们却把这些东西算成了帮助别人。"利玻拉理斯，我会告诉你的。但是首先让我来分解这一问题，把公平和不公平区分开。因为在某人为自己的利益而给我们恩惠，和他既为了他自己又为了我们而给予恩惠之间，是有着极大的区别的。那个看起来完全是为了自己的利益，仅仅因为如果不帮助我们就不能使自己得利的人，在我看来和那个用夏天和冬天的饲料喂牲口的人一样；也和那个为了把俘虏在奴隶市场上卖个好价钱，不断地给他们喂食，并把他们刷洗干净的人一样；也和那个煞费苦心地训练和装备他的角斗士队伍的武校校长一样。就像克里安提斯所说的，在恩惠和交易之间有着巨大的差别。

另一方面，我还没有不公到这种程度，以至于会认为对一个既考虑到我的利益、又考虑到他自己的利益的人，我没有回报的义务。因为我并不要求他只关注我的利益，而完全忽视他自己的利益，恰恰相反，如果他在给予恩惠的时候兼顾我和他自己，并且希望可以和我一道分享，那么我也渴望着它能给它原来的主人带来更多的好处。即使他占有了其中较大的一部分，如果他允许我分享，如果他兼顾我和他自己，那么如果我还在为他既帮了他自己、又帮了我而不快，那么我就不仅仅是不公，简直是忘恩负义了。那种说施惠者必然会多少损害自己利益的人，心地够阴暗的。

对于另一种类型的人，即仅仅为了自己而施惠的人，我的回答是："你已经利用了我，你怎么能说是你给了我恩惠，而不是我给了你恩惠呢？""设想一下，"他反驳道，"唯一能让我得到官职的办法是从众多被俘公民中赎出十个人来。当我把你从枷锁和铁链中解放出来的时候，难道你什么都不欠我吗？尽管我只是为我自己做这件事的。"对此我回答道："在这件事情上，你是部分地为了自己，部分地为了我——为你自己，你支付了全部十个人的赎金；为了我，你支付了赎我的钱。对你而言，随便选十个人把他们赎出来就足以获得你自己的利益了。因此，我不是因为你把我赎出来而感激你，而是因为你选择了我；对你而言，替其他人赎身也能达成你的目的。你和我分享了由你的行为而来的好处，而且你也允许我分享这一份对你我而言都有益的恩惠。较之其他人，你选中了我；这是你只为了我的缘故而做的事情。因此，如果你能够因为赎出了十个公民而当上副执政官，而俘虏只有我们十个人，那么我们当中没有人会欠你任何东西，因为你除了自己的利益外，没有可以凭之向我们索账的东西。我不会眼红别人的恩惠的，也不会奢望它全归我，但是我希望能得到其中的一部分。"

"那么，"他回答道，"如果我抽签决定替哪些人赎身，而你正好是其中之一，难道你就不欠我什么吗？"是的，我是欠你的，但是非常地少；至于有多少，我会告诉你的。在这件事上，你为我做了些事，你给了我被赎出来的机会。我感谢运气，因为我被抽中了；我感谢你，因为我可能会被抽中。你给我分享你恩惠的机会；但对于这一恩惠中更大的一部分，我得感激命运；但是我为了我可以感激命运这一事实而感激你。

我会完全忽略那些纯粹为了赚钱而施惠的人，因为这样的人所考虑的不是给谁恩惠，而是在什么条件下他才会施惠，这完全是由他自己的利益决定的。某人卖给我粮食，我不买就不能活下去。然而，我不会因为买了他的粮食，就把我能够活下来归功于他。而且，我想的不是粮食对我如何至关重要，以及如果没有了它们，我就不能活下去，而是我对它几乎不用感激，因为我不买就不能有之；商人在进货的时候，想到的不是他能够帮我多大的忙，而是从中能获得多少利润。我为之付钱的东西不会让我承担义务。

"照此说来，"你说，"你就会主张在医生那里，除了支付微不足道的诊疗费外，你对他就没有任何义务了；对你的老师也是一样，因为你已经付过钱了。但我们对所有人都深爱着、敬重着。"对此的回答是：有些东西我们为它们而支付的钱远远不能代表它们的价值。你付钱给医生是为了生命和健康，但这是无价的，给老师钱则是为了得到人文教育和开发智力。因此,我们所支付的钱不是他们恩惠的价格,而是他们给予我们恩惠时的劳苦,置自己的利益于不顾,并把自己的时间给了我们;他们得到了报酬,不是因为他们的价值,而是因为他们花费的时间。在首先指出怎样驳斥你的诡辩之后,我可以更真诚地提出另一种观点,对此我将立即送上。"如果,"你说,"某些东西的价值比它们的价格要大,那么,尽管你付过了钱,你还是额外欠我一些东西。"但是首先,既然卖方和买方已就其价格达成了一致,那么它们真正的价值又有什么关系呢?其次,我不是按它的价值,而是按你出的价格买下的。"它,"你反驳道,"比你为之而花的钱价值大。"是的,但是它不可能卖得更贵了。另外,每件东西的价格会依情况的变化而变化;尽管你可以对你的货物评价很高,它们也只值出售时的最高价格;因此一个廉价购得货物的人不会因此亏欠卖者什么。话说回来,即使它们的价值更大,但既然它们的价格不是由其用处和功效决定的,而是由市场的惯例决定的,那么你廉价出售也并不表明你有什么慷慨施舍之心。你如何评价船长服务的价值呢?尤其当他远离陆地,在波浪间找到准确无误的航线,向我们预报即将到来的风暴,当机立断地命令还没有意识到危险的水手收起船帆,放低帆的滑车索具,各就各位准备迎接风暴的攻击的时候,你说该怎么付他钱才合适呢?然而,他如此伟大的服务的报酬却由乘客的船票钱支付了。你如何估价在荒地找到住处,在雨中发现庇护所,在数九寒天得到热水和炉火呢?然而我知道旅馆里得到这些东西的价钱。替我们支撑住摇摇欲坠的房屋的人,以不可思议的技术使地基已经开裂的建筑物屹立不倒的人给我们帮了多大的忙啊!然而一份给建筑物加固基础的合同的价格却是固定和低廉的。城墙可以保护我们免遭敌人和强盗的突然袭击,然而我们都知道一个造墙建塔的工人一天的工钱是多少。

如果要去收集更多的关于有价值的东西以低价售出的例子,那么我的任务可以说是无止境的。这说明什么呢?为什么我还欠我的医生和老师一些东西呢？为什么交费之后还没有付清欠他们的账呢？那是因为他们由医生和老师变成了我们的朋友；我们之所以对他们有回报的义务，不是因为他们出售的技能，而是因为他们友好和善的意愿。因此，如果一个医生除了替我搭脉，将我的名字记入他的病人名录，不带任何感情地指导我做什么、不做什么之外什么也没做，那么我除了诊疗费外，不欠他任何东西，因为他没有把我看作一个朋友，而是一个顾客。如果一个老师只是把我看作他众多学生中的一员，而且并不认为我值得任何特殊的关注，如果他从来没有注意我，我只是在他播撒到大家中间的知识中捡到了一些——而不能说是学到了一些东西，那我也没有理由去尊重他。那么，我们感激他们的原因是什么呢？这不是因为他们出售的东西的价值大于我们所付出的金钱，而是因为他们亲自给了我们一些东西。设想一下一个医生给我的关注超过了其职业必需的程度。他担心的不是自己的职业声誉，而是我的健康；他不满足于仅仅指出治疗的手段，而是亲手为我治疗；他和我焦急的朋友们坐在一起，他在我因病痛而喊叫时疾步赶来；他不回避任何繁重的脏活。他在听到我的呻吟声时不会无动于衷；尽管有很多人在召唤他，我依然是他关注的焦点；他只在我病情允许的情况下，才去医治别人——这样的人不是作为医生，而是作为朋友使我对他有回报的义务的。再设想一下一个不辞劳苦地教育我的老师。除了一般老师的老生常谈，他还额外教授我一些东西；通过他的鼓励，我的更美好的情感苏醒了，他一边通过表扬来激励我，一边又警告我不得懒惰；也就是说，他触动了我原先藏于深处的、沉睡着的精神力量，使其得以重见天日；他不会为了使我长时间地有求于他而吝啬地一点点地挤出其知识，相反地，他渴望能够将他的全部知识倾倒给我——如果我不像爱我的至亲好友那样爱他，那么我真是忘恩负义！

如果一个传授最低贱的行当的人付出了不同一般的努力，我们也会给他额外的报酬。我们给舵手、给用最常见的材料打工的人赏金。然而，就维系生命或美化生活的高贵专业的专家而言，如果一个人认为除了应付的钱之外不再亏欠什么，那么他就是忘恩负义的。而且，在知识的传播过程中，心与心是融合在一起的；在这样的情况下——无论是对老师还是对医生——付给他们的仅仅是其服务的价格，但是对他们付出的心力，我们却依然亏欠。

有一次柏拉图乘船过河，发现摆渡人没有收他钱，于是认为自己得到了特殊的尊重，就说自己对摆渡人有了回报的义务。但是不一会儿，他发现摆渡人同样热心地免费把其他人一个接一个地接到了对岸，于是他就否认了自己的义务。因为，如果你希望我对你给我的东西心怀感激，你就必须不仅是给了，而且是专门为了我而给予的。你不能因为你撒向人群的救济品而向其中某个人催讨回报。那又怎么样呢？难道就没有人应该回报你吗？作为个人，没有；我和其他人一起欠的账，我会和他们一起还的。

"你是不是说，"你问道，"那个免费渡我过河的人没有给我恩惠呢？"是的。他帮了我，但是他没有给我恩惠。因为他是为他自己这么做的，或者至少不是为了我。简言之，这个人自己也不会认为他给了我恩惠；他或是为了国家，或是为了邻居，或是为了他自己的野心而这么做的。至于回报，他所要求的好处并非那从单个乘客那里得到的东西。"那又怎么样呢？"你说，"如果皇帝授予所有的高卢人公民权，或免除所有西班牙人的赋税，难道那里的个人就一点也不欠他吗？"他们当然会有所亏欠，但那不是因为接受到了专门为了这个个人的恩惠，而是因为他分享到的公共性的恩惠。"皇帝，"他说，"在给我们所有人恩惠的时候并没有想到我；他并不想亲自授予我公民权，他也没有注意到我；我为什么要因此而感激他呢？他在考虑他要做的事情的时候心里并没有我。"我对此的回答是：首先，当他打算给所有高卢人恩惠的时候，他也是在给我恩惠；因为我是一个高卢人，所以即便他没点我的名字，他也把我包括在我的民族中了。其次，同样地，我也会因为接受了一份惠及大众、而不仅是针对我个人的恩惠而感激他；作为民族的一分子，我不会像回报我个人的恩惠一样回报之，而是把它作为给我民族的恩惠来尽自己的一份力量加以回报。如果有人借钱给我的民族，我不会称自己是他的债务人，也不会像一个官职候选人或一个被告那样宣称这是我的债务；然而我会支付我的份额来还债。同样，我否认某人给整个群体的恩惠使我欠下债务，因为，他给我的时候不是为了我，而且给予者也不知道他正在施恩于我；然而我知道应该为了它有所付出，因为我也间接得到了它。要使我承担回报义务，那个善行一定要专门为了我的缘故而施行。

"照此，"你说，"你就不用回报太阳和月亮了；因为它们不只是为了你而运转的。"确实如此；不过，既然它们运转的目的是维持宇宙的和谐，这也就是为了我了；因为我是宇宙的一部分。另外，我们的地位和它们的地位是不同的；一个出于利用我达成他的目的而帮助我的人，没有给我恩惠，因为他不过是把我当成了实现他自己利益的工具。但是对太阳和月亮而言，即使它们是为了它们自己的利益而帮了我们，它们的目的也不可能是利用我们来帮助它们自己，因为我们有可能给予它们任何东西吗？

"我可以确信，"你说，"如果太阳和月亮有可能帮助我们的话，那么它们确实是在真心地帮助我们了；但是它们不能够停止运动。简言之，不可能让它们停下来不再工作。"但是，让我们看一下有多少种方法可以驳斥这种观点。一个无法拒绝做一件事的人还是有可能真心愿意做这件事的；事实上，一个无法改变的愿望最有力地证明了希望固定不变地做某件事的愿望。一个善人不能够做不成他要做的事，因为除非他做了，他就不是一个善人。因此一个善人正是因为做了他应该做的事，而给予了恩惠，而且他不可能不做他应该做的事。另外，"他不可能不做这件事，因为他是被迫的"，"他不可能不愿意做这件事"。这两者之间是有着很大的区别的。因为，如果他是被迫的，那么我就不是欠他，而是欠逼迫他施惠的人恩情；如果他是因为想不出更好的事情而只能希望这么做，那么这就是他自己逼迫自己；就此而言，不感谢被逼迫的"他"，而感谢那逼迫"他"的"他"。

"让太阳和月亮停止希望吧。"① 你说。就这一点而言，我的回答是：请记住我们已经说的：愿望固定不变这一事实清楚地证明愿望的强烈；所以，停止行动或改换运动的方向并没有任何危险的主体，当然具有自由意志。否认这一点，岂不是疯了吗？或者，如果一个可以随时改变心意的人可以被认为是能愿望的，那么一个本性不能改变心意的人，就不拥有自由意志吗？

"很好！如果它们可以，就让它们停下不动吧。"你说。你真正的意思是："让相隔遥远的承担守卫宇宙任务的天体离开它们的岗位吧；让突然而至的混乱发生吧，让星座与星座撞在一起吧，让宇宙的和谐一去不返吧，让神圣的生物们②步履蹒跚直至灭亡吧；让快速运转的天体体系半途而废，放弃我们吧，让这些现在通过有规律的前进与后退的交替而维系世界温度的天体突然被火焰吞噬吧，并且，随着它们的各种季节变化的终结，让万物全部陷入同一种状况中；让火焰吞噬一切吧，然后让沉闷的黑暗君临天下，让所有天体被无底的深渊吞没吧。"难道为了让你信服，就值得将这一切毁灭吗？但是尽管你不愿意，它们还是帮助你；即使这些结果源自于一些更早、更重要的原因，为了你，它们依然走着自己的道路。

还要注意，众神虽然是不受任何外力束缚的，但是他们自己的意志对自己永远都是一条法则。他们已经决定了的东西就不会再改变，相应地，他们不可能去做那些违背他们自己意愿的事情，因为他们已决定坚持去做那些他们不可能停止不做的事情，而且他们对自己的决定从不反悔。毫无疑问，他们不可能停下来或改弦更张，但是这仅仅是因为他们

---

① 这句话的意思是：让太阳和月亮通过显示它们有拒绝帮助我们的能力来证明它们有帮助我们的愿望。——原注

② 天体或星座被古人视为众神。

在用自己的力量达成自己的目的而已。他们不是因为虚弱而继续下去的，而是因为他们无意离开最好的道路，这注定是他们要走的道路。另外，在宇宙初创，他们制定宇宙秩序的时候，他们也关注了我们的利益，考虑到了人类。因此不能认为他们走自己的道路，展示自己的工作，仅仅是为了他们自己的快乐，因为我们也是他们工作的一部分。因此，我们要感激太阳、月亮以及其他天上的主人的恩惠，因为，即使他们的升降有更重要的任务要完成，但他们在向这些伟大的目标进发的过程中确实是施恩于我们。另外，他们是按照固定的目的帮助我们的，因此，我们蒙恩于他们，因为我们不是从那些不知道自己礼物的人那里接受恩惠的——他们知道我们接受这些礼物的。所以，尽管较之于保护凡人，他们还有更为宏伟的目标，会有更多的回报，然而从最开始，他们就一并考虑了我们的利益，并且从他们制定的宇宙秩序来看，很清楚地，我们的利益并非只是一件小事。我们有孝顺父母的责任，虽然许多人结婚时并不是为了生养我们。但是众神不是这样，他们在给全人类提供食物和舒适时不可能不知道自己在做什么；而这个得到神如此多的恩赐的族类①也不可能是无目的地创造出来的。

  自然在没有创造我们之前就想到了我们，我们不是那种随便地从她手里跌落的、微不足道的生物。看看她给了我们多大的特权吧，人类王国怎样地越出了人这个种类；看看她允许我们漫游的地方是多么的宽广吧，她没有使我们局限在陆地的范围之内，而是允许我们进入她所有的领地；看看我们的精神是多么的大胆吧，它是如何地独自探究和寻访众神；并且，我们的思维如何越出大地，与神圣的力量交流。你会发现人不是一种匆忙捏成的随意产品。在自然最杰出的作品中，她再也没有可以比人更引以为耀的东西了，而且也没有其他生物可以理解她的夸耀了。质疑众神的丰盛礼物是多么的疯狂啊！如果一个人一方面不断在接

---

①　指人类。——译者注

受礼物，一方面又否认接受过任何东西，否认从那些总是乐于给予、从不要求回报的人那里接受过任何东西，那么他应该怎样向如果不付出就不能回报的人表达感激之情呢？如果施惠者不因为别人否定他的恩惠就停止施恩，并接连施予恩惠，以证明对于这样的施惠者，如果不感激，那么犯下的是多么大的错误啊！不要说这些话吧："我不要这个东西！""让他自己留着吧！""谁向他要了？"也不要说其他一些傲慢无礼的话。如果一个人的恩惠惠及了你，尽管你表示否认，也还是令你负有感恩的义务。事实上，他的恩惠中最伟大的东西正是：在你抱怨他的时候依然乐于给予你。

难道你没有看见过父母们强迫婴幼儿保护身体的？尽管婴儿又哭又闹，他们依然把他们的四肢用带子裹起来，以免他们的四肢因为过早地自由活动而变弯，而后又迫使他们接受广泛的教育，如果他们不愿意，就会吓唬他们。最终，在年少轻狂的青年期，父母又不断教导孩子节约、正派和养成良好的习惯，如果孩子不干，他们就会施以强力。即使当孩子长大成人，成了自己的主人后，如果由于害怕或傲慢而拒绝接受有益的建议，父母还会使用强力和严苛的措施。因此最伟大的恩惠是我们的父母给予的，但是我们要么一无所知，要么不愿意接受。

那些不知感激和拒绝接受恩惠的人，不是因为他们不想接受恩惠，而是为了逃避义务。这些人也像另一极端的人，那些人则过于感激了，他们希望自己的恩人遭遇困境或不幸，这样他们就有机会去证明自己是多么的感恩，一直记得他人所给的恩惠。他们这样做是否对，是否出于责任心，这个问题是有争论的。他们的精神状态和那些迷狂的恋爱的人同样是病态的，这些人希望自己的情人被放逐，这样就有可能在她被亲友抛弃、离乡背井时陪伴她；他们希望情人贫穷，这样她就会更需要他们的礼物；他们希望她生病，这样就可以陪伴在其床前；总之，他们出于爱而产生的念头与她的敌人的念头却正好相同。因此，仇恨和疯狂的爱的结果几乎是一样的。与此相近，有些人希望朋友陷入困境，这样自己就会有机会去帮他；他们通过伤害来达到施惠的目的。他们什么都不做，也比通过犯罪来寻得履行责任的机会要好得多。如果一个舵手因为危险可能会引来对其技能的更多尊重而向众神祈祷更大的暴风雨，我们会怎么想呢？如果一个将军希望强大的敌军包围自己的军营，猛烈冲过壕沟，推倒屏蔽其军队的防御墙，将充满敌意的军旗插在门口——以便他能力挽狂澜，稳住阵脚，而获得更大的荣誉，我们又会怎么想呢？这些人都请求众神伤害他们自己打算去帮助的人，他们使用丑恶的手段来施惠，希望在自己出手帮助之前别人遭殃。希望一个你因为荣誉而去帮助的人遭到厄运，这是对感激之情的歪曲。

"我的祈祷，"你说，"没有伤害他，因为在我希望他遇险的同时，我也希望他能够脱险。"但是你这话的意思并不是你没有做错事，而是你的错比只希望他遇险而不希望他脱险要轻一些。但是，为了救一个人而把他淹入水中，为了把一个人扶起来而将其打倒在地，为了释放一个人而把他投入监狱，这都是邪恶的。你停止伤害他人，这不是施予他恩惠；让一个人被你加载重担后再卸掉它，是没有任何价值的。不错，你可以伤害我之后再来治疗我，但我更希望你从没有伤害我。你会因为治疗我的伤而赢得我的感激，但不是因为你伤害我来获得治疗我的机会。伤疤从来不会让人愉快，除非把它和伤口比较。我们为痊愈而高兴，但是我们宁可不曾受伤。如果你希望这种事发生在你没有施惠于他的人身上，那么你是残忍的；如果这个人曾经施惠于你，那你岂非更为残忍！

"同时我也祈祷，"你说，"可以帮助他。"首先——让你在祈祷的中途停下来——这已经显示出你的忘恩负义了。我还没有听到你要帮他什么，但是我已经听到了你要他遭受苦难。你希望焦虑、恐惧和其他更大的灾难降临到他身上。你希望他会需要帮助——这对他是不利的。你希望他需要你的帮助——这对你有利，你不是想帮他，而是要从对他的亏欠中解脱出来。所以你这样热切还债，不过是不想欠人情，而不是真的想回报。因此，你的祈祷中唯一看起来还算荣耀的部分，是一种卑鄙的、不愿意继续欠恩的忘恩负义；因为你所希望的不是可以获得一个回报恩情的机会，而是他不得不需要你的帮助。你使自己占上风，迫使你的恩人匍匐在你脚下。以高贵的心灵继续感恩岂非比用邪恶的手段来摆脱它要好得多？如果你否认你收了礼物，那么你的罪孽会轻一些。因为这样一来，你恩人损失的只是他给你的东西。但是你现在希望他比你低下，因为他失去的财产和社会地位不及他给予你的恩惠。我能称你为感恩的吗？让你希望帮助的人听到你的祈祷吧！难道你会称为"祈祷"吗？在里面友善和敌意成分几乎是一样的，而且如果它的最后一部分被省略，你肯定会被公认为他的敌人。甚至敌人有时也会希望为了放弃几座城市而攻占它们，为了宽恕某些人而征服他们，然而这依然是敌人的愿望。在此，"善意"由残忍开路。

最后，你认为哪种祈祷是被祈祷者本人最不愿意看到它实现的？你希望一个人被众神伤害，而你又希望由你自己去救他，你这样对待他是非常恶劣的，你这么做是对众神的不公，因为你让他们充当了一个最为残忍的角色，而你自己却选择了一个和善的角色。为了让你可以帮助他，众神就必须伤害他。如果你唆使某个告密者陷害一个人，然后你去救这个人，如果你使某个人陷入一场官司，随后又撤诉，那么没有人会对你的卑鄙表示怀疑。你是通过诡计还是通过祈祷来达到自己的目的，这两者又有什么不同呢？或许你通过祈祷给别人召来更为强大的敌人？你没有权力说："我给他带来了什么害处呢？"你的祈祷要么是无效的，要么是有害的；不，即使并无效果，它也是有害的。你通过祈祷朋友遭殃已经伤害了他：如果实际上没有伤到他，那是万幸。你这么期望就足够了——我们对你的愤怒应该像你的期望已经实现了一样。

"如果我的祈祷，"你说，"能有任何力量，那么它也会给别人带去安全。"首先，你希望我陷入确定的危险之中，但却没有给我确定的帮助。退一步讲，假设你认为两者都是确定的，但是伤害先到了一步。另外，你知道你祈祷的灾难是有期限的，但是我却在暴风雨中颠簸，对附近有没有避风港一无所知。为了得到你的帮助，我该受到怎么样的折磨呢？即使我脱险，我在恐慌袭击中已经备受煎熬。即使我最终被判无罪释放，我已经为自己的案件苦苦辩护！无论恐惧的尽头是多么美好，我们还是更喜欢稳固和不可动摇的安全。请祈祷你在我需要的时候回报我吧，请别祈祷我有这样的需要。如果你能这样做，那么你就已经做到了你为之祈祷的事情。

这样的祈祷将更为得体："我希望他总是处于施惠的位置，永远不需要受惠；希望他有财富相伴，他是如此慷慨地用这些财富来行善和帮助他人啊；希望他永远不缺乏用以行善的东西，也永远不要为给予的东西而后悔；希望他慈悲、和善，他仁慈的天性可以从大量满怀感激之情的人那里得到激励，希望他无须检验就能发现这些感恩的人；希望没有人会认为他是不宽容的，希望他不必去抚慰任何人；希望命运继续惠顾他，让所有人除了感激他之外，无法报答他的恩惠。"

这样的祈祷是多么的恰当啊，它无须你再苦苦地等待机会了，你立刻就能表达你的感激之情！当你的恩人一切顺心的时候，有什么东西阻碍了你回报他的恩情吗？即使对方是富人，我们可以回报他的方法也是不胜枚举啊！发自内心的建议，不断地交往，礼貌悦耳却不含奉承的话语，在他询问的时候洗耳恭听，在他需要保密的时候守口如瓶，还有朋友间的亲密无间。好运气不可能把一个人抬得那么高，以至于因为他一无所求而不再感到需要朋友。

另一种方式是等待病态的机会，这是每一个祈祷者都要消除和拒绝的想法。难道在你表达对某个人的感激之情以前众神就必须对他发怒吗？鉴于那些被你忘恩负义的人过得好得多这一事实，难道你还不懂你做错了吗？想想地牢、锁链、耻辱、奴役、战争和贫穷吧——这些就是你苦苦乞求的机会。如果有人曾与你交往，你就是拿这些东西和他结账的！相反，你为什么不希望那个你亏欠最多的人强大和幸福呢？因为正如我所说的，有什么东西可以阻止你回报恩人呢，即使他是最富有的人？你到处都会发现回报的机会。什么！难道你不知道即使对富人也可以还债吗？我不会对你唠叨你可以做的各种事情。然而，如果一个人的富有和成功使你不敢送他任何东西，我会告诉你大地上最高者需要什么，拥有一切的人还缺乏什么——当然就是告诉他真话的人：这样的人使他从不间断的谎言和谬误中解脱出来，这些东西迷惑了他，长期以来他只能听到阿谀奉承，而听不到事实真相，这已经使他到了不知真相为何物的地步了。难道你没有看见，那些被阿谀奉承的小人而非忠诚的朋友包围下的人是怎样走向灭亡的吗？没有人在对他提建议时说真心话，大家都在溜须拍马上一比高低，而且这个人所有的朋友只有一个目标，就是看谁的谎言最为诱人；然而他却不知道自己的力量，相信自己就像他们吹捧的那么伟大；他发起无用的战争，危及整个世界，他打破惠及众生的必需的和平，他被无人可以控制的愤怒统治，造成生灵涂炭、血流成河的局面；最终，他毁灭了自己。这些人在没有经过调查的情况下，就宣称不确定的东西是事实，认为改变自己的看法就和被击败一样耻辱；他们认为已经摇摇欲坠的东西会永远存在下去，他们使幅员辽阔的诸多国家毁了自己和自己的亲友。并且，由于生活在浮华但却虚假并转瞬即逝的好处之间。他们无法理解，从他们不能听到一句真话的那一刻起，他们能指望的除了不幸之外，已经别无他物。

当薛西斯（Xerxes）[①]对希腊宣战时，他非常自负，而且宫中的每个人都鼓动他这么做，以至于他忘记了他自信的理由毫无根据可言。有人说，希腊人连宣战的消息都不敢听到，一听到他到来的谣言就会逃之夭夭；另一个人则说，毫无疑问凭借着如此强大的力量，希腊人不仅会被征服，而且会被毁灭；要怕的倒是：他的军队遇到的只是诸多被遗弃的希腊空城，仓皇而逃的敌军会留下大片的荒地，他的大军根本没有用武之地。还有人说，这个世界对他来说显得太小，海洋对他的舰队来说

[①] 波斯的一个国王。

显得过于狭窄，军营装不下他的军队，平原无法容下他的骑兵布阵，甚至天空也几乎不能容纳他的每一个士兵同时投出标枪。

诸如此类的吹捧包围了他，让他本已过分的自信到了疯狂的程度。当时唯独斯巴达人德马拉图斯（Demaratus）告诉他说，他引以为自豪的庞然大军，组织无序，难以调动，它本身对其统帅就是一种危险，因为它所具有的不是力量，而只是重量；这样的军队人数太多，根本就不能控制，而不能控制的军队总是不能长久地存在的。"斯巴达人，"他说，"会在希腊的第一座山下等候你，并立刻让你先尝尝他们的厉害。只要三百个勇士就能阻止数不胜数的、由各类民族组成的军队的进攻；他们会坚守自己的岗位，他们会用武器保卫委托给他们的要隘，并用他们的身体挡住你的去路；整个亚洲都不可能把他们赶开；他们人虽少，但将会阻止这一可怕的侵略，尽管这好像是被整个人类发动，尽管自然可以改变自己的法则，允许你横渡海洋，你却会被一条小路阻挡。当你算出了通过温泉关的代价时，你也就可以估计你日后的损失了；当你认识到你会被阻止的时候，你就会明白你也可能被击败。在许多地方希腊人会在你面前撤退，那就好像被令人恐惧的山洪的第一次暴发冲垮了一样；然后他们就会对你发起此起彼伏的攻击，并利用你自己军队的力量来摧毁你。人们所讲的话是正确的——你为战争准备的辎重十分巨大，你企图攻占的国家无法容纳它。但这一事实对我们不利。就是因为希腊的空间不足，希腊将征服你；你不能用上全部的力量。另外，你将因此无法做到取胜所必须做的事：不能在第一次进攻时冲向前方，不能给后退的我军及时帮助，也不能支持和加强军心动摇的前线部队；甚至早在你知道之前，你已经被击败。然而，你可能会想，你的军队数量多得连主帅也不知其数，所以它无法抵挡；但是没有东西会多到不能消灭的程度；实际上，即使没有其他的原因，它的数量过大本身就可能毁了它。"

一切都不出德马拉图斯所料。那位令众神和人类服从的人，那位扫除了所有挡住其去路的人,却被三百勇士喊停。① 当遍及希腊各个角落的波斯人被击败后,他终于明白了一支乌合之众和一支军队的差别是多么的巨大!因此薛西斯,对他而言羞耻比损失更让他痛心不已,向德马拉图斯表达了自己的谢意,因为他是唯一对他说真话的人;并允许他索取喜欢的东西作为回报。他要求的竟是坐着战车,戴着竖直的头巾进入萨迪斯(Sardis)——亚洲最大的城市,这是帝王才有的待遇。他不用开口,就得到自己的回报。但是,这个国家是多么的可怜,唯一告诉国王真相的竟是一个自己也不识相的人!

晚年的奥古斯都皇帝放逐了自己的女儿,她不知羞耻到了极点,使皇室的丑闻公之于众——她曾拥有众多的情夫,她的夜生活蜚声整个城市,正是广场和讲坛,那是她父亲提议制定禁止通奸的法律的地方,曾被她选为寻欢作乐的场所,她每天都要去马思亚斯(Marsyas)雕像所在的地方,并且以一个通奸者的角色在那里兜售恩惠,寻找和一个情夫寻欢作乐的正当性,即便他是一个陌生人。

奥古斯都在一怒之下公开了所有这些罪行,作为皇帝,他本应该在惩戒它们的同时予以保密,因为某些肮脏的行为甚至会报应到惩罚它们的人身上。慢慢地,随着时间的流逝,羞耻取代了愤怒的位置,他悲叹当初没有用沉默来掩饰这些事情;直到耻于提起它们时,他才知道要这么做。他经常呼喊:"如果阿格里巴(Agrippa)或马伊西纳斯(Maecenas)还活着,这种事决不会发生在我的身上!"即使对这个成千上万的人的主宰来说,想弥补失去这两个人的损失也是如此的困难啊!当他的军团被屠杀时,他立刻就可以招收其他人作为补充;当他的军舰沉没时,没几天一艘新的又会扬帆起航;当公共建筑物被大火烧毁时,比从前更好的又会屹立在原来的位置上。但是在他的余生中阿格里

---

① 波斯大军入侵希腊后,在温泉关受到斯巴达三百勇士率领的希腊联军的英勇阻击。——译者注

巴和马伊西纳斯的位置是无人可以填补的。我该怎么想呢？是没有人可以取代他们，还是奥古斯都自己不对？因为他宁愿选择悲悼他们，而不去找寻可以代替他们的人？我们没有理由认为阿格里巴和马伊西纳斯有向他说真话的习惯。如果他们还活着，也许他们也和别人一样。帝王的一个特征是：褒扬失去的东西，贬低现有的东西，赞美那些永远不可能对自己犯颜直谏说真话的人。

但是，让我们回到主题上来。你看，向富人甚至向拥有人类至高权力的人回报恩情是多么的容易啊。不是告诉他们乐于听到的东西，而是他们希望总是能听到的东西；让被阿谀奉承塞满了的耳朵能有机会听到几句真话吧；给他们有用的建议吧。你在问我可以给幸运的人什么东西吗？那么告诉他不要相信自己的运气，运气必须要依靠众多忠实的友人来维持。如果你使他抛弃了"我的力量会永久存在"这一愚见，并且告诉他偶然性的礼物会稍纵即逝，它离开的速度比其到来的速度还快；如果你告诉他运气转坏的过程和运气转好的过程不一样，常常是从运气的巅峰一步跌落到毁灭的境地；那么，你还会觉得给他的东西不够多吗？如果你不知道让某人得到一个朋友就是给了他很多东西的话，那么你就不知道友谊的价值有多大；友谊是罕见的礼品，它不仅在豪宅之中少见，也不会随着时间的积累而增多；在人们认为它富足的地方，也就是最缺乏它的地方。什么！难道你认为那些招待员都记不住或写不下的名册不是记录着朋友的名字？那些排着长队敲你家门的人，这些你区别款待的人，不是你的朋友。

给自己的朋友划分等级是国王和那些模仿国王的人的老习惯了，他们把跨过或触摸他们的门槛视为一项了不起的特权；他们把允许你坐得离前门近一些或是在旁人之前先进房子视为给予你的荣誉；房子里面还有许多门，这些门即便对那些已获准进入房子的人也是紧闭着的。对我们来说，盖伊乌斯·格拉古（Gaius Gracchus）和稍后的里乌斯·德鲁苏斯（Livius Drusus）最先与众位追随者保持距离，让某些追随者进入私室，有些进入小圈子，有些只是一般性公开接待，等等。这些人拥有"主要的朋友"和"普通的朋友"，但从来没有一个是其真心相待的朋友。你会称一个必须排队来向你问候的人为朋友吗？或者，一个从很不情愿才打开的门里偷偷摸摸地挤进来的人有可能对你忠心耿耿？当一个人必须以"您好"这一问候陌生人的普通用语来开始你们之间的谈话时，他还能够与你坦率交谈吗？因此，无论你在什么时候等待那些大人物的接见，即使你发现街道已经被庞大的人群挤满，道路已经为人群堵塞，你依然可以确信你要去的地方挤满了人，但却没有一个是朋友。我们必须在心底找寻朋友，而不是到客厅去。必须在你的心里被接待、保留并以真情铭记。把这些话告诉那个人吧——这样你就显示了感激之情！

如果你只在朋友有难的时候才对他有用，如果你在他好运时可有可无，那么你对自己的看法就太糟糕了。既然你在可疑的时候谨慎对待，在遭遇困境的时候勇敢面对，在好运降临的时候保持自制，那你就表明自己能理智地处理可疑的、恶劣的和幸福的等诸多情况。因此，你在任何情况下都会对朋友有用的。在陷入困境时不要抛弃他，但是也不要希望不幸降临到他头上。然而，即使你不这样希望，在人生诸多事件中，自然会有很多降临到他身上的事情会给你提供显示忠诚的机会。为了分一杯羹而祈祷别人富裕的人，在祈祷的时候一只眼睛盯着自己的利益，尽管他的祈祷表面上是为了他人的利益。同样，如果有人祈祷朋友有急迫的需要，以便他能解救之，以显示其忠诚，这完全是忘恩负义者的想法，这是把自己置于朋友之前，并认为为了显示自己是感恩的而让朋友陷于不幸是值得的。就因为这一点他证明了自己是忘恩负义的。因为他所希望的是甩掉一个包袱，从重担下解脱出来。在为了回报恩惠而急于表示感激和为了不再承担回报的义务而急于表示感激之间，有着极大的差别。希望回报恩惠的人会依朋友的方便而行事，并会希望恰当的时机的到来；只想甩掉包袱的人则急于不择手段地达到目的，这是一种最为糟糕的愿望。"你是在说,"你说,"急于报恩属于一种病态的感恩之情!"除了重复说过的话,我再也不能把我的意思表达得更清楚了。你所希望的不是回报恩惠,而是从恩惠中解脱出来。你好像在说:"什么时候我才能摆脱它啊?我一定要想尽一切办法不再欠他的人情。"如果你希望用他口袋里的钱来还清你欠他的账,那么你看起来离感恩足有十万八千里。你的这一渴望更为不公,因为你不但乞求灾祸降临到他的身上,还召来可怕的灾祸降临到你认为圣洁的人头上。我认为如果你公开乞求他遭遇贫穷、绑架、饥饿和恐惧,那么没有人会怀疑你的残忍。但是说出来和默默的祈祷又有什么区别呢?因为你的确希望这些事情降临在某人身上。去吧!去自以为这算知恩图报吧——去做即便是一个忘恩负义的人也不会做的事,并认为自己只是想摆脱恩惠,而非对施惠人心怀仇恨。

如果埃尼阿斯(Aeneas)① 为了可以救父亲而希望自己的城市被敌人攻占,那么谁会说他是正义的呢?如果那些西西里青年向全身燃烧着并喷发火光的埃特那火山(Aetna)祈祷,以便让他们有机会把父母从火灾中救出来,这样显示他们的孝顺,那么谁会把他们作为自己孩子的榜样呢?如果斯奇比奥是为了获得终止迦太基战争的荣耀而发动这场战争的,那么罗马不欠他什么。如果德西一家(the Decii)祈祷国家遇上灾害,以作为展示他们英雄式的牺牲行为的机会,那么罗马也不欠他们什么。对医生而言,用病人做试验是极大的耻辱。许多医生为了获得治愈疑难杂症的名声,加重病人的病情,结果有的没有治愈,有的让病人遭受巨大的痛苦。

据说(至少海卡顿说过这个故事),卡里斯特拉图斯(Callistratus)被他那个党派林立却又缺少法纪的"自由国家"流放,和他一起的有

---

① 埃尼阿斯(Aeneas)是传说中的特洛伊贵族,特洛伊被希腊联军打败后,他携老父冒火逃出,据说后来逃到意大利,建立了罗马。——译者注

很多人；当他听到有人说，希望雅典遇上麻烦，迫使它取消流放时，他呼喊道："神灵禁止我们这样回归祖国！"

我们的同胞鲁提留斯（Rutilius）显示了更高尚的精神力量。当有人尝试以内战临近，不久所有的流放者就可以回归来安慰他时，他答道："我冒犯了你什么，以至于你希望我比离开更悲痛地回国？我希望的不是我的国家为我的回归而哭泣，而是她为我的流放而脸红！"让其他所有人比受害者更羞愧的流放，那就根本不是流放。

这两个人是很好地坚守公民职责的人，不愿以一场公共灾难为代价回国，他们宁愿自己遭遇不公正的不幸，也不愿意大家都遭遇不幸。同样地，符合一个感恩的人的品质的人不会希望他的恩人身陷困境，以使自己能去解救他；即使他想对他好，他却在希望他遭殃。扑灭你自己放的火并不能使你脱罪——更别说使你赢得什么功劳了。

在一些国家，一个卑污的念头被视同于罪犯。无论如何，在雅典，德马得斯（Demades）打赢了一桩起诉一个筹办葬礼的生意人的官司，他证明了这个生意人曾祈祷获得大量利润，但是如果不死很多人，他就不能得偿所愿。然而经常有人提起对他有罪的证明是否正确这一问题。也许他祈祷的不是卖给很多人冥器，而是以高额的利润售出——或是能以很便宜的价格进货。既然他的生意由买和卖组成，那么既然他从买卖都能获益，你为什么要把他的祈祷限制在其中一方呢？另外，你可以证明所有从事这个行业的人都有罪。因为他们所希望的，也就是秘密祈祷的，与此人的一样。你也将不得不证明人类中的大部分都有罪，因为有谁不是从他人的苦难中获益呢？一个士兵如果想要荣誉，就得祈祷发生战争；农民由于谷价的高涨而获利；大量诉状提升了辩才的价格；医生在疾病流行的季节赚大钱；贩卖奢侈品的人因为青年的腐化而发财；如果没有房屋被风暴或大火摧毁，建筑商的生意就惨了。一个人的祈祷被发现了，但是所有人的祈祷都与此类似。或者，你难道会以为阿伦提乌斯（Arruntius）和海特里乌斯（Haterius），以及其他贪求遗产的人，他们的祈祷会和掘墓人不一样吗？只不过后者不知道他们祈祷的是谁的死亡，而前者渴望的是其最亲密友人的死亡——因为友谊，他们最有希望得到遗产。没有一个人的生存会伤害到遗产继承人，但是如果死者死得慢一点，前者就会饥渴难耐。因此，他们祈祷友人之死，不仅因为可以收到自己的不光彩"友谊"所获取的东西，而且还可以不用支付重税。因此，毫无疑问，这些人更热切地祈祷那使那位遗产继承人受到指责的希望，因为任何人的死如果能让他们获益，那么他们就是在让他们受损。然而，所有这些祈祷者都是众所周知的，也没有受到惩罚。最后，让每个人反省自身，并退入心里最为隐秘的角落，去发现其默默祈祷的到底是什么。有那么多的祈祷是他即便对自己也羞于承认的！我们可以当着别人的面说出来的又是多么地少啊！

但是，我们不应谴责所有应该责备的行为，就拿我们正在讨论的对朋友的祈祷来说，这个人的目的是好的，但他的方法是邪恶的，并且陷入的正是他竭力想要避免的错误，当他急于证明自己是感恩的时候，他却成了一个忘恩负义的人。他大声祈祷说："让他受我控制吧，让他需要我的影响力吧，让他不可能没有我就得到安全和荣誉吧，让他陷入不幸吧，这样的话，无论我给他什么，他都会把它当成恩惠的。"他又对众神加上这样的祈祷："让他陷入只有我才能粉碎的家庭阴谋吧，让他被强大的敌人和武装暴徒攻击吧，让他被债主或是告密者苦苦纠缠吧。"

看看你是多么的公正啊！如果他没有给你恩惠，你就不会祈祷其中的任何一项灾祸降临到他的头上。先不提你那更为严重的罪行，恩将仇报。你不等恰当时机的到来就采取了行动，这显然是错误的，这和错过时机不行动一样是错的。就像不是每份恩惠都应该接受，我们也不是在所有的情况下都要回报的。如果你违背我的意愿回报我，那你就是忘恩负义；如果你逼迫我期望它，那么你岂不是更为忘恩负义吗？等一会儿吧！为什么你不愿意让我的礼物在你的手里多停留一段时间呢？为什么你要抱怨负欠我的人情呢？为什么你好像是在和一个刻薄的高利贷者打交道，这么急着结清账目呢？为什么你要让我陷入困境呢？为什么你要让众神害我呢？如果这就是你回报的方式，那么在你要求别人回报的时候，你会怎么做呢？

因此，利玻拉理斯，让我们首先学会这一点——宁静地承担回报他人的义务，等候时机的到来，不要刻意地制造回报的机会。记住，急于在第一时间摆脱回报的义务，是一个人忘恩负义的标志。因为一个不愿意蒙恩的人是不会真心回报的，并且他那么不愿意保有礼物，这说明他把它看作负担，而不是当作恩惠。一个人记得朋友们的恩惠，向他们回报，不是强加给他们，也不把自己仅仅看作一个债务人，这样岂非好得多，得体得多？因为恩惠是一种普通的联系，它把两个人连在了一起。你大可以说："我没有拖延回报你的善意；我希望你会乐于接受它。如果残忍的命运之神威胁我们中的任何一个，命中注定不是你必须接受回报，就是我得再次受惠，那么就让那个习惯于给予的人给出吧。我已经准备好接受了：

特努斯（Turnus）是不会拖延的。①

"无论何时我都要展示这样的精神。同时，众神是我的见证人。"

我经常在观察你，利玻拉理斯，并且发现你似乎有一种不安的感觉，唯恐你在履行职责的时候疏忽大意。这种不安不包含一种感恩的心意，因为感恩带来的是最大的自信，而且因为意识到施惠者的真挚深情，所有的烦恼都被一扫而空。说"拿回去"和说"你欠我"带给人的耻辱是一样多的。选择回报时间的权利属于施惠者，就让这成为施惠的第一个特权。但是你说："我怕人们日后会谈论我。"如果一个人不

---

① 见维吉尔《埃尼阿斯》卷11，11。

是因为他的良心，而是因为他的声誉而感恩的话，那么他的动机就错了。在这件事上你有两个法官——一个是你的恩人，你不应该骗他，另一个是你自己，你无法骗他。"那又怎么样呢，"你说，"如果没有机会呢？难道我要一直亏欠下去吗？"你是还亏欠着，但是要坦然地亏欠，乐意地亏欠——你要怀着极大的喜悦来看待还留在你手里的东西。一个人因为还没有回报而恼怒不已，就是为收了这份礼物而后悔。但是，如果你认为那个人值得你受他恩惠，那为什么你认为他不值得你长久亏欠呢？

那些认为用礼物填满许多人的口袋和房子就是灵魂伟大的证据的人，犯了一个极大的错误，因为有时候这并非出于伟大的灵魂，而是出于运气好。他们不知道，有时候接受礼物比滥送礼物要伟大和困难得多。尽管我不会贬低两者中的任何一个，因为当有美德引导时，两者的价值是等同的；感恩对精神的要求并不比施惠低多少。在这两者中，实际上前者要更为费力，因为需要用更大的精力来守护它。因此，我们不应急于匆忙回报，也不应该在不恰当的时机回报，因为急于在错误的时间回报的人和在正确的时间疏于回报的人一样不好。他已经把礼物交托给我，我既不应该因为他，也不应该因为我自己而感到害怕。他感到很安全，他不会失去他的恩惠，除非他失去我；不，即便失去我，他也不会失去它的。我已经谢过他了——也就是说，我已经回报了。一个对回报想得太多的人必然假设另一个人总在想到回报。两种方式都可以：如果一个人希望自己的恩惠得到回报，那么就让我们高高兴兴地回报给他吧；如果他更喜欢让我们继续保管他的礼物，那么我们为什么要违背他的意愿呢？为什么要拒绝帮他保管呢？他值得我们允许他做任何他喜欢做的事情。至于流言和名誉，我们必须要把它们看作我们行动的伴随结果而不是其指引。

第七卷

利玻拉理斯,你可以开心了:

> 港湾已近在眼前——我将不会再拖延,
> 不会再啰啰嗦嗦地吟唱这首已经拖了很长的歌了。①

这一卷将汇集略去的部分。在主题已经被详尽无遗地论述之后,也不会再岔入小道,偏离主要干道。我要去发现的,不是我还能说些什么,而是有什么东西我没有说到。如果这里面有什么多余的东西,那么希望你不会因此而见怪,因为正是为了你,我才没有省略它。

如果我的目的是使这部作品对自己最有利,那么我就应该让我的作品逐渐地引起别人的兴趣,并给最后一部分保留一些即便已经读厌了前面的读者也急于浏览的东西。但是,我的目的并非如此;对于所有最为本质的东西,我已经在开头集中表述了。现在我只是要捕回那些漏网之鱼。严肃地讲,如果你问我在陈述过约束行为的规则之后,是不是应该提一些不是为了增进精神的健康,而是为了训练思维的问题了,那么我认为不是这样的。

犬儒学派的德米特里乌斯(Demetrius),在我看来即便与最伟大的

---

① 维吉尔:《农耕》卷2,45。

贤哲相比，他也是一个伟大的人。他喜欢说这样一句让人敬仰的话：掌握几句有实用价值的哲学箴言比获得广博却没有实际价值的知识要好上不知多少倍。"就像，"他说，"最好的摔跤运动员不是那些掌握了该项技能所有姿势和技巧的人，这些东西在对阵的时候很少能全部用上，而是那个掌握了其中的一两项技术并积极等待运用的时机的人——因为如果他知道的东西足以带给他胜利，那么他知道多少就不重要了。因此，在我们所讨论的这些事中，有很多东西很有意思，但是只有很少的一部分是重要的。虽然你可能并不知道海洋潮汐涨落的原理；不知道为什么每个第七年都会在人的身体上留下自己的记号；不知道为什么柱廊的宽度在你从远处看它时不能保持真实的比例，而是越接近尾端越狭窄，最终圆柱之间的空间消失了；不知道为什么双胞胎是分开受孕的，却一起出生，是一次性交就能诞生两个人，还是一次性交只能诞生一个人；不知道为什么那些一起出生的人拥有不同的命运，而且，虽然他们几乎是同时出生的，经历却差别很大——跳过这些对你来说既不可能知道、又无益处的东西是不会对你有太多的害处的。真理藏得很深，对其无知不算罪过。我们不能抱怨自然吝于向我们展示它自己，因为除了那些仅仅给我们带来'发现'这一虚名之外别无其他回报的东西，没有什么东西是难以发现的。所有可以用来使我们变得更好、更幸福的东西，不是近在眼前，就是离此不远。一个人的灵魂可以蔑视所有命运中的偶然事件，只要他不受恐惧的影响，不贪求享用不尽的财富，而是已经学会从自身寻觅宝藏了；灵魂驱散所有对神和人的恐惧，它知道人身上可怕的东西不多，而神一点也不可怕；只要那个人的灵魂鄙视所有在其充裕的时候却使生活悲惨贫乏的东西，只要它能够高瞻远瞩地发现死亡并不是任何邪恶的来源，倒是许多邪恶的终结；只要那个人的灵魂可以将自己献给美德，并认为每一条通往美德的道路都是平坦的；只要那个人是社会动物并为共同利益而生，他把世界看作人类共同的家园，只要他在众神面前敢于袒露自己的良心，总是像在公众的眼光下生活，畏惧自己胜于其他一切东西——这样的灵魂远离风暴,头顶蓝天站在坚实的大地上,它已经完完全全地获得了有用的和必要的知识。其他所有东西只是休闲时光的消遣而已。一旦我们的灵魂发现了安全的避风港,它可能也会去寻觅那些只能为它的力量增添光彩而不具有增强作用的东西。"

我的朋友德米特里乌斯所说的这些东西是初学哲学的人必须用双手牢牢抓住的,他绝不能让这些规则溜走,他必须快速地抓住它们,并使之成为他自己的一部分;经过每天对它们的沉思,他就会达到这样一种境界:这些有益的格言会自主地出现在他的脑海里,无论何时,只要他要用到它们,它们就会立即出现;正确和错误之间的差异会毫不迟疑地展示自身。让他知道除了卑鄙之外别无他恶,除了高贵之外别无他善吧。让他把这一规则运用到全部日常行为中去吧;让他自己和他人严格地照此规则行事吧。而那些被贪婪控制的人,那些精神懒散麻木的人,就让他判定他们为人类中最为可怜的人吧,无论他们有多少财富。让他对自己说:"快乐是脆弱而短暂的,并且它注定会消失。对它沉迷得越深,它就会越快地转向自己的反面,我们要么会为它后悔,要么羞愧;它自身没有高贵的东西,它没有配得上人类本性的东西——人类的地位仅次于众神;快乐是低级的东西,它源自于对我们身体中卑下部分的屈从,其后果丢人现眼。真正配得上人或英雄的快乐,不是来自无休止地满足肉体的欲望和激起那在安静的时候危害最小的贪欲,而是来自摆脱一切精神上的干扰,这些干扰有的来自互相争斗不休的野心,有的来自天上,即关于众神传说的看法,以及拿我们自己的邪恶去推想神。"这是恒常的、平静的、永远不会让人腻烦的快乐,这就是我们刚才描述过的人享受的,这样的人熟练掌握了众神和人类法则,这样的人在当下快乐,对未来毫无焦虑,因为倚靠不确定的东西的人不可能获得任何确定的支持。因此,他从折磨精神的严重焦虑中摆脱出来了,他不会希望得到或觊觎任何东西,他满足于已经拥有的东西,他不会陷入对那些可疑不定的东西的追求中去。

另外，不要以为他满意的东西是微不足道的——所有的东西都是他的，而且这和亚历山大的拥有方式是不同的，尽管亚历山大已经站在了红海的海岸上，他还是需要比已占有的土地更大的版图。甚至他也没有拥有那些他正掌握着或已经征服了的国家，当时被他派去发现新国家的奥尼西克里图斯（Onesicritus）正在海洋上搜索，并在不知名的海域发起战争。难道还不清楚吗？一个欲火焚身的人必然把双手伸向自然的疆界之外，他受不理智的贪婪驱使，一头扎进未经探索和无边无际的海洋。他手里已经有多少国家，他已经赠送了多少，其他国家进贡了多少，这又有什么区别呢？这样的人依然匮乏，他的贫乏与他的觊觎一样多。

这不仅是亚历山大一个人的罪孽，他成功的冒险经历让他紧跟着酒神和大力神的足迹，这也是所有被运气以丰厚的礼物不断刺激的人的罪孽。想想居鲁士（Cyrus）和冈比西斯（Cambyses）以及所有的波斯王朝吧。在他们中间你发现有谁是对其国家的疆土表示满意的，有谁不是垂死前还渴望扩充版图呢？我们没有必要奇怪。因为贪欲得到的任何东西在被一口吞下时就丧失了，这和一个无论倒多少水都不能灌满的容器没有多少区别。

只有贤哲才能拥有所有东西，并且不必奋力保有它们。他不必派遣使节远渡重洋，不必在敌人的海岸上驻扎兵营，不必在战略要塞上布置守军，他不需要军团或骑兵中队。不朽的众神不以武力统治自己的疆域，只是在晴朗的高空守卫着自己的王国；同样，贤哲也会履行自己的职责，无论多远，都井然有序；并且，作为人类中最强大、最优秀的分子，他视全人类于自己之下。虽然你可以笑他，然而如果你用头脑鸟瞰东西方，思维远及被大片荒漠阻隔的地方，如果你想想地球上所有的生物，富有的自然界源源不断的茂盛产物，那么一个高贵的灵魂就可以像神那样说："一切都是我的！"结果他就不会觊觎任何东西，因为没有东西是在一切东西之外的，而一切都是他的。

"这，"你说，"正是我要的东西。我抓到你了！我倒想看看你怎么从这个你自愿跳进去的麻烦中走出来。告诉我，如果贤哲拥有一切，那么其他人怎么有可能给他东西呢？因为别人给他的本来就已经是他自己的东西。因此，你是不可能给贤哲恩惠的，因为无论你给他什么，那都是出自他自己的商店；然而你们斯多亚派认为施惠于贤人是可能的。还要注意，这一问题也是针对朋友而言的。你说朋友们共同拥有一切；那么就没有人可以给朋友任何东西。因为他所给予的是他和朋友共同拥有的财产。"

没有什么会阻止一件东西既属于贤哲又属于那个占有它的人。按照国法，所有东西都是属于国王的，然而国王以其普遍权力拥有的财产，被分发到一个个物主手中，并且每一件独立的东西都是某人的私人财产。因此，我们可以送给国王房子、奴隶和钱，而不会被人说成是用他自己的财产给他送礼。因为从所有权来说，所有的东西都是属于国王的，而实际的拥有者却是作为个体的公民。

我们可以谈到"雅典人及其同伴的领土"，但其实那里的居民土地是划分成不同的私人地产单位的。毫无疑问，土地整体上是某个共同体的财产，但它的各个部分则属于各个拥有者的财产。因此，我们可以把土地送给国家，尽管它们被看成是属于国家的；因为从某种意义上说它们是国家的，从另一种意义上说是我的。

一个奴隶的所有私人储蓄同时也都是属于他的主人的，难道这还有什么疑问吗？然而他可以送礼物给自己的主人。如果主人不愿意，奴隶就什么也不能拥有；但是不能因此说奴隶一无所有；即便某人不愿意，你也可以从他那里夺走一件东西，但不能因此说他自主地送你的东西就不是礼物了。

关于"贤哲拥有一切"这一观点，我们下面还要进一步论证；现在我们都已经同意它。目前我们必须要解决的问题是，怎样才能向已拥有一切的人表示我们的慷慨。所有孩子手中的东西都是属于他的父亲的，然而有谁不知道儿子也可以送礼物给父亲呢？所有东西都是属于众神的，然而我们都送他们礼物，并且还向他们奉献。如果属于我的东西也是属于你的，那并不说明它就同时不是我的。因为一件东西可以同时属于你和我。

"妓女属于拉皮条的人，"你说，"但是所有东西都是属于贤哲的，而这里面必定包括妓女，因此妓女是属于贤哲的。但是妓女属于拉皮条的人，因此贤哲是一个拉皮条的。"以与此相同的方式，你还禁止贤哲买任何东西，因为你说："没有人会购买自己的财产。而所有东西都是属于贤哲的，因此贤哲不买任何东西。"以与此相同的方式，你禁止贤哲借贷，因为没有人会因为用了自己的钱而支付利息的。尽管他们完全明白我们的意思，他们还是要无休无止地诡辩下去。

我的意思是，在所有的东西都属于贤哲的同时，每个人还是会拥有他自己的财产，就像在最好的那一类皇帝的统治下：皇帝以其普遍权力拥有一切，而他的臣民以其各自的所有权拥有自己的财产。我在适当的时刻会证明这一点的。与此同时，如果我说我有可能送给贤哲从某种意义上说是属于他的，而从另一种意义上说是属于我的东西，那么我们就将充分回答手头上的这个问题。有可能给予拥有一切的人某些东西，也不会让人感到奇怪。设想一下，我从你那里租了一间房子，你依然对其拥有某种权利，我也拥有某种权利——这一财产的所有权是你的，而它的使用权是我的。同样地，如果你的佃户表示反对，那么你也不能去碰那些庄稼，尽管它们是种在你自己的地里的；另外，如果玉米的价格涨得太高了，或者你正在挨饿，那么你就会说：

哎呀！徒然面对别人的大丰收。①

---

① 维吉尔：《农耕》卷1，158。

这些粮食长在你自己田里，躺倒在你自己地里，将要储存到你自己的谷仓里，但你都只能看看而已。尽管你是物主，你也不能到租给我的屋子里，你也不能带走你已经租给我的奴隶。如果我从你那里雇了一辆马车，那么只要我允许你坐进它，就是给了你一份恩惠。因此，你看，某人接受属于他自己的东西作为礼物是可能的。

　　在我刚才引用的所有例子中，同一件东西有两个主人。这怎么可能呢？因为在这两者中一个是这件东西的所有者，另一个是它的使用者。我们说有几本书是西塞罗的，售书商多罗斯（Dorus）却说这几本书是他的。这两种陈述都是对的：一个称书是他的，因为那是他写的，另一个则是因为买下了它们。所以说它们同时属于这两个人也是对的，因为事实就是如此，只不过两者拥有的方式不同罢了。因此，提图斯·李维乌斯（Titus Livius）有可能接受他自己的书作为礼物，也有可能从多罗斯那里购得它们。尽管所有东西都是属于贤哲的，然而我还是可以给他属于我个人的东西；因为尽管他感觉到他以国王的方式拥有一切，然而东西的所有权被分配给了不同的个人，因而他有可能接受礼物并拥有它，也有可能去买东西，去租东西。所有东西都是属于恺撒的，然而他唯一的私有财产是宫廷财库，他以皇帝的普遍权力拥有一切，但是他的私产只是他继承的。于是就可能提出什么东西是他的、什么东西不是他的这一问题，而不算逆君不忠。因为被法庭认定属于其他人的东西，从另一个角度看就是属于他的了。因此贤哲在精神上拥有一切，而在实际的所有权上，他只拥有属于他自己的财产。

　　比翁（Bion）曾经证明所有人都是渎神的，但是从另一角度看，又没有人是渎神的了。当他想把所有人从塔培安（Tarpeian）岩石上推下去的时候，他说："任何人只要取走、消耗和占用属于众神的东西，就是犯了渎神罪。但是所有的东西都是众神的，因此任何人只要取走东西，就是从拥有一切的众神那里取走的，因此任何人只要取走了任何东西，就是犯了渎神罪。"又有一次，在他不惧天谴命令人们冲进神庙洗劫朱庇特神殿的时候，他宣称说，没有人会犯渎神罪，因为不管你拿走什么，都是从一个属于众神的地方拿走后又转移到另一个属于众神的地方。

我对这一问题的回答是：说所有的地方都是众神的，这是正确的，但并非所有的地方都献给众神；渎神罪只可能发生在已经被庄严地奉献给神的地方。因此，尽管整个世界是众神的庙宇，是唯一能配得上众神的神圣与伟大的庙宇，然而神圣的东西和世俗的东西还是有区别的。并不是所有在青天白日之下做起来合法的事情都可以在圣地做。

亵渎神灵的人并不能真正地伤害到神，因为神的本性超出一切，然而那个人依然会受到惩罚——是我们的反感要求惩罚他。因此，取走圣物的人犯了渎神罪，即使他偷的东西属于这个世界；因此，小偷也有可能对贤哲犯罪。因为被偷走的东西不是贤哲所拥有的那个宇宙，而是取自他作为个人合法拥有的东西。他会承认对前者的所有权，而对后者，他即使可以拥有，他也不愿接受；他像那个罗马将军一样，当时他因为英勇和对国家的杰出贡献而获嘉奖，他的奖品是一天中所能耕完的土地；当时他说道："你并不需要一个超过一个公民应有的欲望的公民。"你不认为拒收这份奖品比获得这份奖品要求更大的英雄气概吗！因为许多人移动过别人土地的界标，但是没有人会为自己的土地划定界线！

因此，当我们看到贤哲的头脑是所有东西的主人，普遍存在于整个宇宙中，我们自然说所有的东西都是他的，尽管按照日常的法律，他可能什么财产也没有。以监察官的登记簿，还是以他头脑的伟大来衡量他的所有物，是有着巨大的差别的。他会祈祷从你所说的对万物的所有权中解脱出来。

我不会向你提起苏格拉底、克吕西波、芝诺和其他伟人——实际上，他们是太伟大了，因为妒忌没有阻止我们褒奖古人。但是我刚才向你提起过德米特里乌斯，在我看来，自然在我们的时代创造了他，就是为了证明我们既不能腐蚀他，也不可能被他改造好，他有着圆满的智慧，尽管他自己对此表示否认；他对设定的目标坚定不移，他的雄辩足以应对最为宏大的话题，他看不上雕虫小技和过分讲究的语词，而是以伟大的精神奔向主题。我不会怀疑是神圣的天命赋予了这个人如此纯洁的人生和如此强大的演说力量，为的是让我们的时代既不缺少榜样，也不缺少指责。如果某个神灵希望把我们所有的财富都送给德米特里乌斯，而唯一的条件就是他不能将其转送给别人，那么我敢断言他会拒绝。

他会说："我不想被这一无法摆脱的重担束缚住，我也不想沉沦到生意场的谷底，而我现在是多么的自由自在。为什么你要送给我危害所有人的祸根呢？即便我想把它送给别人，我也不会接受它的，因为我发觉有许多东西并不适合用来送人。我希望清楚地看到蒙住了众多的民族和国王的眼睛的东西，我希望看到你们为之付出了鲜血和生命的东西。首先排列在我面前的是奢侈的战利品，它们四下散开排成一行，如果你愿意，或许那样更好，可以把它们叠成一堆。在那儿我看到了最为丑陋和懒惰的动物乌龟的壳，那是用巨额资金买来的，龟壳上的斑纹非常的精致，而且色彩多种多样，这是这些斑纹最为吸引人的地方，其颜色的多样从其应用于染色以模仿自然色就可见一斑。在那儿我看到了木制的桌子，它的价值相当于一个元老院成员的家产，可怜的树啊，如果你弯曲的地方越多，那么你就会越值钱了。在那儿我看到了许许多多的水晶制品，正是它们的脆弱提升了它们的价格。因为对无知的人来说，一切乐趣皆因丧失这一乐趣的风险而大大增加了。在那儿我看到了亚宝石做的杯子——人们为奢侈付出的当然还是太少了，除非在他们互相吹嘘会用珍贵的石头做的杯子来盛吐出来的酒的时候！我看到了珍珠——不是单个的，给耳朵配的珍珠，而是一串串的珍珠，因为耳朵已被训练好来承载这样的重量了。它们成对地连在一起，而每一对上面还连有其他的珍珠。愚蠢的妇人如果不在每只耳朵上戴上两三串珍珠就不能完全地拥有被她征服的男人！在那儿我看到了丝绸做的服装——如果那能被称为服装的话，它们根本不能用来防护身体，也不能带来端庄，因此，当一个女人穿着它的时候，她几乎不能问心无愧地发誓说她不是全裸的。这些东西是以巨大的代价从即便是商人也不知道的国家那里进口的，进口它们的目的是让我们的妇女在公开场合展示她们在卧室里向情人展示的一样多的身体！"

噢，贪欲啊，你在干什么呢？有多少东西在价值上超过了你心爱的金子啊！我在上面提到的所有东西都要比它们贵重得多。现在我想来审看一下你的财富，那些刺激我们的贪求的金盘和银盘。然而千真万确的是，大地把对我们有用的所有东西都展示出来，却把这些东西藏了起来，而且把它们埋得很深，她用其全部的重量将它们往深处压，她把它们看作有害的东西；如果将之暴露在光天化日之下，它们注定会成为对各个民族的诅咒。我看到铁被从产出金和银的同一深处挖了出来，为的是我们既不会缺少杀人的工具，也不会缺少杀人的回报。迄今为止，你的财富都是某种实体性的东西。但是还有另一种财富的形式，我们的头脑和眼睛都能被其欺骗。在那儿我看到了信用文书、公债和债券——财富的幻影，贪欲的幽灵，这些东西骗得人们陷入虚幻的喜悦之中。这些东西是什么呢？利息、账本和高利贷又是什么呢？只不过是人类贪欲的非自然形式的名字而已。

我也许会因为自然没有把金银藏得更深，没给它们压上无法挪动的重物而埋怨她——但是你的这些证券是什么呢？那些时间利息和嗜血的12%的利息又是什么呢？这些是我们的意志促成的邪恶！源自于我们自己的品质，在它们那里没有东西可以被看到或触及——它们仅仅是贪欲的迷梦！一个以拥有账本上的巨额财产为乐的人，以拥有大片由戴着锁链的奴隶耕种的土地为乐的人，以拥有需要许多行省和国家提供牧场的牛羊为乐的人，以拥有成千上万的家奴为乐的人，以拥有面积超过一座大城市的私宅为乐的人，这样的人实际上十分可怜。他仔细地检查他所有的财富，看它们被投资到了什么地方，花费在了什么地方，并且感到心满意足，让这样的人把自己已有的和其依然觊觎的作一个比较，他立即就变成了一个穷人！让我走吧，让我回到属于我的财富那里去吧。我知道智慧的王国，这是一个强大而安稳的国家——在"一切属于全人类"这一意义上，我拥有一切！

因此，当恺撒要赏赐德米特里乌斯二十万块钱的时候，他大笑着拒绝了，还认为拒绝如此一笔小额赏赐并不值得吹嘘！诸位神灵和女神啊，不管恺撒是企图恭维还是企图败坏他，恺撒是多么小气啊！在此我必须重复对这个人的卓越的证明。我听说他对愚蠢的恺撒竟会以为这么一笔钱能贿赂他表示惊奇，他说："如果他想诱惑我，他就应该送给我整个国家来试试看。"

因此送礼物给贤哲是可能的，即便他拥有一切。并且同样正确的是：也可以送礼物给朋友，尽管我们说"朋友的一切都是共同拥有的"。因为我和朋友共同拥有一切的方式和我与合伙人共同拥有财物的方式是不同的，在后一种方式中，其中的一份归我，另一份归合伙人；而我和朋友共同拥有的方式倒和父母共同拥有孩子的方式类似，如果他们有两个孩子，不会是一人拥有一个，而是每个人都有两个孩子。

首先我要证明：每一个与我合伙的人都没有和我共同拥有什么东西。这是为什么呢？因为这一形式的共有只能存在于贤哲之间，他们是唯一能够理解友谊的人。其他人最多只是合伙人关系，而不是朋友关系。

其次，共同拥有的方式有很多种。为骑士保留的剧院座位属于所有的罗马骑士，然而我在其中占据的座位就成了我自己的财产；而且如果我将之转让给他人，我就会被认为给了他某些东西，尽管我给他的只不过是共有财产。在特定的条件下，特定的东西属于特定的人。在众骑士的座位中我拥有其中的一个，不是用来卖的，不是用来出租的，也不是用来休憩的，它唯一的用处就体现在我观看演出时。因此，当我说我在骑士座位中拥有一个时，我并没有撒谎。但是，如果在我走进剧院的时候，骑士的座位已经坐满了，那么我既拥有那儿的一个座位，因为我拥有坐在那里的特权，又没有这一座位，因为坐在那里的人和我共同享有这一权利。注意，与此相同的一种关系存在于朋友之间：属于朋友的东西都是他与我们共有的，但它也是那个拥有者的财产。我不能在违背他意志的情况下使用他的东西。"你在取笑我，"你说，"如果属于我朋友的东西是我的，那么我就有权把它卖掉。"不是这样的，因为你也没有权利售卖骑士的座位，尽管这些座位是你和其他骑士共有的。你不能售卖、耗用、交换某个东西，这一事实本身并不证明它不属于你。因为在特定的条件下，你所拥有的东西仍然是你的。

……①我已经收到恩惠了，但是无论如何不会更少了。长话短说，一份恩惠也就是一份恩惠，但是用来施予恩惠的方法既可以更好，又可以更多——也就是表达仁慈之心的那些东西。正如恋人们之间更多的亲吻和更紧的拥抱并不能增加情意，而只是表达情意罢了。

还有一个问题，其实也已经在前面几卷论述穷尽了，因此在这里它将被稍稍提及。在其他地方提出过的论据可以转用到这一问题上来。这个问题是：已尽力去报恩的人是否已然回报了呢？"你可以确信，"你说，"他还没有回报，因为他还在尽其全力去报恩。因此，如果他还找不到机会达成自己的目的，那他就没有达成自己的目的，这是显而易见的。另外，一个千方百计找钱还债的人如果还没有找到钱，那么他就还没有还清债务。"

有一些努力是必须带来某种物质性结果的。但是还有一类努力，尽了全力与达成实效同样有价值。如果一个医生为治愈疾病尽了全力，那么他已经尽到了职责；辩护人如果尽其所能地为被告辩护，那么即便被告被定罪，他也履行了自己的职责；如果一个司令官在履行

---

① 原文有残缺。

职责的时候深谋远虑，勤奋不已，并且毫无畏惧，那么即便他战败了，我们也会赞扬他的领导工作。你的朋友已尽了全力来回报你的恩惠，但是你的好运气拦住了他；你没有遭受任何可以考验他真实友情的苦难；在你富有的时候，他不能给你财物；在你健康的时候，他不能在床边陪伴你；在你没有遭受不幸的时候，他也不能帮助你，然而即便你没有从他那儿收到恩惠，他也已经回报了你的恩情。并且，他总是渴望回报，等待机会的到来，还为此颇费脑力，焦虑不已，故而比那个早早有机会回报你恩惠的幸运儿，他要努力得多了。欠债人的情况与此大不相同，因为仅仅是去找钱来还债是不够的，他必须真正地还清债务；对他而言会有一个苛刻的债务人站在他的面前，每过一日都要逼他交出当日的利息；对你而言，则有一个慷慨的朋友，如果他看到你为此忙忙碌碌，忧心如焚，他就会说：

    让萦绕你心头的烦恼消失吧。①

  别再忧心忡忡了，我已经得到我希望从你那里得到的东西。如果你认为我还想再从你那里得到什么，那你就是看错我了。你的心意已经完全报答我了。

  "告诉我，"你说，"如果他已经回报了，那么你就会说他已经表达了感激之情。那么，是否已经回报的人和没有回报的人就处于同一位置了呢？"

  另外，想一想这一点：如果一个人忘记了他所受的恩惠，如果他不曾努力感恩，那么你就会说他没有表达过感激之情。然而另一个人不分昼夜、殚精竭虑，全然忽视他的其他责任，全神贯注于回报恩情，并且千方百计地不让一个机会从他的身边逃过。那么，一个全然忘记感恩的

---

  ① 维吉尔：《埃尼阿斯》卷6，85。

人和一个一直想着如何感恩的人一样吗？在你看到我不缺乏报恩的动机时，你还要我付出实际的报答，那么你就是不公正的。

简言之，试想在你不幸被俘的时候，我借了钱，并将自己的财产抵押给债主，在隆冬季节沿着海盗横行的海岸航行，冒着即便是平静的海洋也充满的种种危险；穿越所有的荒野地，去寻找其他人避之不及的海盗；最终我找到了他们，但是其他人已经把你赎出来了——你会说我还没有报你的恩吗？更有甚者，如果我在航行途中遭遇沉船，丢失了替你赎身的钱，如果我自己陷入了我希望将你从中解救出来的牢狱之中，你还会说我没有报恩吗？不，以众神的名义！——雅典人称哈默狄乌斯（Harmodius）和阿里斯多基顿（Aristogiton）为"诛戮暴君者"，而穆西乌斯（Mucius）留在敌人祭坛上的手和波西那（Porsina）之死一样的荣耀；英勇地和命运斗争总是光荣的，即便它没完成任务。如果一个人关注每一个机会，并且一个接一个地企图抓住它们，他所回报的要比那个有幸抓住第一次机会报恩的人要多得多。

"但是，"你说，"你的恩人给了你两样东西，即他的财产和他的善意。因此，你也欠他两样东西。"对于不做进一步努力就只以善意回报你的人，你这么说是非常正确的，但是对一个既有意愿、又尽了一切可能尝试的人，你就不能这么说，因为他在其力所能及的范围内，已经把两样东西都给你了。还有，计算数量并不总是相宜的。有时候一件东西有两件东西的价值。因此，热烈和急迫的报恩渴望可以代替物质回馈。并且，如果不付出物质回馈，意图在报恩上就没有价值，那么就没有人能对众神感恩，因为我们能回报众神的只有善意。"我们不能，"你说，"赠予众神其他任何东西。"但是，如果对一个我应该回报的人，我也是除了感激之外拿不出其他东西，那么为什么这唯一可以感激众神的方法不能用来表达我对恩人的感激之情呢？

然而，如果你问我到底是怎么想的，并希望我给出最终的答案，那么我就会说，施惠者应该认为自己已经得到了回报，而受惠者则应该感到他还没有回报。前者应该使后者得到解脱，而后者依然应该觉得自己负有义务。前者应该说："我已经收到了。"后者则应该说："我还欠着呢。"不管讨论什么问题，我们都要记得公众的利益。我们必须对所有的借口关上大门，不要让忘恩负义者在它们那里得到庇护，并利用它们来拒付债务。"我已经做了力所能及的一切。"他说道。很好，那就继续这样做吧。告诉我，难道你认为我们的祖先愚蠢到了这样的程度，以至于不明白一个把借来的钱用于淫逸和赌博的人和因为火灾、遭劫或其他某种重大的不幸而失去借来的和自己的财产的人是一样的？不可能！他们不会找借口，他们认为人们必须信守承诺。在他们看来，少许好借口不被接受，也要比所有人都找借口要好。你说，为了回报你已做了一切。对你的恩人而言，这应该够了，但是对你来说还不够。一个你欠他情的人如果把你所作的全部热切、勤勉的努力视为无物，那么他就不配得到回报。同样，如果有人接受你的善意作为回报，那么如果你不因为他的慷慨大度而越发更为急切承认他有恩于你，那么你就是忘恩负义的。不要急于让他解脱你，也不要找人见证此事；丝毫不要放松寻求更多回报的机会。对这个人回报是因为他要求回报，对另一个人回报是因为他不要你回报。回报前者是因为他不好，回报后者是因为他好。

因此，你没有理由去关注这个问题，即如果一个贤哲不再智慧并已经变成了一个坏人，那么那个曾受惠于他的人是否应该回报他呢？即便贤哲已经变坏了，你还是会还他借给你的钱；借钱还钱。那么你不报恩的理由在哪里呢？因为他变了，他就该改变你吗？告诉我，如果你在一个人健康时收了他某样东西，那么在他生病的时候你就不还了吗？要知道，朋友虚弱时会更增加我们对他的义务。这个曾是贤哲的人也病了——只不过是病在心头。我们不但应该帮助他，而且还要宽容他；愚蠢是一种心病。

为了让这一问题更为易懂，我想在这里应该作一个区分。恩惠分为两种——一种是完美的和真正的恩惠，它只能由一个贤哲给予另一个贤哲；另一种是日常的、普通的恩惠，它是我们这些无知者彼此相互给予的。就后者而言，毫无疑问，我应该回报那个给予我恩惠的人，不论我的朋友成了杀人犯、小偷还是通奸犯。犯罪自会有法律来应对。法官而不是忘恩负义者能更好地改造罪犯。不要让任何人因为他是坏人而把你变坏。对一个好人，我会将回报双手奉上；对一个坏人，我会将回报扔给他。给前者回报是因为我感激他，给后者回报则是为了不再欠他的。

至于说另一种恩惠，有这样一个问题：如果我不是贤哲就不能收受这种恩惠；但是我能不能回报呢，如果他已经不是贤哲？因为你说："设想我回报了，他却不能得到它，他再也不能接受回报了，因为他已经不知道如何使用它了。告诉我，你会命令我把球扔还给一个已经伤了手的运动员吗？给予别人他不能接受的东西，这是愚蠢的。"

让我们从回应你的最后一个观点开始：我不会给任何人他不能接受的东西。但是即便他不能接受回报，我也要回报于他。因为一个人只有接受了我的恩惠，我才能让他承担回报的义务，也只有回报才能使我从欠他的情中解脱出来。他不会使用它吗？那就让他明白这一点。错误在他，而不在我。

"归还一件东西，"你说，"就是把它交给能够收下它的人。请问，如果你欠某人一些酒，而他命令你把酒倒入一张网或一个筛子中，你会说你把酒还给他了吗？或者，如果归还一件东西会弄丢这件东西，你还愿意归还它吗？"

归还就是在物主想要的时候把欠他的东西给他。这是我唯一需要做的事情。至于他应该拥有我给他的东西，这是稍后要考虑的事情。我欠他的不是保护他东西的责任，而是还债的信义；如果他不能拥有它，那也比我没有归还它要好得多。同样地，即使我的债主一收到我的钱就去市场里花掉，我还是会还他钱；即使他让我把钱交给他的情妇，我还是会照办；即使他把我给他的硬币倒入他的外袍的褶皱中，我还是会给他。因为我的责任就是归还，不是保护和守卫归还的东西。我要看管的是我收到的礼物，而不是已经还给别人的东西。当它在我手里的时候，我必须保其周全。但是，即使他在取回它的时候会弄丢它，当他索要的时候我还是必须将其归还。对一个好人，我会在方便的时候回报他；对一个坏人，则在其索要时。

你说："你回报他的东西不能和他给你的东西相同。因为你是从一个贤哲那里收下它的，而现在你要回报的是一个愚者。"是的。我回报他的是他现在能够接受的那类东西；如果我回报的次于他给我的，那么这错不在我而在他；并且，如果他重获智慧，我就会以他给我的同类东西回报他。在他依然处于邪恶之中的时候，我会回报他能够接受的那类东西。

"告诉我，"你说，"如果他已经变得不仅邪恶，而且野蛮，甚至残忍，就像阿波罗多罗斯（Apollodorus）或法拉里斯（Phalaris）一样，你还会回报这样的一个人吗？"我的回答是：自然不会允许一个贤哲遭受如此的巨变。一个人不会从最佳状态跌落到最差状态；甚至一个恶人也必然会保留着几丝善的痕迹；美德不会消失得如此彻底，以至于没有在心里留下无法擦去的恒久印记。被圈养的野兽如果逃回森林，依然会保有一些早先的驯良，而且它们离最温顺的野兽与离那些完全野性而且从未驯养的野兽的距离一样远。没有一个曾经拥有智慧的人会跌入彻头彻尾邪恶的深渊。智慧的颜色已渗入很深，不会完全从他心中褪去或被抹黑。

其次我要问，你提起的那个人是仅仅在精神上残忍，还是已经有对公众施暴的行为了呢？你提到了法拉里斯和阿波罗多罗斯，但是如果恶人将恶性隐藏了起来，那么为什么我不该为了断绝和他的关系而将他的恩惠还给他呢？但是，如果他不仅以人血为乐，更嗜血饮之；如果他残忍无比地拷打老人孩子，并且他的狂乱不是愤怒的结果，而是源于残忍之快感；如果他当着父母的面屠杀他们的孩子；如果他不仅仅满足于杀死受害者，还对其严刑拷打，不仅用火烧，还将他们烘烤致死；如果他的城堡总是血流成河——那么我们的反应就远远不止不还他恩惠！因为不管是什么东西将我和他联系起来的，他对日常人伦的践踏已经切断了这一联系。如果他曾经赠予我某物，却动用武力与我的国家为敌，那么他会失去一切向我要求感激的权利；而且，对他回报将是一种犯罪。如果他没有侵犯我的国家，只是为祸他自己的国家，如果他远离我的国民，只是折磨蹂躏他自己的人民，那么，即便这种邪恶行为没有让他成为我个人的敌人，也会让我对他痛恨不已；并且，与我对他个人的责任相比，我对整个人类的责任要更为重要和迫切。

但是虽然是这样，虽然从他违背所有的法律的那一刻起，他就不在法律涵盖的范围之内了，由此我可以随心所欲地对待他，但是我还是认为应该遵守下面这个区分：如果我对他的恩惠的回报既不会增多或维系他为祸的力量，也不会给国家带来灾难性的后果，那么我就会归还他的。我会愿意救他的幼子的——因为这样做怎么会伤害那些他残忍对待的人呢？但是我不会给他支付卫队的金钱。如果他要大理石和华丽衣服，这些奢侈的装饰品不会对任何人有害，我会给他的。但是我不会给他士兵和武器。如果他要求演员、妓女和其他可以软化他残暴本性的东西作为厚礼，我会很乐意地送给他的。我不会送给他三层桨战船和铜钩战船，但是我会送他游艇、快艇和其他那些帝王的海上玩物。如果他的健康已经恶化，那么我将用一个行动来施惠全人类，同时也回报他的恩惠①。因为对这样的人来说，唯一的药方就是死亡；如果一个人再也不会恢复神智，那么他最好还是死去吧。但是，这种程度的邪恶是如此罕见，以至于总是被当作一桩奇事——这就像大地开裂，海底岩洞喷火一样。因此，就让我们不谈它了，去谈谈那些我们不会为之战栗的邪恶吧。

至于那种我可以在任何集市上看到的坏人，只有某些人会怕他们；

---

① 此处讲的"恩惠"指自杀的方法。

我会回报从这种人那儿收到的恩惠的。通过他的邪恶来获益,是一种错误。让我把不属于我的东西还给它的主人吧。他是好人还是坏人又有什么分别呢?但是,如果我是在施惠而不是在回报,那么我会对此细细探究的。

这一点让我想起了一个故事。某个毕达哥拉斯的信徒有一次从一个补鞋匠那里买了一双很好的鞋子,因为很贵,他没有当场支付现金。几天后他为了付钱又去了那家商店,他敲门敲了很长一段时间,有人在里面说:"为什么你要浪费时间呢?你要找的那个补鞋匠死了,已经被焚化了。对我们来说这是一件伤心事,因为我们永远失去了朋友,但是对你们来说不是这样的,因为你们认为他会再生。"这是在嘲笑毕达哥拉斯学派的信条。听到这话,我们的哲学家并非不情愿地怀揣着四个银币回家了,还不时地用手掂量着它们。后来,他责备自己为了免于支付这笔钱而暗自高兴,他意识到自己为这种卑微的获益而开心,于是他又回到了那家鞋铺,自言自语道:"对你来说那个人还活着,那就把欠他的钱还给他吧。"然后他就通过门缝把四个银币塞了进去,并且为自己违背良心的贪欲而惩罚自己,以免自己养成占有不属于自己的东西的习惯。

找到那个你欠他东西的人,还给他吧;如果没有人向你索要,你就自己向自己催讨。你不必关心那个人是好人还是坏人;先偿还,再谴责。你已经忘记了你的几种责任是如何划分的——对他来说,遗忘是可喜的;对你而言,我们已经叫你必须记住。然而当我们说施惠者应该遗忘的时候,我们并不是要剥夺他关于这一行为的全部记忆,特别是在这是一种十分高尚的行为的时候。为了让一些规则能符合真正的合法性,我们会夸大地陈述它们。我们说:"他绝不能记住。"而我们真正的意思是:"他绝不能喋喋不休地吹嘘和出言不逊。"因为有一些人在所有的集会中都会提起他们曾做过的好事。清醒的时候说,醉酒的时候也说,对陌生人说,对朋友也说。为了消除这种过度的、应予以谴责的自我意识，我们才说施惠者必须遗忘，这是在要求他去完成他无法完成的任务，但能迫使他保持沉默。

如果你对那些执行命令的人缺乏信心，那么为了能让他们完成适当的任务，你就必须向他们提出过分的要求。一切夸张说话法的目的就是通过谬误来到达真理。因此诗人说马是：

它们的洁白让白雪含羞，它们的速度让疾风汗颜。①

诗人这是为了让人们相信可能的东西，他才会说这些不可能的话。另一个诗人说：

比磐石更顽固，比急流更凶险。②

他这么说并非认为他能让人相信会有人像磐石一样坚硬。夸张从不希望它的大胆断言会被人全盘相信；但是为了让人相信可信的东西，它便说不可信的东西。我们说："让给予恩惠的人忘掉它吧。"而我们的意思是："让他好像已经忘了吧。不要让他关于恩惠的记忆被人看到吧。"我们说我们不应该要求回报，但我们并不废止所有对回报的要求。因为经常有必要向坏人催讨，甚至好人也需要提醒。那又怎么样呢？我不该向那个没有意识到机会来临的人指出它吗？我不该告诉懵懂不知的人我的需要吗？为什么有人可以有机会对他不知道这些欲望表示否定或抱歉呢？有时候我们可以大胆地去提醒，但是要谦虚地，不要摆出一副要回合法权利的样子。

有一次苏格拉底对他的朋友们说："如果我有钱，我就会买一件斗篷。"

---

① 维吉尔：《埃尼阿斯》卷7，84。
② 奥维德：《变形记》卷13，801。

他没有向任何一个人提出要求,但是他提醒了所有人。关于由谁来送给他斗篷的竞争展开了。为什么原来没有这样一个人呢?苏格拉底要的东西是多么的微不足道啊!但是苏格拉底接受谁的礼物,这是重要的。他还能更轻微地责备他们吗?"如果我有钱,"他说,"我就会买一件斗篷。"在这之后,任何一个急着送斗篷给他的人都已然迟了,他已经没有对苏格拉底尽到责任了。因为有些人急于要求回报,所以我们就禁止这么做;但这不是为了绝对禁止人们提出这种要求,而是为了让人们少提。

阿里斯提普斯(Aristippus)有一次在享受香水味的时候,喊道:"让那些贬低此等妙物的衰仔们下地狱吧!"我们也应该喊道:"诅咒那些卑鄙的讨债鬼吧,他们催逼我们加倍偿还他们的恩惠,他们贬低了如此美妙的一件事——提醒他朋友回报的义务。"然而我将会使用这一友谊的特权,并且我会向任何一个我可以问的人要求回报;这样的人会把回报第一次恩惠看作接受第二次恩惠的机会。就是在抱怨他的时候,我也不会说:

> 我发现这个可怜的人躺在岸边,他的船只和朋友都被冲走;
> 我真愚蠢啊,我同情他,还送给了他半壁江山。①

这就不是提醒,而是责备了。这是让一份恩惠面目可憎,这会使一个人感到有权——甚至乐于——忘恩负义。用这样轻柔和友好的语言唤醒他的记忆吧:

> 不管怎样,我曾经帮过你或给你带来过快乐——②

---

① 狄多(Dido)在疯狂的绝望中细数了她为埃尼亚德做的事情(维吉尔:《埃尼阿斯》卷4,373)。

② 参看维吉尔《埃尼阿斯》卷4,317。那时狄多依然希望埃尼阿斯能够改变主意。

这就足够了，甚至还过了；而他则会回应说："你当然帮过我，你把我这个'躺在岸边的可怜的人扶了起来'！"

"但是，"你说，"如果我们这么说了却一无所获。如果他佯作他忘记了——我该怎么做呢？"你现在提出的正是一个紧迫的问题，它很适合用来结束我们眼下的议题，这一问题就是：我们怎样对待忘恩负义者。我的回答是：平静地，有教养地，宽宏大量地对待之。决不要让任何人的失礼、健忘和不知感恩惹怒你到这种程度，以至于你对过去的善行感到不悦；决不要让此种不公惹得你说出这种话来："真希望我没做这件事。"即便你的恩惠不圆满，你也应该从中找到乐趣；如果你直到现在都不后悔，那么忘恩负义者就会永远后悔！你没有理由好像发生了怪事一样的激动；如果它没有发生，你才更应该觉得奇怪。他们这么做，有的是在困难面前畏缩不前，有的是因为花费，有的为虚假的羞耻所阻，因为他回报就是承认他曾接受过恩惠，有的源于对其责任的无知，有的是因为懒惰，有的由于事情太多。看看人们是多么的贪婪！在一个无人知足的世界里，你不必为没有人回报而感到奇怪。有谁会如此的坚定可靠，以至于你可以将恩惠安全地存放在他那里呢？有的因为色欲而疯狂，有的是食欲的奴隶；有的专注于不择一切手段地聚敛财富盈利；有的备受妒忌的煎熬，有的受盲目的野心的驱使，直到撞到刀口上！此外，还有精神上的懒惰和衰老，以及相反，心灵的不安分和骚动。还要考虑到过高的自我评价，以及为那些本应受鄙视的事情而骄傲自满。别提顽固地坚持犯错了；反复无常，见异思迁；此外还要加上这些东西：轻率的鲁莽，不愿意给我们忠实劝告的胆怯，纠缠着我们的诸多错误，最软弱的人的大胆，最好的朋友的不和，相信每一件最不确定的事情——这是普遍的弊病，以及一旦某些东西到手，就对其表示鄙视，尽管以前想都不敢想得到它。在所有这些不安分的激情中，你还希望找到诚信这一最为平和的品质吗？

如果你能在脑海里目睹真实的生活图景，那么你会认为你看到了一座刚被洗劫过的城市，在那里对正派和公正的关注已不复存在，人们听从的只有武力，就好像有人下了世界大乱的命令一样。大火没有闲着，利剑也没有闲着。所有的罪行都被免于法律的惩戒。宗教即使在面对敌人的侵略时，也不能制止那些冲过来抢劫的人。有的人洗劫私宅，有的则洗劫公共建筑物，有的人洗劫宗教场所，有的则洗劫世俗场所；有的人破门而入，有的则跳上墙头；有的推倒了挡其去路的墙壁，打通前面的道路，跨过废墟奔向战利品；有的人只抢劫不杀人，有的在大肆破坏的时候双手沾满鲜血；每一个人都带走了属于别人的东西。

噢！在这场人类贪欲的大争夺中，如果你希望在这些抢劫犯中会有一个将赃物归还的人，你就是忘记了人类的共同命运！如果你为人们忘恩负义而愤慨，那你也该为他们骄奢淫逸而愤慨，为他们的贪婪而愤慨，为他们的无耻而愤慨，为病人病容不整、老人脸色苍白而愤慨！这确实是一种滔天罪行，是不可容忍的——它导致人们纷争不断，它破坏了脆弱的人类赖以生存的和谐，但是它如此常见，以至于那个抱怨它的人自己也不能幸免。

悄悄地问你自己：是否总是会回报你的那些恩人，是否没有人曾在你的身上浪费他的善意，你是否记得所有受过的恩惠。你会发现，你在孩提时代接受的恩惠，在你成人之前就已从你的记忆中溜走了，而那些年轻时的记忆则不会维持到老年。一些是我们遗失的，一些是我们抛弃的，一些是逐渐地从我们的视野中消失的，还有一些是我们故意闭目不见的。为了替你的弱点辩解，我会说记忆是一个易碎的容器，不足以容纳很多的东西。它接受的东西越多，失去的也越多；最新的印象会挤走最早的印象。因此你的保姆对你的影响力最小，因为逝去的岁月早已使她的恩惠变得遥远不清；因此你已经不再尊敬你的老师；因此现在当你专注于竞选执政官祭司职位时，你已经全然忘记那些选你做财政官的人。如果你仔细探察，你会在自己内心中发现那个你抱怨不已的罪恶。对一个人人有份的错误发怒是不公平的，愚蠢的，因为你也有份——如果你想被人宽恕,你就必须宽恕他人。你的包容能使他变得更好;指责则显然会让他变得更糟。你没有理由让他变得厚颜无耻,让他保有些许的羞耻吧。过于响亮的指责经常会让诚实很快地消失。没有人害怕成为那个大家认定他所是的人。他的错误一旦人人皆知,他就失去了羞耻感。

"我浪费了我的恩惠。"你说道。我们会说我们浪费了那些我们献给神的东西吗?但是即便我们没有得到好报,一份被恰当地施予的恩惠也是一件献给神的东西。他不是我们所希望的那种人。那么我们就不要学他,让我们的做人原则依然一贯不变。你的损失并不是发生在他忘恩负义的那一刻——只不过在那个时候,它显露出来了而已。如果一个人没有给我们带来羞耻,那么他就不会暴露他的忘恩负义;因为事实上,对失去恩惠的抱怨就是它没有被恰当地施予的证据。在法庭上,我们应该竭尽所能地为他辩护:"也许他没有能力,也许他不知道,也许他以后会回报的。"聪明的债主总是鼓励债务人,给他时间,于是最终能收回借款。我们应该做同样的事情。让我们细心呵护脆弱的忠诚感吧。

"我浪费了我的恩惠。"你说道。你真蠢,你不知道你的损失发生在什么时候!你在给予的时候就已经浪费了它,只不过这一事实到现在才显露了出来而已。即便对那些看起来被浪费了的恩惠,温柔忍耐也是最为可贵的。心里的伤口和身上的溃疡一样,必须要细心地照料。可以耐心解开的绳子经常会因为用力拉扯而断掉。你有辱骂、抱怨和指责他的必要吗?你为什么要让他从回报的义务中解脱出来呢?他是忘恩负义的,但他在这之后什么都不欠你的了。去激怒一个你曾施予其大恩的人有什么意义呢?这样做的结果就是:他从一个可疑的朋友变成了一个确定无疑的敌人;并且,为了为他自己辩护,他会来诋毁你,于是就会出现这样的谣言:"我不知道他为什么不能忍受一个他亏欠如此之多的人。这谣言背后有某种原因吗?"任何一个人,即便他不滥加诋毁,只要他向别人抱怨一个比他好的人,那个人的声誉就会被他破坏;并且,没有人会满足于捏造轻微的罪名，因为他恰恰是通过弥天大谎来赢得人们的信任的。

如果可以和他维持表面上的友谊，这样岂非好得多？如果他恢复了理智，甚至可以和他维持真正的友谊！持之以恒的善会征服恶人。当善良的人不仅帮人，还要人不要回报时，没有任何人会如此铁石心肠、如此敌意地接受善意，以至于他不能去爱一个善人，即便他同时也还在伤害这个善人；应当说，甚至他们能免于遭受处罚的事实也使他们又亏欠了这个善人。因此，想想吧，你说："他还没有回报我，我该怎么办呢？"像众神——这些高贵的造物主——那样做吧。众神在开始就给不认识的人恩惠，并且还持之以恒地给那些忘恩负义者恩惠。有人指责他们对我们漠不关心，另一些人则指责他们对我们不公；有人[①]把他们置于世事之外，说他们懒惰而衰弱，将他们留在没有光、没有任何工作的地方；其他人则声称太阳仅仅是一大块石头，或者是燃烧着的微粒的偶然集合体——反正他不是神。然而正是太阳使我们得以区分工作和休息的时间，使我们得以避免陷入黑暗和永夜的混乱之中，他通过自己的运动调节四季，滋养我们的身体，促进谷物的生长，催熟诸多果实。然而，就像最好的父母对孩子们的恶言恶语仅仅报以微笑一样，众神并没有停止将他们的恩惠堆积到那些对恩惠的来源表示怀疑的人身上，而是将他们的恩惠一视同仁地分发到所有的国家和人民中去。他们只拥有做善事的力量，他们给大地播撒及时雨，他们用风推动海洋，他们依据星星的运动路线划分四季，他们插入温度适中的季节来修正冬夏的极端气候，他们还温柔和善地宽容我们虚弱的灵魂所犯下的诸多错误。让我们模仿他们吧；即便我们的许多礼物被徒劳无功地给了出去，让我们继续给予吧，甚至还要给予那些曾使我们遭受损失的人。一座房子的毁坏不能阻止任何人另盖一座新的；当大火烧毁了一座屋子时，我们在废墟依

---

① 例如伊壁鸠鲁学派。——原注

然灼热的时候就打下新的地基；而且，我们一次又一次地在同一个地点建起新的城市。心灵是如此持之以恒地抱有美好的希望啊。除非人们愿意再次尝试那些已经失败了的努力，他们早就会停止在海洋和陆地上做任何事了。

"如果一个人忘恩负义，那么他伤害的不是我，而是他自己。在我施予恩惠的时候，我就已经享受到了它的果实。有人忘恩负义，这不会让我放慢施惠，但会让我在给予的时候更为小心仔细。从一个人那里失去的东西，我会从其他人那里得到补偿。但即便是对他，我也会再次给他恩惠，就像好的农民以悉心的照料和耕耘来克服土地的贫瘠，我也会是胜者。对于我而言，被丢弃的是恩惠；对于人类而言，被丢弃的是忘恩者。给予恩惠并失去它，这不能证明一个灵魂是美好的。能证明美好灵魂的乃是：在失去恩惠后却依然给予！"

论贤哲的坚强

贤哲不可能被伤害，也不可能被羞辱

塞里纳①,我有充分的理由说:斯多亚派与其他学派有很大的不同,一如男人和女人有很大的不同。虽然男人和女人对人类社会做出同等的贡献,但是女人生来就是服从,男人生来就是发号施令。其他学派的哲学家采用了温文尔雅且有说服力的方法,仿佛知根知底的家庭医师,通常不用最好最有效的方法,而是用被允许的方法,去医治他的病人。选择了勇敢之路的斯多亚派哲学家,不很在乎如何使自己更有诱引力,以吸引我们这些登门的学子,而是尽快援救我们,引领我们攀登那飞矢不及、命运之神也难以驾临的高耸巅峰。"可是,"你说,"你们要求我走的那条路陡峭而又崎岖。"那有什么?平坦的道路能达到高山之巅吗?但是,实际上这条路并不如你想象的那么峻峭。首先扑面而来的确实是巉岩和悬崖,看上去不可通行,然而这是由于距离造成了错觉;就像许多遥望时似乎是一堵无缝无隙的峭壁,当你走上前去,就会发现原来看似险峻的峭壁,慢慢地在你眼前展开,变成一片平缓的斜坡。

最近,当你偶尔听人谈起马库斯·伽图时,你会愤愤不平,因为伽图的同代人没能理解他,因为人们对他的评价甚至低于那个瓦蒂涅(Vatinius)②,而实际上他比庞培和恺撒都高大;那历史的一幕幕令人感到羞辱:伽图站在古罗马城的广场上,还没来得及开始演讲就被人扒下了宽大外袍,在被一群乌合之众从演讲台一直赶到法比乌斯拱门(the Arch of Fabius)之后,他不得不忍耐一批疯子的低俗言语、唾液和其他所有的羞辱。于是我得说,你完全有理由为这个国家感到不

---

① 塞里纳(Serenus),塞涅卡的一个朋友。
② 瓦蒂涅是罗马共和末期的一个投机分子。

安——这个一边有普贝列·克劳狄乌斯①,一边有瓦蒂涅和所有大流氓的国家,正在被出卖,被不计后果地贪婪吞食;而这些人却没有意识到,在出卖国家的同时他们自己也被出卖了。至于伽图本人,请你用不着操心,因为贤哲是不可伤害,不可羞辱的。我还要说,伽图是不朽的神给我们的贤哲榜样,比希腊神话中俄底修斯和赫利克勒斯两位英雄更真实。我们斯多亚派认为这些人是贤哲,因为他们是不可战胜的,因为他们藐视享乐,因为他们无所畏惧。伽图不与畜生格斗——追捕畜生的人是猎人和农民;他不用刀枪追捕怪物,也不愿意苟且偷生;当权力可能落入一人的手心时,他放弃了生命。在他不再幼稚轻信、知识得到最充分的发展时,伽图与野心作斗争;野心这个炫目迷心的权势怪物,贪欲无际,整个世界由三个人瓜分都嫌不够。② 他与这个不堪重负而日趋没落的国家里的种种恶习孤身奋战,他尽自己所能挽救共和制度,直到最后他自己撤退,目睹自己为之长期奋斗的共和制度的结束和三头同盟中两人的败亡。伽图没能拯救自由,自由也没能拯救伽图。设想一下,什么事能够伤害这样的一个人?免除他的保民官职务?脱下他的外袍?往他神圣的脑袋上吐污秽的唾液?贤哲是安全的,伤害或羞辱都奈何他不得。

我能想象,你怒火中烧;你随时会惊叫:"这些话正是减损你们斯多亚学派训诲的分量的。你们说大话,你们的承诺我们不仅不想要,而且更不会相信;大话毕竟是大话,当你否认贤哲是穷人时,你不能否认他既没有奴隶,没有房子,也没有食物;当你否认贤哲是疯子时,你不能否认他确实失去了理智而胡言乱语,他会受迷乱心智的驱使去铤而走险;当你否认贤哲是奴隶时,同样你也不能否认他会被出售,他会听命而行,为他的主人尽奴隶的义务。因此,尽管你们自以为登上了山顶,但是你

---

① 普贝列·克劳狄乌斯(Clodius),罗马的暴众煽动者,西塞罗的敌手。
② 指罗马共和末期的"前三头"独裁:恺撒,庞培,克拉苏。

们与其他学派的水平其实没有区别——只是变换了对事物的称呼。因此我怀疑在'贤哲既不可伤害又不可羞辱'这乍眼看显得崇高华丽的格言的背后也有此类东西。贤哲是超越感受伤害,还是超越遭受伤害,两者有很大区别。因为,如果你说他能平静地承受伤害,那么他没有特别的优势;他只是幸运地拥有了一种普通的品质,即那种从不断受伤的过程中获得的品质——忍耐。但是,如果你说他不可伤害,那等于说,没有人能企图伤害他,那么,我将放弃一切,成为一个斯多亚信徒。"

我确实没想用光荣的言辞来粉饰贤哲,我只是要把他放在伤害够不到的位置上。"那又怎么样?"你说,"难道就没有人攻击他,没有人企图攻击他?"世界上没有无人亵渎的神圣事物,但神圣的依然神圣,即使有人要亵渎也纯属徒劳,他们绝对毫发无损。不会受伤害的事物并不等于没有人去伤害它,而是伤害不了;我要告诉你的正是贤哲的这一特征。鉴于未经受考验的力量是不确定的,而击退所有攻击的防守是最真实的,你能怀疑不可战胜的力量比不受攻击的力量更可信?因此你要知道,一个不可伤害的贤哲比一个未经伤害的贤哲更高强。我要说,勇敢的人是战争不能征服的人,是敌人进攻不能吓倒的人,而不是那些无所事事、养尊处优的人。所以,我断言,贤哲是不会蒙受任何伤害的。因此,不管有多少根标枪向他投掷都没关系,因为,没有一根能刺中他。正如某些石头的硬度超过钢铁的硬度,武器对它们不能切,不能砍,也不能碾,而那些切削的器具却变钝了;某些物质火不能摧之,尽管烈焰熊熊,它们仍保留其硬度和形态;某些伸向大海的悬崖,粉碎了海水的威力,虽然被鞭打了无数岁月,却没有留下大海怒涛的一点痕迹。贤哲的精神正是如此,他积累了一种不可战胜的力量,堪与坚硬的石头、耐火的物质和海边的悬崖媲美。

"那又怎么样?"你说,"难道就没有人企图去伤害贤哲了?"不,会有人企图伤害贤哲,只是伤害不了他。由于他超凡脱俗,仰之弥高,所以没有任何一股恶势力能够跨越这个距离而伤害到他。甚至当那些有权有势的人想方设法去伤害他时，他们所有的攻击都会落空，就像弓弩射向高空，却没有目标，虽然飞得很高，视线不及，然而仍旧簇坠羽落。那个愚蠢的首领对着太阳射出大量的箭，使天空一阵黑暗，可是有任何一支箭击中太阳了吗？① 当他的铁链沉入海底时，他缚住海神了吗？正如凡人的手不能伤害神圣的事物，捣毁神殿烧毁神像伤害不了神一样，所有企图针对贤哲的肆无忌惮、傲慢无理的行为都是徒劳。你说："如果没人想去做，那会更好。"那你是强人所难了——你是希望人类不做错事。不做这些错事对那些本来想做的坏人是有好处的，但是对不受任何事情影响的贤人，做和不做都无益于他。我的看法不同，我倒认为，在挑衅中保持平静更能体现贤哲的力量，正如战火中的将军是强而有力的，深入敌国的勇士是沉着冷静的。塞里纳，如果你愿意，我们把伤害和羞辱作一个比较。前者的性质更为严重；后者较轻——只是脸皮问题——因为人没受到伤害，只是被激怒了。然而这属于思想问题，是虚荣心在作怪，他们认为没有什么比羞辱更痛苦。所以你会发现奴隶宁可挨鞭子也不愿挨拳头，他们认为鞭子和死亡比辱骂更可忍受。这是多么荒谬，他们不仅因为疼痛而苦恼，而且因为疼痛的念头而苦恼；这就像魃魃的黑暗、丑陋的面具和扭曲的面容都能把孩子们吓得惊恐失色；听到不喜欢的名字、看到某个手势以及其他曾经惊吓过他们的事物都能让他们流出眼泪。伤害就是想要使一个人受坏事（邪恶）的攻击。但是贤哲没有容纳坏事的空间，因为智慧所知道的唯一坏事就是卑鄙；而只要有美德和正直的存在，卑鄙就不可能进入。因此，如果说没有坏事就没有伤害，没有卑鄙就没有坏事邪恶，而且，如果卑鄙不能侵入一个已经拥有正直的人，那么伤害就够不着贤哲。因为，如果受到伤害就是遭受坏事，而且贤哲不可能遭受任何坏事，那么就没有任何伤害能影响到一个贤哲。遭遇伤害的人都有损失，一切受到伤害的人都必

---

① 指波斯王薛西斯对斯巴达的威胁。

然损失了地位或人身或财产。但贤哲没有什么可损失的东西。他的全部财产就是他自己，他没什么东西可托付给命运的，他的财富是安全的，因为他只要有美德就满足了；美德不是命运的恩赐，所以美德不会增加也不会减少。已经装满的匣子没有再盛其他东西的空间。命运只能夺走由她自己所给予的事物；美德不是她给予的，所以她拿不走。美德是自由、神圣、不移不易的，她顽强地抵抗命运的冲击，不弯不折。面对刑具她毫无惧色，不管前面的路是荆棘丛生，还是阳光灿烂，她都从容不迫。因此，贤哲没有可损失的东西；因为他的唯一财产是美德，而美德是无法掠夺的。除此之外，他只需忍耐。毕竟，谁会为丢失不属于自己的东西而伤心呢？如果他的美德安然无恙，那么他的财产也就安全。如果伤害不能损伤贤哲的财产，那么贤哲就没受到伤害。

当德米特里乌斯（Demetrius），那位被人称为"泊里欧客来特斯"（Poliocretes）的人，占领麦加拉时，他审问一个叫斯蒂柏（Stilbo）的贤哲，让他说说自己是否丢了什么东西，得到的回答是："没有，我的东西都在。"然而，他家的财产被抢劫了，他的几个女儿被敌人糟蹋了，他的城市正遭受侵略者的践踏，他自己正被卫兵簇拥着的侵略者国王审问着。但他征服了征服者，证明了虽然他的城市被占领了，但他自己不仅没被征服，而且也没受损伤。因为他随身带着真正的财产，没人能夺走。他认为那些被抢走的财产不是他自己的，而是命运之神带来的身外之物。身外之物都是容易溜走的，不安全的，他没把它们看作自己的财产。

设想一下，谁能伤害这个人？是小偷、中伤者、凶蛮的邻居，还是一个来自高龄而无子女的财富的人①的权势？战争、敌人和那个毁灭城市的战争艺术大师都不能从他那里夺走任何东西。在刀光剑影、强取豪夺中，在腥风血雨、火浪烟波中，在神像破碎、神殿倒塌声中，只有一

---

① 此处可能影射某位从无子女的富婆那儿得到馈赠而发达的人，也可能直接指年迈和巨富的无子女者。——译者注

个人拥有安宁。因此,你不应该说我所说的是浮语虚辞;如果你不相信,我给你举个例子。你不相信世上会有如此坚强、如此伟大的人,可是这个人〔斯蒂柏〕已来到我们中间,他对我们说:"你们没有理由怀疑凡人能使自己成为超凡的人,能坦然面对失败、伤痛和天灾,能平和地忍受艰难困苦,淡漠荣华富贵,不屈从,也不附势;在变幻莫测的命运中他自岿然不动,不指望任何事物,只指望自己,甚至只指望自己的美德。请注意,我来此就是要向你们证明这一点——尽管在破坏者的手下那么多的城防工事被破城槌动摇,高耸的城堡被隧道破坏,秘密通道忽然塌方,防御工事拔地而起试图盖过高傲的护城碉堡,然而没有人能设计出动摇坚强心灵的战争机器。我刚从宅邸的废墟中爬出,满身血迹,逃离火海;我不知道我的几个女儿面临怎样的命运,是否比她们的国家更不幸。孤身又年迈,敌人抢占了我周围的一切,然而,我宣布我的财产完好无损。我依然拥有,拥有一切属于我的财产。你没有理由认为我失败了,而你是胜利者,你的命运击败了我的命运。那些换了主人的东西在哪里,我不知道;但是我的财产依然与我在一起,而且将永远与我在一起。富人失去了财产,浪子失去了爱,妓女失去了以耻辱为代价的收入,政客失去了元老院、演讲坛和渎职的地方,高利贷者失去了他们倾注着发财梦的账簿,他们是失主。而我依然拥有我的一切,毫发无损。所以,请你去问那些悲切哭泣的人,那些为了守住钱财而用赤裸的身躯面对刀剑的人,那些装满口袋逃离敌人的人,去问他们丢了什么。"知道了吧,塞里纳,这是个完美无缺的人,他拥有人和神的美德,他不会失去任何东西。他的财产有坚固而不可攻破的城墙防护着;不是巴比伦的护城墙,一个叫亚历山大的人能进入巴比伦的护城墙;也不是迦太基或努米狄亚王国的城墙,它们均落入一人之手[①];也不是古

[①] 指斯奇比奥,罗马著名统帅,公元前146年征服迦太基,公元前133年征服努米狄亚。

罗马的主神殿或者城堡，它们身上都留下了敌人的痕迹。保卫贤哲的城墙很安全，防火又防攻，没有任何方法能进入，它们崇高、坚固，又神圣。

　　塞里纳，你没有理由还像以前那样说这个贤哲是不存在的。他可不是我们斯多亚派虚构的人物，一种出于对人性的幻想，他也不只是个概念，一个虚幻之物的伟大外表，他已真真切切地出现在我们面前，他还会出现——虽然不会太经常，多年后才会出现一个。超凡的伟人会出现，但很稀少。前面提到的马库斯·伽图，在我看来就已经胜过我们心目中的伟人。我还是得说，施暴者必须比受暴者强；但是邪恶比正义弱，因此贤哲是不可能受伤害的。坏人总是想去伤害好人；好人之间总是和平相处；坏人在伤害好人的同时也要相互伤害。但是，如果只有弱者会受伤害，如果坏人比好人弱，好人就不必担心会受到伤害，除非他不配做好人，故而贤哲就不会遭遇伤害。至此，一个事实昭然若揭，即除了贤哲以外没有好人。"但是，"一个声音说，"如果说苏格拉底受到不公正的控告，那么他就是受到了伤害。"在这一点上我们有必要统一一下认识，即有人可能要来伤我，但我不受伤害。例如，如果有人把从我乡间住房的东西偷到我城市的房子里，他行窃了，而我什么也没少。某人可能成了一个干坏事的人，尽管他没做成。如果一个男人和他的妻子躺在一起，却认为她是别人的妻子，那他就是个奸夫，虽然她不是奸妇。某人给我下毒，但毒药与食物混合后失效；那个给我下毒的人就成了罪犯，尽管我安然无恙。动手杀人的人不会不是凶手，即使衣物使受害者免遭此劫。就罪行而言，所有的罪行甚至在实施之前就已经完成。某些行为的特点和相互关系是：没第二步可以有第一步，没第一步不可能有第二步。我尽力说得清楚些。我不跑步仍可移动双脚，但不移动双脚就不能跑步。我人在水里，但不在游泳；如果我在游泳，就不可能不在水里。我们所讨论的问题也同此理。如果我受到了伤害，这个伤害肯定已经实施。但是，如果一种伤害实施了，我不一定已经受到了伤害；

因为有很多因素可以转移这伤害。就像瞄准目标的手不经意一抖，飞矢就偏离了目标；某些情况可以抵御伤害，使其中途终止；其结果是，虽然行动实施了，但没有造成伤害。

此外，正义不可能遭遇非正义，因为水火不相容。而没有非正义就没有伤害；因此贤哲就不会受到伤害。你没必要感到惊讶；如果没有人能伤害他，那么也没有人能帮助他。一方面，贤哲什么也不缺，他不需要人家送他什么；另一方面，坏人也拿不出好东西送给贤哲。因为只有拥有才能给予；而坏人没有贤哲乐于接受的东西。因此，没有人能伤害贤哲或者帮助贤哲；由于神不需要帮助也不受伤害，因此，贤哲离神很近——除了生命有限，其他都与神没有区别。当他努力去拥有崇高、有序、勇敢的事物，去拥有那些在平静和谐地流淌着的事物，去拥有那些平静的、和善的、适合公众利益的、于己于人都有益的事物时，贤哲摒弃低俗的事物，也从不怨天尤人。贤哲拥有神的灵魂，在尘世经历凡人的兴衰变迁，他没有容易受到伤害的脆弱之处。你以为我说伤害只是来自人类？不，甚至来自命运，不管命运之神什么时候遇到美德，她总是感到力量悬殊，于是撤离战场。如果我们对于那个终极事件〔死亡〕——超出了它则连暴虐的法规和最残酷的权势人物也没法威胁我们，命运之神在此也已经穷尽了她所有的力量——也能以一颗平静安详的心去面对，如果我们意识到死不是一件坏事，因此也不是一种伤害，我们就会更容易忍受其他一切——失败、痛苦、耻辱、流离失所、丧失亲人或与亲人分离。所有这些即使一起来进攻都不能击垮贤哲，更不用说它们单独袭来。如果他能冷静地忍受命运的伤害，就更能忍受那些权势人物的伤害，因为他知道这些权势人物只不过是命运的工具！

因此，他忍耐所有这类事就像忍耐酷寒的冬天和恶劣的天气，就像忍耐发烧和疾病以及其他意外事件；他也不会高估任何人，以至于认为他们做事都有很好的鉴别力；而这种能力只有贤哲拥有。所有其他人行事不是凭判断力，而是凭错觉、诡计和扭曲了的冲动，贤哲把它们看作偶然；命运的种种力量在我们周围狂飙无忌，击中的都是那些无足轻重的人。

　　进而请你考虑，最有可能造成伤害的是有预谋的事件，例如贿赂原告，或者提出伪造的指控，煽动权势人物仇视我们，以及其他强盗行为。另一常见的伤害，是到手的利润或花了很长时间得到的奖品被夺走了，就像他千方百计想得手的遗产被转赠了，或者一座廉价房的出售意向取消了。贤哲避开了这一切，因为他一点也不会把他的生活导向希望或恐惧。再者，没有人受到了伤害还能保持心情平静，他甚至一想到所受的伤害就会烦恼不安；但不犯错误的、自制力强的、沉着冷静的人是不会被烦扰的。因为，如果伤害伤到了他，他会被激起；但是，如果他是贤哲，他就不会为此愤怒，愤怒是由于伤害的出现；只有因为知道他从不会受到伤害，他才能免于受伤害，才能不愤怒。正是由于这个原因，他如此坚强和愉快；正是由于这个原因，他永远兴高采烈。而且，他不惧怕恶劣的环境，不惧怕小人的打击，他甚至认为伤害是有益的，因为他从中找到了防卫的办法，同时也考验了自己的品德。恳请你保持沉默，用公正的大脑去思考，用客观的耳朵去聆听，贤哲是不受伤害的！你的放肆，或者你强烈的冲动，或者你盲目的猜测和自大都不能使它化为乌有！你可以继续做你的坏事——这是你的自由，贤哲追求的就是自由。我们的目的不是要你不做伤害人的事，而是要说明贤哲可以把一切伤害远远抛开，他的忍耐和伟大的心灵能保护自己免受伤害。神话故事中，许多神就是经过难以忍受的磨难，消耗了对手的力量而最终取得胜利。有些人经过长年累月坚持不懈的训练，获取了一种忍耐和消磨敌人攻击的力量；你是否认为贤哲属于这一类人？

　　第一个问题姑且谈到这里，接着来讨论第二个问题，即贤哲不可羞辱，这一部分内容里的论证有的是我自己的，然而大多数在我们学派是司空见惯的。羞辱是一种比伤害略轻的冒犯，是某种使人抱怨而不是复仇的东西，是某种法律认为不值得过问的东西。羞辱源于一种蒙耻感，就像情绪由于贬损的言辞或行为而低落。"某某人今天不听我说话，而听其他人说话"；"他傲慢地反驳我或公开地嘲笑我的谈话"；"他不给我坐贵宾席，而让我坐普通位子"。诸如此类的不满，除了说是神经过敏的抱怨，还能有其他说法？通常只有衣食无忧者才有闲抱怨；因为如果一个人病魔缠身，是没有时间去注意这种事的。有太多闲暇、天性柔弱、不经风雨、娇生惯养的人才会被这些小事搅得心神不宁，而这些小事中，大多数是由他们的错误解读所引起的。因此任何一个人为羞辱所烦恼，只能说明他一无见识二无自信；因为他毫不犹豫地判断自己受到了藐视，随之而来的心灵刺痛是不可避免的。可怜的人，他贬低了自己，他向他人低下了头。但没有人能够轻薄贤哲，因为贤哲知道自己很强大，自信没有人能有足够的力量超越他，那些所谓的烦恼和痛苦的情绪，他不需要去克服，因为他根本就没有。

能打击贤哲（但不能把他击垮）的是完全不同的一些事，诸如身体的疼痛和虚弱，或者痛失朋友和子女，以及在战火中亡国。我不否认贤哲能感觉到这些事；因为我们没说他是铁石心肠。美德就是要忍耐，不承认这一点就没有美德。此话怎讲？贤哲的确会受些创伤，但他把伤口包扎起来，防止扩大，并且将它们治愈；那些较小的事他几乎没有感觉到，他也用不着调兵遣将，或让他那忍耐艰难的美德来对付它们——他要么就根本没注意到，要么一笑了之。

此外，羞辱大部分来自妄自尊大、满腹恶意的人；对付这些狂妄之徒，贤哲拥有蔑视他们的宽宏大量之气度，宽宏大量是美德之最。在宽宏大量面前，狂妄之徒的行径不会有任何结果，他们的行为不比梦里的虚幻之物和黑暗中的幽灵更有实际意义。同时贤哲清楚，这些人比自己差几个档次，他们不敢瞧不起比他们自己档次高很多的人。"鄙弃"（contumely）这个词源自"轻蔑"（contempt），只有轻蔑一个人时，你才会去鄙弃这个人；没有人会轻蔑一个比自己强、比自己好的人，即使他的行为带有轻蔑的色彩。孩子打他们父母的脸，婴儿乱抓他母亲的头发并将口水弄到她的身上，或赤身裸体地暴露在衣冠楚楚的家人面前，小孩毫无忌讳地说脏话。然而我们不把这些看成是羞辱。为什么？因为孩子不具备羞辱他人的能力。同样的道理，奴隶取笑他们主人的滑稽表演让我们感到好笑，他们大胆地取笑客人也是可以接受的，因为他们的调侃先从自己主人那里开始；一个奴隶，他越是放肆越是荒唐，他的嘴巴就越自由。为了这个目的，有些人要买年轻的奴隶，因为年轻的奴隶辛辣活泼，为了使奴隶们能口若悬河地骂人，他们要训练奴隶的厚颜无耻，并配备一名老师；然而我们称其为机灵，而不是羞辱。同样一件事，此时称为"娱乐"，彼时叫作"冒犯"；如果是朋友说的就是诽谤，如果是奴隶说的就是滑稽表演，这多么不可思议！

我们对待奴隶的态度就是贤哲对待所有那些儿童期延长了的老孩子的态度。年龄给这些人带来了什么长进？这些人长了年龄没长脑袋，这些人与儿童的区别就只是个头的大小，但没见其任性和反复无常比儿童少，他们寻欢作乐时没有是非辨别力，他们不争吵并不是出于自愿而是因为害怕。因此不会有人说他们与孩子们有什么区别。孩子们喜欢玩掷骰子和警察游戏，而他们喜欢金银和城市；孩子们玩耍时把自己当成是官员，假装穿了宽外袍，有执法权和法庭，而他们在马提乌斯营地（Campus Martius）、在法庭、在元老院热心地玩着同样的游戏；孩子们在海滩用沙子堆造玩具房子，而他们就像在干一番大事，忙忙碌碌地堆砌石墙和屋顶，要把原来的藏身处变成一个危险的地方。因此孩子们和比他们先来到世上的人们同样被欺骗了，只是后者的情况更严重。贤哲把来自这些人的羞辱看成是一出滑稽剧，这种看法很恰当。有时候他会像对待孩子那样训诫他们，让他们吃点苦，挨点罚，以终止他们继续做伤人的事，这并不是因为他受到了伤害，而是因为他们做了伤人的事。我们也会用鞭子制止畜生做坏事；对待不驯服的动物，我们不会生气，而是勒痛它们以使它们顺从。因此，现在你该知道一直困扰我们的问题的答案了："如果贤哲不受伤害，不受羞辱，为什么他要惩罚那些施伤害或羞辱于他的人呢？"因为他不是要报复他们，而是要纠正他们的错误。

但是，当你注意到其他人是同样的坚强，尽管出于不同的原因，你为什么不相信贤哲拥有坚强的心？医生会生精神病患者的气吗？谁会计较一个发高烧而且拒绝冷水的病人的辱骂呢？贤哲对待他人的感情就像医生对待病人：如果治疗需要，他不会拒绝接触他们的隐私部位，或者去看他们的排泄物，或者去忍受他们精神狂乱时过激的言语。贤哲知道所有那些着宽袍或紫袍的人，别看他们高视阔步，脸色红润，看似健康强壮，其实都是败絮其中，在他的眼里他们与精神病人没有两样。因此，如果他们在发病时敢对医生鲁莽，他一点也不生气，同样，他一点也不看重他们是否有身份。就像一个乞丐对他表示尊敬，他不会感到受了奉承；一个人渣不理睬他的问候，他也不会认为是侮辱；许多富人仰视他，他也不会得意。因为他知道他们与乞丐没有丝毫的区别，他们甚至比乞丐更可怜；因为乞丐很容易满足，而富人却贪得无厌。另外，如果米堤亚国王或亚洲的阿塔卢斯（Attalus）国王不理睬他的问候，一脸傲气地打他身边经过，他也不会在乎什么。他知道国王的职位没比在大户人家看护精神病患者的奴隶的职位更让人羡慕。那些人穿行在可怜的奴隶当中，在喀斯特（Castor）神殿附近做买卖，他们的店铺拥挤着一群奴隶——如果这样的人不跟我打招呼，我会不高兴吗？不，我不会的。因为一个手下只有奴隶的人会有什么好的？因此，贤哲淡泊这种人的谦恭或者无礼，他也同样淡泊国王的谦恭或者无礼："哦，国王，你统治着帕提亚人、米堤亚人和大夏人，但你是用恐怖控制他们；他们绝不会让你的刀枪入库；他们是你的仇敌，他们随时准备被收买，他们渴望有一个新主人。"因此，贤哲不会为任何人的羞辱所动心。人与人各不相同，但是贤哲看他们都是一样的，因为他们都是一样的愚蠢；假如他居然把自己降低到为羞辱或伤害所动，那他就绝不会是一个淡泊的人。淡泊是贤哲特有的福分，他绝不会允许自己去在意那些羞辱自己的人，否则，就等于向对方承认自己受到了羞辱。因为，为他人的不敬所烦恼的人必然对他人的赏识很开心。

有些人神经不正常，甚至认为连一个女子都可以羞辱他们。不管他们怎样看重她，不管她的轿边有多少侍从，不管她的耳环有多重，不管她的轿子有多大，她一样只是个没有头脑的人——她狂野，无法无天——除非她掌握了知识，接受了相当的教育。有些人被理发师推一下就会认为自己被冒犯了，有些人把看门人的粗蛮、引座员的傲慢、仆人的高傲看成是羞辱。哦，多么可笑！如果他把自己的沉着安静与别人所陷入的焦虑不安相比，他应该知足了！"那又怎么样？"你会说，"难道贤哲就不会走进一扇由粗暴无礼的看门人看管的门？"当然，如果有必要，他会去冒这个险；不管这个看门人有多凶，他会去安抚他，就像为了安抚一条狗而投食物。为了能过那道门槛付出一点东西，他不认为有什么不妥，记得有些桥还要收过桥费呢！对付那个利用资源搞创收的家伙，他会给些钱；他知道凡是在卖的东西都是可以用钱买的。一个人如果满足于对看门人直言相告，因为打他而打断了拐杖，再去找他主人要求剥那个家伙的皮，这是小气鬼啊。无论是谁进入了打斗状态，就成了对方的敌人，为了取胜都成了一个层次的人。"但是，"你问，"如果贤哲挨了一拳，他会怎样？"伽图脸上挨揍时是什么表现？他没发怒，他不还手，他甚至也用不着宽恕，因为他说什么也没有发生。不予理会是比宽恕更高深的境界。关于这一点我们就不再多说了。因为谁不知道，在普通人看来是好或者是坏的东西，在贤哲的眼里都是无所谓好无所谓坏的？在他眼里没有什么人是低贱或可怜的；他不随大流，他与世俗的观念背道而驰，就像行星逆着天轮行驰。因此不要问："如果贤哲挨了鞭子，如果他的眼睛被挖，他不会受伤？如果贤哲在广场上被一群乌合之众辱骂，如果在宫廷的宴席上他被安排与奴隶一起用餐，如果他被迫忍受有伤他自尊的恶言恶语，他不会感到羞辱？"

不管事情有多大，无论从数量还是从规模上来讲，本质是一样的。

如果小事他不处之泰然，大事他也照样如此；如果几件事他心海不惊，更多的事他也不会心潮汹涌。你以己度人地在脑子里构思英雄气概以及英雄的忍耐能力，你把贤哲的忍耐能力想象得比自己的稍稍大一些。但他的美德使他处在宇宙的另一空间；他与你没有共同点。因此，尽量找出难以忍受的事——所有你不敢听、不敢看的事；所有这一切都不能压垮他。他经受得住单一的袭击，也挡得住联合的进攻。如果你认为一件事贤哲能忍受，再来一件就不能忍受，给伟大的心灵设下了某个界限，那你就曲解他了；如果我们不能全部战胜命运，命运就会征服我们。别以为这种苦行只属于斯多亚学派。你们那个提倡悠闲自得以求得感官快乐的伊壁鸠鲁曾经说："命运很少能阻挡贤哲的路。"多么威武雄壮的观点！请你说得更激昂些，把命运从他的路上清除走好吗？贤哲的房子是狭小的，没有装饰，没有忙碌，没有盛况，没有贪小便宜又势利的守门人；但命运之神就是不来跨越这道门槛。她知道那里没有她的位置，那里没有属于她的东西。

　　但是，如果连最讲身心快乐的伊壁鸠鲁都会拿起武器抵抗伤害，我们的这种态度怎么可能说是难以置信的，或者说是超人性的呢？他说贤哲能够忍受伤害；我们认为对于贤哲来说伤害根本就不存在。你也没有任何理由认为这是反人性的。我们不否认被殴打、被断肢是件痛苦的事，但我们不认为这是伤害。我们没有剥夺他们疼痛的感觉，但是，只要德行没有受到伤害，就不允许用"伤害"这个词。两种说法哪一种更真切，有待我们思考，但是至少两者都轻蔑伤害。于是，你会问两者的区别在哪里？就像两个角斗士都很勇敢，但他们的勇敢方式有区别，一个捂住伤口坚持阵地，另一个转过去面对群情激奋的观众，向他们示意自己没有受伤，叫他们不要干涉。你无须认为两个学派间的距离很大；你只要关注真正重要的那一点，即两者都力劝你轻蔑伤害和羞辱，我称羞辱为伤害的影子和暗示。为了能够做到轻蔑伤害和羞辱，你不一定要成为贤哲，而只要成为一个有理性的人就行——这个人能够对自己说:"我该不该承受这些?如果是应该的,那么这不是伤害,而是正义;如果是不应该的,那么那实施了不义的人应该感到羞愧。"至于那个所谓的羞辱,它算什么?有人笑话我头顶光秃、视力虚弱、腿细身瘦。但是,说出一些本来就明显的事情,难道是一种羞辱吗?有些事情当着一个人的面说,我们一笑了之;如果有几个人在场,就会感到愤怒,我们不允许其他人随便说我们经常说的关于自己的事。分场合说俏皮话会让人高兴;如果不分场合会使人愤怒。克吕西波说过,某个人因为被人称为"海阉羊"(sea-wether)而勃然大怒。我们看到奥维德斯·纳索(Ovidius Naso)的女婿费德斯·葛尼露斯(Fidus Cornelius)在元老院当众流泪,因为科布罗说他是一只拔了毛的鸵鸟。在众人面前人品和名誉受到损伤,他那沉着的面容失态了,于是,就这么一个荒唐的名称居然能使他流出眼泪!这就是一个人失去理智时的弱点。如果有人模仿我们说话或走路,或者模仿我们身体或说话的缺陷,我们为什么就被冒犯了?因为他人的模仿会使缺陷更加夸张!有些人不喜欢听人说自己的年龄大了、头发白了,等等,尽管人们都祈祷自己能长寿。有些人被骂作穷人觉得甚为苦恼,但如果隐瞒贫穷会感到内疚。如果你期望那些嘲笑人家、挖空心思羞辱人家的人失去机会,那你就应该预见到他的打算,并率先自嘲。没有一个嘲笑自己的人会成为笑柄。众所周知,天生是嘲笑和泄愤对象的瓦蒂涅是个优雅机智的小丑。他嘲笑自己的双脚和有疤的面颊,说了许多俏皮话;他也因此逃脱了人家的嘲笑,尤其是逃过了西塞罗的嘲笑。如果一个不断经历辱骂而变得不知道羞愧的人能够做到这一点,为什么那些学了人文科学和受到哲学的熏陶而有了一些长进的人就做不到呢?此外,不让那些设法羞辱他人的人感到已经得逞的快乐,也是一种报复。"哦,我的天啊!"他会说,"我猜想他不懂。"因此,羞辱成功与否取决于对方是否知道了,是否愤怒了。冒犯者总有一天会遇到对手;总有一天会有人为你复仇的。

盖伊乌斯皇帝①有许多的恶习，其中之一就是喜欢羞辱身边的每一个人，而他自己却拥有最丰富的笑料。他苍白丑陋的脸看上去像疯子，他那双野性的眼睛像长在一个老巫婆眉毛下，他那光秃的头上有几根稀稀拉拉的头发，令人作呕。此外，他还有一个长满刚毛的脖子，一双纤细的腿和巨大的脚。如果我要逐一描述他对自己父母、祖父母和各阶层人物的侮辱，那将是一项无止境的工程；因此我只提那些致使他毁灭的事。

　　他的几个特殊朋友中有一个叫亚西亚狄克斯·瓦勒理斯（Asiaticus Valerius）的人，他很高傲，别指望他能平静地忍受他人的羞辱。在一次聚会的宴席上，盖伊乌斯嘲笑此人妻子的性爱动作。上帝啊！一个丈夫听到这个故事会是一种什么感受！可皇帝知道的又是那么真切！多么失礼，一个皇帝居然当着这个女人丈夫的面说自己的奸情和通奸过程中的不满足之处——且不提这个人还是个执政官，更不提这个人还是他的朋友！还有一个叫查伊雷（Chaerea）的军官，他的言谈与他的军威很不协调；他的声音纤细，要是你不知道他的战功，很容易对他产生不信任感。当查伊雷向皇帝要口令时，盖伊乌斯有时候给"维纳斯"，有时候给"阴茎"，总是奶声奶气地寻找机会嘲弄他。皇帝自己始终身穿华丽的服饰，脚穿拖鞋，佩戴黄金。查伊雷为了避免再去要口令，被迫拿起了剑！在同谋者中他是第一个动手的人；是他对着这个皇帝的脖子狠狠地一击。接着，他人的剑纷纷砍在皇帝身上，公仇私恨一起发泄；但第一个英雄是最少露面的查伊雷。然而，也就是这个盖伊乌斯，他把一切都理解为羞辱，最想冒犯人家的人往往是最不能忍耐冒犯的。他对赫雷尼乌斯·马瑟（Herennius Macer）生气，是因为马瑟称呼他盖伊乌斯。第一小队的指挥官遇到麻烦，是因为他称呼恺撒"凯里古拉"。因

---

① 盖伊乌斯（Gaius）是罗马帝国公元37—41年的皇帝，因为自小在军营中长大，常常穿着士兵的低帮鞋，所以有一个外号叫"小靴子"（"凯里古拉"）。此人是臭名昭著的暴君。

为他生长在兵营里，曾经很受大家的宠爱，当时大家都叫他凯里古拉（意为"小靴子"），当兵的都不知道他的其他名字。但是现在他功成名就了，就认为"小靴子"让他丢丑和蒙羞。这件事告慰我们：即使是我们宽宏大量不复仇，也会有人站出来惩罚那些鲁莽、自大、惹是生非的人；因为这样的人的冒犯行为绝对不会限于一个人或一件事。

现在我们把话题转向那些我们褒扬的有忍耐力的人——例如，苏格拉底很有风度地对待了喜剧中对他的公然的和表演出来的嘲讽；当他妻子桑蒂帕（Xanthippe）用污水泼了他一身时，他却开怀大笑。有人嘲笑安提西尼（Antisthenes）①的母亲是个粗野的色雷斯女人，他反驳说：众神的母亲甚至是艾达山人。②

我们要避开斗嘴打闹；我们要远离那些没思想的人的一切争端——也只有没有思想的人才会喜欢挑起争端；要同等看待大众眼中的荣誉和伤害。我们没必要为此伤心，也没必要为彼高兴。否则，出于害怕被羞辱或厌倦了被羞辱，结果我们就没有去做许多需要做的事情；听厌了唠唠叨叨不顺耳的事情——有时候它们甚至是为我们好，结果我们拒绝面对公众和私人的责任。我们也不时地对权势人物发怒，自由地放纵我们的感情。但是，不容忍不是自由；我们在欺骗自己。自由是拥有一个超越了伤害的头脑，它是快乐的唯一源泉，它不受外界的干扰，从而不生活在烦恼中，不害怕人家的嘲笑，不害怕别人的闲言碎语。因为，如果人人都能羞辱他人，那么谁不会呢？真正的贤哲和想成为有智慧的人会用不同的药来疗伤。那些还没有修炼到家的、仍然在意人家的想法而行事的人心里要有数，他们不得不生活在伤害和羞辱中；灾祸降临在心理有准备的人身上会显得轻一些。越是出身高贵、有名望、有遗产，他就越是应当表现得有英雄气概；请不要忘记，军衔最高的人战斗在最前

---

① 安提西尼是苏格拉底的门徒，后创立了犬儒学派。
② 希腊人先崇拜大地女神瑞亚（Rhea）。后来又认为"众神之母"是克里特岛上的艾达山（Ida）。

线。让他去忍受侮辱、谩骂、耻辱，如同他忍受敌人的呐喊、飞箭和石头咔哒咔哒地落在战士的头盔上，但没有造成伤害。让他去忍受伤害，如同他忍耐创伤，尽管他的盔甲被穿透，胸膛被刺伤，但他没有倒下，甚至没有移动一步。纵然你被苦苦逼迫，为凶猛的暴行所困，但是退却是可耻的；坚守属于你的岗位。你问是什么岗位？一个英雄的岗位。贤哲的解脱方法则又与此完全不同了；当你还在热烈地行动时，他已经取得了胜利。不要与你自己的美好目的作对；心中永远充满着希望，直到你掌握真谛，愉快地听取更好的学说，用你的信仰和祈祷帮助它的贯彻。总会有某些不可征服的事物，总会有甚至连命运也无力控制的人，他为了全人类的利益而奋斗。

论 天 意

为什么尽管存在着天意，好人还是会遇上不幸？

鲁西历乌斯①啊,你问我如果天意统治着世界,为什么好人还是会遇上许许多多的不幸。要回答这样的问题,最合适的是写一本系统的专著,专门证明天意确实统治着宇宙,而且神关心着我们。但是既然你愿意将部分与整体分开来,希望我暂时别管主要的问题,先来驳斥一下一个单独的反对观点,我将遵命而行。这一任务并不困难,因为我将是在为神明辩护。

就目前的目的来说,我们没有必要去证明这个世界的宏大结构如果没有某个神维系着它,就不可能存在;我们上空的群星的集散运行绝不可能是出于偶然性的工作;因为偶然地运动的物体总是陷入无序,迅速相撞,而诸天的快速旋转在永恒的规律的统治下毫无阻碍地进行着,在大地上海洋中产生了千千万万的事物,在天穹之中产生了千千万万个在固定的序列中闪闪发光的美丽星星;这样的规律性不可能归结为物质的偶然移动;偶然地组合而成的东西不可能把自己协调为如此精巧的体系:最为沉重的大地一动不动地停在中央,维系着围绕它旋转的天空的飞移;大海泛滥峡谷、泡软土地、不因河水的注入而增长分毫,尽管河水能使细小的种子长成硕大的植物。即使是那些无规则的、难以确定的现象——我指的是暴雨乌云,雷鸣电闪,火山爆发,地震抖动以及其他自然中的狂暴元素在大地上引发的混乱这些事情,无论它们发生得多么突然,都是有其道理的;实际上,它们都是某种特别的原因的结果;那些看上去与环境格格不入而显得神奇的现象也是如此,比如在海浪之中出现的热流,在宽广的大洋中冒出来的一片片新岛。再有,如果某个人

---

① 鲁西历乌斯(Lucilius)是塞涅卡的朋友,罗马骑士和西西里的公诉人。

看到大海退潮时露出光秃秃的海岸，然后海水又在很短的时间内覆盖了同一片地方，他或许认为这是某种盲目的摆动力量引起了海浪有时缩回、向自身流动，有时向前奔涌，席卷而来，寻找它们以前的休止之地。事实上，它们一点点地增长，严格按照每天的各个时辰有比例地达到或大或小的水量，其原因在于我们称为"月亮"的那个星星的吸引；大洋涨潮服从的是月亮的命令。不过，让我们在适合讨论这些主题的时候再来谈它们吧，尤其是你其实不怀疑天意，只是抱怨它。我将使你和神明和解，他们对于最好的人总是最好的。因为自然绝不允许好［善］被好①伤害；在好人和神明之间存在着美德带来的友谊。

我说了"友谊"吗？不仅如此呢，此处存在的乃是一种亲情关系和相似性，因为事实上一个好人与神的区别仅仅在于时间这一要素。他是神的学生，神的模仿者，神的真正后裔；他的荣耀无比的父亲在培养美德上绝非温和的师傅，而是像严厉的父亲一样用种种艰难困苦来养育他。所以，如果你看到那些好人、那些神会接受的人在辛苦流汗，攀登险道，而坏蛋却寻欢作乐，那你就想想：我们的孩子让我们高兴的是他们的谦和，而奴隶的小孩让我们开心的是他们的冒失无礼；我们用严厉的纪律制约前者，对后者则鼓励他们大胆一点。要知道这也是神的做法。他不会把一个好人变成一个宠坏了的小动物；他考验他，强化他，使他适合于为自己服务。

你问："为什么好人遇上许许多多的灾难？"好人是不会遭遇任何坏事的；相反的东西不会混合在一起。就像无数的河流、天降的大雨以及滚滚的矿泉溪流都无法改变海洋的味道——甚至无法使其稍稍不同——一样，灾难的袭击不可能削弱勇敢者的精神。这一精神永远保持

---

① 古典伦理哲学中的一个重要概念是"好"或"善"（Good，goods）。相反的概念是"坏"或"恶"（Bad，evils）。很难准确翻译，我们经常把 good（goods）翻译为"好"，如"好人""好事""好处"，等等，而不是"善"。同样，evil 也经常翻译为"坏""坏事""遭罪"，等等，而不是"恶"。——译者注

自己的沉稳，它使一切发生的事情染上自己的颜色，因为它比一切外在事物都强大。不过我并不是说勇敢者对外在事物毫无感受，我是说他能征服它们；他只是感受到它们，并不为之所动，宁静地面对袭击他的任何事情。他把所有的灾难都看作训练。再者，任何人只要他是一个人，只要他志在正当做人，他怎么不会渴望合情合理的辛劳，并随时准备冒着危险尽义务呢？对于一个精力充沛的人来说，空闲无事岂不是一种惩罚？摔跤运动员主要关心他们的身体力量；他们只向最强壮的人挑战，他们要求陪练的人全力以赴；他们承受摔打和伤痛；如果他们找不到势均力敌的对手，就要几个人一起上。如果没有对手，勇敢的力量会萎缩。我们只有在看到它通过忍耐而做到它所能做到的一切时，才能发现它是多么强大和多么有效。你要明白，好人也应当像这样行动；他们不应该从艰难困苦中退缩下来，也不应该抱怨命运；他们应当高兴地接受发生的一切，并把它转化为好事。真正重要的不是你承受了什么，而是你怎么承受。

你没有看到父亲用一种方式表达爱，母亲则用另一种方式？父亲命令孩子从睡梦中起来，以便很早就开始活动，——即使在节日里他也不让他们闲着，他使他们流汗，有时还流泪。可是母亲则把孩子抱在怀里抚摸，想让他们避开太阳，希望他们从来都不要不开心，永远不哭，永远不干苦活。对于好人，神明保持着一颗父亲般的心，他用男子式的爱来对待他们，他说："让他们受到苦活、遇难、损失的折磨，以便使他们获得真正的力量。"由于懒散而发胖的身子是虚弱的；不仅是劳动，即使是移动和身体自身的重量都会使它垮掉。一帆风顺的繁荣经不起一击之力；而不断与自己的苦难搏斗的人由于经受磨炼而变得坚强，不会向任何不幸遭遇低头。对好人最为喜爱的神明希望好人成为最好的和拥有完满美德的，所以分派给了他们一个进行斗争的一生，这又有什么好奇怪的呢？就我而言，如果神明愿意看到伟人与灾难搏斗，我是丝毫不会感到奇怪的。如果一个年轻人勇敢沉着地举起矛枪对付一头冲撞过来的野兽,如果他毫无畏惧地抵挡住了一头狮子的进攻,那我们时常会感到兴奋和开心的。这位年轻人干得越出色,那幅景象就越赏心悦目。但是这些事并不会吸引神明的眼光来注视我们——这些豪举很幼稚,只是人类的轻松消遣而已。但是请看!这儿有一幕景象值得观看自己创作成果的神明的关注;看啊!这儿有一场配得上神明的竞赛:一个勇敢的人与厄运一决高低,而且他接受的挑战是双重的——如果神也在同时挑战他的话。我说,如果天界的主宰愿意把自己的注意力转向地面,那他可能无法看到比伽图更为高贵的景象了:伽图的事业一次次受到挫折,但是他依然在共和国的废墟中傲然挺立。他说:"虽然整个世界都落入一人之手中,虽然恺撒的军团把守着陆地,他的舰队拦在海上,恺撒的军队包围了城市的各道门口,但是伽图自有逃脱的道路;他只要用一只手就能打开通向自由的大门。这把剑,在内战中也从未被玷污过,清白无辜,最后将为美好高贵的事服务:它会把无法给予这个国家的自由给予伽图!我的灵魂,执行你计划了很久的任务吧,让你自己从人间事务中摆脱出来吧。派特莱乌斯和朱巴已经互相刺中对方,并躺下死去。① 他们与命运的约定是勇敢而高贵的,但是这还不足以表达我的伟大。对于伽图,从别人那里去求死,和从别人那里去求生同样可耻。"这位英雄在安排自己的死的时候冷酷无情,却想到其他人的安全,并安排他的追随者逃走;他即使在最后一夜还在学习研究;他拔剑刺入自己神圣的胸膛;他撕开自己的致命伤口,亲手驱走了他那高贵的无法被铁器玷污的神圣精神。② 当神明看到这一幕幕景象时,能不充满极大的快乐吗?我甚至认为,这就是为什么伽图自杀时没有刺中要害,不能一剑毙命的原因——神明只看到伽图一次,那是不够的。他的德性表现得有节制,轻易不发,以便在更艰难的角色中展现自己;因为再次求死比仅仅求死需

---

① 派特莱乌斯(Petreius)和朱巴(Juba)是庞培派,在恺撒最终击败庞培的法萨卢斯战役结束后,这两人感到无法得到赦免,于是互斗而死。

② 伽图用剑自杀,但是他最终死于撕开了医生包扎在他致命伤口上的绷带。

要更为伟大的灵魂。当他通过这样光荣的、令人难以忘怀的死亡逃离时，神明当然会非常高兴地看着自己的这位学生。死亡能神圣化那些甚至连敌人也不得不赞扬的人的终极时刻。

当讨论进行下去的时候，我将证明看上去是坏事的事情实际上并非如此。迄今为止，我所说的乃是：那些你称为"艰苦""困境"和被诅咒的东西，首先是有益于它们所降临到其身上的人的；其次，是有益于整个人类家庭的，而神关心的更是整个人类家庭而非个体的人。我再次重申：好人会愿意这些事情发生，否则的话，他们就活该遭罪。我还要进一步说：这些事情的发生是命运所决定的，它们是根据使他们成为好人的同一个规律正当地降临到好人身上的。总之，我将使你明白：决不要认为好人有悲惨遭遇，对他同情。因为你可以称他为"悲惨的"，但是他事实上不可能是悲惨的。

在我提出的所有命题中，最困难的看来是第一个：我们为之震惊颤抖的那些事件对于经受它们的人是有益的。你问："难道人们被迫流亡，一贫如洗，把妻子和小孩的尸体背到坟场，公开遭受凌辱，健康恶化，等等，难道这些都是为他们的好？"如果你对这些事情有益于人们感到惊奇，那你必然对病人有时通过手术和灼烤、禁食禁水而恢复健康感到惊奇。但是，如果你想想，为了治疗病人，有时要把他们的骨头削掉一层或整个拿掉，把他们的血管拽出来，把会影响整个身体健康的部位割掉，那么你就也应该同样相信以下这一点：坏事有时对降临其上的人有好处。我的话还表明，被人赞许和追求的东西有时会伤害乐滋滋地享受它们的人，这就像过量进食和醉酒以及其他的放纵会通过给予快乐来杀人一样。在我们的朋友德米特里乌斯①的许多格言警句中，有一句我刚刚听到，它还在我的耳朵里美好地回荡。他说："一个人如果从来

---

① 德米特里乌斯（Demetrius）是犬儒派哲学家，凯里古拉皇帝统治时期在罗马传授哲学。

没有遇上困境，在我看来那就是最为不幸的了。"因为这样的人从来都没有机会考验自己。虽然他样样东西都心想事成——甚至想都不用想，可是神明还是对他作出了负面的评判。他被认为不配战胜命运；命运女神离开所有胆小鬼，好像是说："我为什么要选择那个家伙作对手？他会立即丢下武器；我用不着动用我的所有力量与他对抗——他会被一个微不足道的威胁就打垮的；他连看都不敢看我的脸。让我去别的地方找个对手比试。我对和一个准备挨打的家伙过招感到耻辱。"一个角斗士把与低于自己的人打斗看作侮辱，他知道没有危险就得胜乃是没有荣耀的胜利。这对于命运女神也是一样。她搜寻出最勇敢的人和自己比赛；对其他一些人则蔑视地忽略过去。她攻击的是那些最为顽固、不屈不挠的人，是她必须全力以赴地进攻的人。对于穆西乌斯，① 她用火来考验；对于法布里休斯，② 她用贫穷考验；对于鲁提留斯，③ 她用流放考验；对莱古卢斯，④ 她用折磨考验；对苏格拉底，用毒药考验；对伽图，用死亡考验。只有厄运才能发现一个伟大的典范。

当穆西乌斯用右手抓住敌人的火焰，强迫自己为自己的错误支付惩罚的时候，他是不幸的吗？就因为他用烧焦的手打败了他用武装的手无法打败的国王？告诉我，是不是如果他在他夫人的怀中焐暖自己的手的话，就会更加幸福？

就因为法布里休斯一有空摆脱政务就耕种自家的土地，就因为他对财富作战的时候不亚于他对皮鲁士的作战，就因为他吃的草根和草药都是他这位战功卓著的老者自己在清理自家土地时薅的，你就认为他很不

---

① 穆西乌斯（Mucius）是罗马与伊特拉斯坎人作战时的英雄。他潜入敌营谋刺伊特拉斯坎国王，被俘后被下令烧死。他听到后轻蔑地把他的右手伸入点燃的火焰中。

② 法布里休斯（Fabricius）是在抗击希腊君主皮鲁士的战斗中的罗马将军，是罗马人正直和简朴的典范之一。

③ 鲁提留斯（Rutilius），罗马政治家，公元前92年因为抵制亚洲保税人的讹诈而被流放。

④ 莱古卢斯（Regulus），第一次迦太基战争中的罗马英雄，他在被俘后被迦太基人送往罗马讲和，但是他请求元老院拒绝和谈，然后自愿按照承诺返回迦太基，结果被折磨而死。

幸吗？告诉我，如果他的肚子撑满了来自远方海岸的鱼和异国他乡的鸟，如果他用来自东海和西海的贝类刺激自己餍足的胃口，如果他拥有以牺牲许多猎人的性命为代价捕获到的一流野味，四周堆满水果端上来，那他就更加幸福了？

就因为判鲁提留斯有罪的人不得不永远为自己辩护，就因为鲁提留斯宁愿自己的国家除掉自己、而不愿意他的流放被免除，就因为他是唯一拒绝给独裁者苏拉任何东西的，而且当被从流放中召回时，连忙退缩，跑得更远，你就认为他不幸？他说："让那些被你的'幸福'时代在罗马抓住的人看着。让他们看到广场上血流成河，元老的头被放到舍维留斯（Servilius）的水池上——苏拉颁布的死刑命令中的受害者们再次被脱光衣服，谋杀者大群大群地在城里搜查，成千上万的罗马人在安全的承诺——或者说正是以'安全'为理由——之后被在一个地点屠宰——让那些无法流放的人好好看看这些事情吧！"苏拉在光临广场之际，用刀剑为自己开道；他命令向他呈上执政官们的首级，命令财务官用公共基金支付执政官们被斩首的费用——尽管此人还颁布了考奈连法①，难道他因此就幸福吗？

让我们现在考虑一下莱古卢斯的例子：命运女神已经使他成为忠诚的典范，忍耐的榜样，这也是对他的伤害吗？钉子刺穿了他的皮肤；他无论怎么躺下他疲惫的身躯，都会碰上自己的伤口；他的眼睛在长期无法睡眠中睁得很大。但是他遭受的折磨越大，他的荣耀也就越大。他把美德看得如此之高，值得为此付出如此大的代价，你想知道他对自己的信念是如何毫不后悔吗？你可以让他复原自己，然后再把他送回到元老院中，你就会看到他将表达同样的意见。马伊西纳斯②遭受爱情的折磨，哀叹他蛮横的老婆的日日发作，只能通过从远处传来的模糊不清的

---

① 考奈连法（Cornelian Law）是苏拉统治下颁布通过的，其中有对谋杀的严厉惩罚的规定。
② 马伊西纳斯（Maecenas）是奥古斯都治下的罗马政治家，廷臣，文艺的保护人。

音乐勉强入睡；你觉得这样的人更幸福吗？尽管他以酒浇愁，倾听雨滴之声以使自己的焦虑得到分心，并且用成千上百的乐子来糊弄自己，可是他在黎明时分自己的床上，依然不能比另外那个挂在十字架上的人更能合眼。而且，前者可以想到自己是为了正义的缘故遭受苦难，感到慰藉，把眼睛从受苦转到它的原因上来；后者却厌烦了快乐，与太多的好运道搏斗，他所受到的折磨不是来自他所遭受的具体事情，而是他之所以会在这样的境遇下还在遭罪的原因。确实，人类还没有完全被邪恶所支配，他们不会怀疑如果命运给出了选择，那么更多的人会选择成为莱古卢斯，而非马伊西纳斯。或者，有哪位家伙会斗胆说他宁愿生为马伊西纳斯而非莱古卢斯，虽然实际上他尽管不承认他想成为的乃是泰壬提亚①！

苏格拉底喝下了雅典国家酿制的毒药，就像在喝什么长生不老药，而且直到死前还在谈论死亡；你以为苏格拉底很倒霉吗？因为他的血在变冷，寒气发作，心跳逐渐停止，你就认为他遭了大罪吗？我们难道不是更应该羡慕他而不是那些用宝石杯子喝酒的人，那些人的酒是用卡他米特（catamite）——一种只适合中性的或无性别的家伙用的工具——在金盘上用雪水稀释的！他们将呕吐出来他们喝下的所有酒水，扭曲着面孔，品尝自己的胆汁；而他却高高兴兴地喝下毒药。

关于伽图，已经说了很多了；应当承认所有人都会同意，这位伟大的人已经达到了幸福的巅峰——尽管自然选中了他，用可怕的力量打击他。"大权在握的人的敌意是一种艰难；那么，就让他同时和庞培、恺撒和克拉苏一决高低。在竞选公职时被低下的人所超过，也是一种艰难，那么就让他被瓦蒂涅所击败。② 参加内战是一种艰难，那么就让他为了正义的事业与整个世界作战，屡败屡战，顽强坚持。用自己的手了

---

① 泰壬提亚（Terentia）是马伊西纳斯难以相处的、令人讨厌的妻子。
② 瓦蒂涅（Vatinius）是恺撒的政治工具，在公元前55年的副执政官竞选中击败了伽图。

结自己是一种艰难，那就让他这么做。我从中能得到什么呢？那就是使所有人都能知道，上述这些我认为配得上伽图的事情没有一样是真正的坏事。"

成功光顾普通的人，甚至光顾普通资质；但是对于凡人的生活的灾难和恐惧的胜利仅仅属于一个伟大的人。当然，总是幸福并且毫无心灵痛苦地度过一生，也就丧失了对于自然的另一半的认识。你是一个伟大的人；但是，如果命运没有给你任何机会展示你的价值，我又怎么能知道呢？你作为选手进入奥林匹克运动会，但是除了你之外并没有其他对手；你获得了桂冠，但是你并没有获得胜利。你得到了我的祝贺，但是不是由于你的勇敢，而是由于你获得了执政官职位或副执政官职位；你提高了你的知名度。以同样的方式，我可以对一个好人说，如果他没有遇上艰苦的环境，使他有机会展示他心灵的力量，"那么我判定你为不幸的，因为你从未不幸过；你在没有对手的情况下度过了一生；无人知道你能够做什么——甚至你自己也不知道"。因为一个人如果要认识自己，那他首先要接受考验；没有经过测试，谁也不知道自己能做什么。所以有的人自愿去找那姗姗来迟的厄运，找机会把自己即将模糊不清的价值打磨得锃亮一新。我以为，伟大的人对遇到困境经常感到高兴，就像勇敢的战士有仗打了一样。我曾经听说提比略皇帝时代有一位角斗士抱怨表演的机会太少，他说："大好时光就这么白白荒废了！"

真正的价值渴望危险，它想到的更多的是自己的目标，而不是自己可能遭的罪，因为即使它将遭罪，那也是它的荣耀的一部分。武士们以其伤疤为骄傲，很高兴展示命运好的时候所溅出的鲜血。从战场上完好无损地回来的人可能也参加了战斗，但是负伤而归的人赢得了更大的声誉。我以为，神明每当给予某些人做出英勇事迹的手段，他们都能取得最高的美德；神明对这样的人十分偏爱；为此，这些人必须在生命中遭遇困难。你在风暴中认识了舵手，在战场上认识了士兵。如果你终日在财富中打滚，我又怎么能知道你会以什么精神面对贫穷？如果你到老都生活在阵阵掌声中，如果你无可抵挡地、从人们的心底里被人崇拜，我又怎么能知道你会以怎样的坚强面对侮辱、名声扫地以及公众的仇视？如果你总是子孙满堂，我又怎么能知道你能冷静地对待丧子之痛？我听到你劝慰别人。如果你劝慰自己，如果你一直在告诉自己不要悲伤，那我才可能认识到你的真正品格。我请求你，不要在不朽的神明用来作为刺激我们灵魂的东西面前害怕畏缩。灾难是美德的机会。那些被过度的好运弄得迟钝不堪的人确实应当被称为"不幸的"，这些人就好像休止在平静的海面上的死寂之中；一切发生的事情对于他们来说都是一个变化。残酷的命运对毫无经验的人更为严苛；对于娇嫩的脖子，套轭是沉重的。刚刚入伍的战士想到伤口脸色就发白，但是老兵毫不畏惧地盯着自己的伤口看，他知道鲜血经常是胜利的代价。同样，神明强化、审视、训练那些他所赞赏、他所爱的人。相反，那些他看上去青睐、看上去放过的人，他实际上让他们在面对厄运时软弱无力。因为如果你以为任何人都能摆脱厄运，那你就错了。即使是那些一直鸿运高照的人也总有一天会遇上自己的倒霉；那些看上去被放过了的人，只不过是被暂缓的人。神明为什么用恶劣的健康状况、悲伤或其他的不幸来打击最好的人呢？理由与在军队中最勇敢的人总是被指派最危险的任务是一样的。只有精选的战士才会被指挥官派去夜袭敌军，或是侦察道路，或是赶走一个要塞的守军。这些人在出发的时候绝不会有任何一个人说："我的指挥官交给了我一个很坏的任务，"而是会说："他这是在表扬我。"同样，所有被召唤承受考验——那些胆小鬼和懦夫会为之悲泣——的人都会说："神明认为我们配得上担任他的工具，用来检测看看人性能承受多大的苦难。"

逃离奢侈吧，逃离令人软弱无力的好运；人们的心灵被好运浸泡透了，如果没有谁来提醒他们看看人类共同的命运，那他们就会沉下去，好像沉到无止境的酩酊大醉之中不省人事一样。那些总是有上釉的彩窗保护自己免于严寒的人，那些双脚总是被不断更新的取暖装置保持温暖的人，那些在餐厅的地板下和墙四周安装了循环的暖气的人——这些人连微风拂过都会碰到巨大危险。一切过头都是危险的，而最危险的乃是过度的、无限的好运道。它会使大脑兴奋，它会在心里激起虚妄的幻想，会升起浓雾抹杀真实与虚假之间的界限。难道这样不更好吗——召唤美德帮助自己忍受长期的厄运，而不是在无限制的和无度的好运气中被挤爆？因为饥饿而死，是缓慢温和的；但是因为撑饱而死，那人会爆炸的。

故而，在神明对待好人时，遵循的是教师对待学生的同样规则：他们对最寄予厚望的人提出最大努力的要求。你以为斯巴达人在公开场合鞭打他们的孩子以检验他们的勇气时，难道是仇恨他们吗？他们自己的父亲号召他们勇敢地忍受鞭打，即使致残，即使半死不活，也继续挺起伤痕累累的身体去接受新的伤害。那么，如果神明用艰苦遭遇考验高贵的精神的话，又有什么好奇怪的呢？对美德的证明不可能是温和的。如果我们被命运女神鞭打和撕裂，让我们承受它；这并不是残忍，而是斗争。我们越是经常斗争，就越是强壮。身体上最壮的肢体乃是经常使用的那一个。我们应当面对命运，这样，在与她的斗争中，我们可以被她培养得坚强。渐渐地，她将会使我们变成她的同一级别的对手。经常面对危险让人蔑视危险。所以，水手们的身体由于与大海搏斗而变得强硬，农夫的手布满老茧，战士的肌肉拥有投掷武器的力量，奔跑者的腿很灵敏。在每种情况下，一个人身体最强的部分都是经常使用的。通过承受灾难，心灵学会了对其承受的蔑视；如果你观察那些贫穷的、并且由于匮乏而坚毅的民族通过劳苦获得了那么多，那么你就明白了我们自己也能做到的。想想那些罗马文明所没有达到的部落——我说的是日耳曼人和那些沿着达奴拜河（Danube）袭击我们的游牧部落。他们受到永久的冬天和昏暗的天空的压迫，荒芜的土地不肯出产，他们用草或树叶的屋子抵挡风雨，他们在冰雪的沼泽上跋涉，他们猎取野兽当食物。你认为他们不幸福吗？那些通过习惯回到自然的人不会不幸福的。因为他们开始不得不做的事情渐渐就成了一种乐趣。他们累了就躺下,此外再无住家或房子;他们的食物很少,而且必须动手劳作获得;天气严酷,无衣遮体——无数部落就是这么生活的,你却以为他们真不幸!好人必须经受撼动,才能变得结实,你为什么对此感到奇怪?一棵树只有在经受了多次风刮之后才能根深蒂固。因为它在受到的颠簸之中紧紧抓住了土地,并稳固地向下扎根。脆弱的树木生长在日光和煦的谷地之中。所以,〔灾难〕这是为了好人的利益,为了使他们无所畏惧,坚定地生活在惊险中,并且耐心承受所有那些在无力承受的人看来是灾害的事件。

还应当考虑的是:最好的人为之投身战场和积极服务的乃是公共的利益。神明的目的——同时也是智慧的人的目的——是要表明那些被普通人追求或畏惧的东西既不是好的,也不是坏的。然而,确实存在着好的东西,如果它们被仅仅赋予好人的话;也存在着坏的东西,如果它们仅仅影响坏人的话。如果没有人丧失眼睛,只有应该被夺去眼睛的人丧失了,那么目盲就是一个诅咒;所以,让阿皮乌斯和麦泰卢斯①看不见光明吧。财富不是一种好东西,所以就让拉皮条的艾黎乌斯(Elius)拥有财富吧,以便使人们尽管崇敬神庙里的财富,却看到妓院里也有财富。神明贬低那些我们所贪求的东西的最好办法,就是让最卑鄙的人拥有它们,而不让最好的人获得。你说:"可是这不公平:一个好人健康状况恶劣,或是被刺穿或戴上镣铐;而一个坏人却备受宠爱,皮肤光鲜。"那又怎样?勇敢的人手持武器,整夜守在营房中,伤口绑着绷带站在营垒前面;同时,那些邪恶的人和专职放荡者却安全地在城里面睡大觉;这有什么不公正的呢?那又如何?最为高贵的女子②在睡眠中被唤醒,举行夜间祭祀,而其他被罪恶玷污的人却可以呼呼大睡,这没有

---

① 阿皮乌斯(Appius)是公元前 312 年罗马的著名监察官;麦泰卢斯(Metellus)是第一次迦太基战争中的著名罗马将军,据说在救神庙大火时失明。

② 即维斯塔贞女,她们是维斯塔女神的祭司。

什么不公正的吧？辛劳召唤着最好的人。元老院经常整日开会，而所有那些人渣却或是在游乐场玩，或是在饭店大嚼，或是三五成群浪费生命。这样的事情也发生在世界这一个伟大的共同体中。好人劳动，花费，被花费，而且心甘情愿。命运并不拖着他们——他们跟着她，与她同步。如果他们知道怎么做，还会超过她。我还记得这么一句令人精神抖擞的话，我听最为勇敢的人德米特里乌斯说过："不朽的神明啊，我对你们只有这个抱怨：你们没有更早地让我知道你们的意愿；否则我早就会到达我现在在被召唤后所到达的状况。你们想要拿走我的孩子吗？我是为了你们才生养他们的。你们想要拿走我身体上的某个部位吗？请拿去，我献给你们，这个不算什么了不起的东西，不久我就会把整个身体都留下了。你们想要拿走我的生命吗？为什么不呢？我不会因为你们取回你们曾经给出的东西而抗议。我会完全自由地认可，你们可以拿走从我这儿所要求的任何东西。那么，我的问题是什么呢？我宁愿提供，而不愿放弃。有什么必要动武来抢呢？你可以作为一个礼物拿去。但是，即使现在你也不是动粗抢去的，因为除非一个人抓住不放，另一个人才存在'抢走'的可能。"

我不受任何强迫，任何东西都不会违抗我的意志，我不是神明的奴隶，而是他的追随者；这一点是确定无疑的，因为我知道万事万物都根据固定的和永远有效的法律而发生。命运指导我们；在产生的第一个时辰里就决定了每一个人余下的时间有多长。原因又与原因联结，一切公共事务和私人事务都由一条长长的事件链条所决定。因此，我们要以坚强的精神承受一切，因为我们认为事情不会仅仅发生——它们都是来到的。很久以前就已经决定了什么会让你高兴，什么会让你哭泣；而且尽管个体的生活看起来非常不同，但是结果是一样的：我们接受的都是会毁灭的东西，我们自己也将毁灭。所以，我们为什么要恼怒？为什么要抱怨？我们生来就是为了这个的。让自然随其所愿处理质料吧，那是她自己的；让我们面对一切事情都开开心心，保持勇敢，要记住：我们自己的东西是绝不会毁灭的。

那么作为一个好人意味着什么？参与命运大化。想到我们与宇宙一道向前运行，这真是令人感到无限欣慰。那命令我们活着和死亡的东西以同样的必然性把我们与神明联结在一起。同一个不变的历程同时承担着人和神明。他永远服从，他只下一次命令。"可是为什么，"你问，"神明对命运的分配如此不公：他分给好人贫穷、受伤和痛苦的死亡？"塑造模子的人无法改变质料；它必须服从这一规律。有的属性不能和其他属性分开，它们紧紧缠在一起，无法分割。那些秉性倦慵的、总想睡觉的，或是虽醒犹睡的人，是由懒懒散散的元素构成的。只有用结实的材料构成的人才值得我们重视。他的路程不会平坦，他必须上山下山，他必然会被颠簸，并且在暴风雨中驾着小船穿行；他必须不管命运的打击而保持航向不变。许许多多坚硬、粗重的事情都会落到他的身上；但是他会使这个软化，使那个变光滑。烈火考验真金，厄运考验勇敢的人。你看，美德必须攀登的是怎样的高峰啊！你找不到安全的路去走：

> 道路开始时很陡峭，旅行者在清晨奋力攀登。
> 我正午时分达到天穹，从那儿我惊恐地俯瞰着大地与海洋；我的心经常吓得突突直跳。
> 然后路途陡然下降，此时一定要牢牢驾驶。
> 泰西斯在下面张开她巨大的碧涛欢迎我，
> 但也常常在看到我从高处急速下降时胆战心惊。①

听了这段话后，那位高贵的青年回答说："我喜欢这样的路，我将攀登；即使我摔下来了，能穿越如此壮观的景致，也值了！"但是另一

---

① 奥维德：《变形记》卷2，63。说话者是太阳神，他在设法劝他的儿子法通不要驾驶太阳车。

位并没有停止用恐惧来打击这颗勇敢的心：

> 尽管你可能不会迷失正途，
> 也不会离开黄道漫步，
> 可你还是必须通过公牛座凶暴的角，
> 人马座的弓，还有狮子座狂怒的大嘴。①

可是那位青年回答道："把你给我的车套上辕子吧，在你看来可怕的这些东西恰恰激励我前进。我渴望站在连太阳神都吓得发抖的那个高处。"摇尾乞怜的家伙和胆小怕事的东西都走安全的老路，但是美德追求巅峰。

"可是为什么，"你问，"神明有时让坏事落到好人头上？"其实他并没有。神明把各种各样的坏事都与好人远远地分隔开，这些坏事包括错误、罪恶、邪恶的思考和贪婪的计划、盲目的肉欲和对别人财物的贪恋。他保护好人，解救好人：有谁会祈求神明也保护好人的行李？不，好人自己使得神明不必去为此忙碌，他蔑视身外之物。德谟克利特因为把财富看作美德的心灵的负担，主动宣布放弃财富。那么，既然好人有时主动选择某些状况作为自己的命运，你为什么还要奇怪神明要好人遭受如此之命运？好人丧子；为什么不可以？要知道有时他们亲手杀子。好人被流放；为什么不可以？要知道他们有时自动离开故乡，一去不复返。好人被杀；为什么不可以？要知道有时他们主动自杀。他们为什么遭受某些艰辛？是为了使他们能够教导别人承受它们；他们生来就是作榜样的。所以，想象一下神明好像在说："你选择了以正当为己任的人，你有什么理由抱怨我？在其他人四周我放满了虚假的好处，就像用长长的骗人的梦在蒙混他们空洞的心灵。我让他们一身金银象牙，但是

---

① 奥维德：《变形记》卷 2，79。

在他们的内心深处却没有任何好的东西。你视为幸运的那些家伙，如果你能不看其表面，而深入其内心，那你就会发现他们是可怜的、悲惨的、卑鄙的——就像他们自己家的院墙一样，只是在外边那一面装饰一新。这些好运并非真实可靠的，这只是一层表皮，而且是很薄的一层。所以，当它还能牢固地立在上面并如愿炫耀之时，它们闪闪发光，足以骗人；但是当它们被推翻和揭掉时，你就能看到被这些借来的光彩所长期隐藏的深处的真正丑陋。但是我给你的是真正的和持久的好东西，你如果越是把它们翻来覆去地从各个方面仔细打量，你就越能看出其伟大和美好。我已经让你能够鄙视所有的悲惨际遇，蔑视欲望。你并非外表光鲜，你的美好指向内在深处。宇宙岂非也是如此：它为自己的壮丽景象欢喜不已，鄙视它之外的任何东西。我在你的内部给了你所有的好东西；你的好运就是你不再需要好运。

"可是，"你说，"我们还是会遇上许许多多悲惨的、可怕的和难以承受的事情。"是的，因为我无法把你从它们的路上拽开；我已经武装了你的心灵去承受它们一切；你坚强地承受吧。在这一点上，你甚至可以超过神明；神明从不遭遇坏事，而你则是超越坏事。鄙视贫穷吧，没有一个人会比自己诞生时更贫穷。鄙视痛苦吧，它或者会被解脱，或者会解脱你。鄙视死亡吧，它或者终结你，或者改变你。鄙视好运吧，我没有给她任何能打击你的灵魂的武器。总而言之，我尽力使得这里没有任何东西能违抗你的意志。出口一直打开着。如果你不选择作战，你可以走。故而，在我认为对你来说必不可少的所有东西中，我让死亡最为容易。我把生命放在下坡之上；如果它在延长，那么请注意观察，你将发现通向自由之路是多么短小和容易。我没有在你的出口上安排你在入口上遇到的令人疲惫不堪的耽搁。否则，如果死亡对于一个人像出生那样慢慢吞吞地降临，那么命运女神早就会牢牢统治你了。让所有的季节，所有的地方，都教会你明白，放弃自然和把她的馈赠摔回去是多么容易。你在祭坛前进行庄严的牺牲献祭仪式，祈祷活命时，好好观察一下关于死亡的事。公牛的强壮身躯在微不足道的一道伤口之下轰然倒地，强有力的动物被一个人的手一下子就放翻；一道细小的刀刃能切开脖子的联结处；而当那联结头颈的关节被切断后，整个身躯的庞大体积都瘫倒成一堆。灵魂没有深深的隐藏处，你用不着拿刀去把它挑出来，深入的伤口无法找到生命的关键部分；死亡就在手边。我没有给这些致命的打击指定专门的地方；你想从哪儿走，通道都是打开的。即使是我们所讲的"死亡"——那最后一口气息离开身体而去——也短得令人无法察觉。不管是用绳结勒紧喉咙，还是用水止住呼吸，或是坚硬的地面粉碎一头栽下来的脑壳，或是吸入的火焰切断呼吸道——无论怎么样，终结都是迅速的。你难道不感到脸红羞愧吗？你居然长久地害怕着这个如此快捷的事情！

论幸福生活

我的兄弟伽里奥（Gallio）啊，幸福①生活是人人都希望得到的，然而大家在心里对什么是幸福生活却茫然无知；结果幸福生活远远不是那么容易得到的；如果一个人弄错了道路，那么他越是急切趋奔，就越是远离目标；因为假如此路通向相反的地方，那么他的全速前进只不过是日益加剧了他的背道而驰。

所以，首先，我们必须确定我们的目标到底是什么；然后，我们必须寻找最佳捷径去达到它；当我们上路后，如果路是对的，我们将考察我们每日能走多远，我们离在自然欲望的推动下所奔向的目标已经有多近。然而，只要我们还在漫无目标地逛荡，缺乏向导，只是听从四处的吆喝声和混乱的喊叫，那么我们的生命就必然葬送于错误连连之中——而我们要知道：即使我们日日夜夜追寻的是真理，生命还嫌太短，不够用呢！因此，让我们把目标和道路都定下来，要找到一些已经探索过我们即将进入的那个领域的经验丰富的向导；因为这一旅程的情况和大多数行程都很不一样。在许多旅程中都有井然有序的道路，有当地居民可以打听，你不会迷路走失；但是在这一旅程中，大多数人常常走的路恰恰是最为欺骗人的。所以，必须一再强调和警告：我们绝不能像羊那样跟着前面的羊群，走上人人都走而非我们应该走的路。但是我们最容易陷入巨大麻烦的原因，恰恰是我们相信众人的看法，认为最好的东西就是赞成者最多的东西。事实上，跟着大众走就是依靠模仿而非遵循理性

---

① "幸福"在古典语境中的本义是"好""最好""最高的好"，也可以翻译成"善""至善"。——译者注

生活。结果，人们在奔向毁灭之地的道路上尸骨累累。这就像在大灾难爆发之际，人们你推我搡，每个堕落者都拉扯下别的人，前面的人害了后面的人。这一景象你在生活中到处都可以看到。一个人走入歧途害的决不仅仅是自己，他一定会引起别人的堕落。把自己托付给前面的大众，这是何其危险的事！只要我们相信别人胜过相信自己，那么我们在生活中表现得就不是判断，而是盲从；这一错误会从一个人传到另一个人，最终卷进所有的人，毁了我们大家。他人之榜样，我们恰恰不要去模仿；我们只要与大众分开，就能保持自己的完整性。大众在保护自己的不义时总是反对理性。这也可以在选举中看到：当大众的偏好风向摇摆到反面时，那些曾投票选举某个官员的人又会惊讶为什么此人居然当选。同一个东西此时为我们所宠爱，彼时又失宠；只要盲目从众随大流，那么结果就必然是这样的！

当我们讨论幸福生活时，你把这看成好像是投票可以解决的事，说："这一方好像人数更多。"这话毫无意义。因为这只证明这一方是错误的一方。人类事务并不是这样安排的：大多数人会选择较好的东西。事实上，"群众的选择"恰恰等于"最差劲的选择"。因此，让我们寻找什么是最应该做的事情。众人经常做的事情不能充当我们最持久的幸福的标准，群氓所看好的东西也不行——群氓最不可能支持真理。我这里说的"群氓"不仅指厨房中的仆役，也指宫廷中的臣仆，因为我看的不是包裹身体的衣裳的颜色。在评价一个人时，我不依靠眼光，我有更好的、更确定的区分真假的光亮。让灵魂发现灵魂的最佳目的。如果灵魂有暇调息内凝，省视自我，它就会感受到痛苦折磨；如果它对自己坦诚相待，就会说："迄今为止我所做过的事情，我真希望从来没有做过；回想起我说过的那些话，我真是羡慕哑巴呢！看看我所祈求的那些东西吧，这和我的仇敌对我的诅咒又有什么两样！再看看我所害怕的那些东西吧——众神啊，别说了！我的担子本来可以比我所贪求的负担轻多少倍啊。我和那么多人结下了仇，又和他们化敌为友——如果恶人之间也可能存在友谊的话；可我与我自己还从来没有交朋友。我尽一切努力脱众而出，靠遗产出人头地。我完成了什么呢？不过是把自己暴露在妒忌的毒针之下，让它知道在我的身上何处刺入！你看到那些盛赞你的雄辩力，紧跟着你的财产，在你面前争宠，抬高你的权势的人了吗？所有这些人或者现在就是你的敌人，或者将来会成为你的敌人（这是一回事！）。你想知道有多少人妒忌你吗？那就去数数你的崇拜者吧。我为什么不寻找真实的'好'，而去寻找我可以炫耀的东西？这些东西吸引众人的眼球，让人止步艳羡不已；实际上金玉其外，败絮其中！"让我们寻找不仅仅是外表上有价值的东西吧，我们要找的是在其至深之处坚固、恒常、美好的东西；而且它并不遥远，你会找到它的——你要做的只是知道向何方伸出你的手。但事实上，我们好像在黑暗中探索，经常错过近在手边的东西，跌倒在我们欲求的东西上。

为了不拿复杂的细节让你厌烦，我就跳过其他哲学家的看法不说了，因为要一一列举并全部反驳它们是一件沉闷无趣的事。你就听听我们的观点吧。不过，我在说"我们的"时，并不是特指某位斯多亚派大师；我本人也有提出自己看法的权利。因此，我将追随前辈，请他来划分问题，但是在被点到名后，我也许不会求助任何前辈，而是说："我要添加某些一管之见。"同时，我听从自然的指导——这是所有斯多亚派一致同意的一条原则。决不偏离自然，根据自然的规律和模式塑造我们自己，这才是真正的智慧。

所以，幸福生活就是与自己的本性自然和谐一致的生活。而且它只有通过一种方法才能获得。首先，我们必须头脑清楚，遵循理性；其次，我们的精神必须是勇敢的、豪迈的、坚毅的，随时准备面对任何紧急情况；既关心身体以及与身体有关的一切问题，同时又不是焦虑不安；最后，我们的心思不会忘掉那些为生活增添光彩的所有好东西，但是决不过于痴迷——我们要做命运馈赠的使用者，而不是其奴隶。我不用多说，你也知道，一旦我们驱散了一切令我们激动不已或惊恐不安的东西,随之而来的必然是牢不可破的宁静和绵绵不断的自由;因为当快乐和恐惧被消灭之后,它的恶果——琐屑、虚弱和有害的心态——也就随风消散;取而代之的将是心灵的和谐安宁,以及伴以友善的真正强大;因为一切愤怒都起源于懦弱。

我们的这种"好"还可以用其他的术语来定义,即同一观念可以用不同的语言来表达。就像一支军队总是保持为一支军队,尽管它有时可以排成长阵,有时又收拢为一小块;它或是中心有空,两翼前伸;或是展开为直线;而且,无论它的阵势怎么摆,它的士气如一,决心不变,坚决保护同一个事业;同样,对于最高的"好"的定义有时可以冗长详尽,有时可以精练短小。无论我们采取下面的哪一种表述,意思都是一样的:"最高的好乃是心灵能蔑视命运遭际,唯以美德为快乐";"最高的好乃是心灵不可征服的力量,从经验中学到智慧,在行动中沉着冷静,在与他人交往中礼貌关心"。还可以这样定义:幸福的人就是这样的人:他不承认在好的与坏的心灵之外还存在"好"与"坏",他珍惜荣誉,追求德性,对于命运的遭际既不骄傲,也不屈服;他知道最大的"好"是只有他自己才能赋予自己的;对他来说,真正的快乐就是蔑视快乐。如果一个人想要多说点,还可能把同一个道理转换成其他形式的表述,并不会伤害到它的意思。因为我们完全可以说:幸福生活就是拥有一颗自由、高尚、无所畏惧和前后一贯的心灵——这样的心灵是恐惧和欲望所无法触及的,它把美德看作唯一的善(好),把卑鄙看成唯一的恶(坏);至于其他一切,就全都视为一堆无价值的东西,它们的得失丝毫也不能增减最高之"好",也不能从幸福生活中抽去任何部分或添上半分半厘。

这样心态的一个人,不管他愿不愿意,势必时时洋溢着发自内心的欢喜,因为他在他自身中找到了欢乐,他不需要任何比内在的喜乐更大的喜乐了。这样的欢乐当然远远超出了可怜的肉体的卑琐、细小、稍纵即逝的感觉!一旦一个人超出了快乐之上,他也就超出了痛苦;而当快乐与痛苦——这两个最为变化不定和专制蛮横的主子——交替奴役一个人时，此人必然屈服于悲惨肮脏的束缚之中。因此，我们必须逃向自由。但是通向自由的唯一道路是对命运无动于衷。这样的人就会享受到无法估价的幸福：在安全的港湾下锚的心灵的宁静与精神的昂扬；抛弃错误、发现真理后的巨大平稳的欢乐，还伴随着心灵的和善与欣然。而且，这样的人之所以为它们感到快乐，并不是因为它们是"好"的，而是因为它们都来自于根本之"好"——那就是他自己。

既然我可以在讨论这一主题中发挥某些自主权，我便也提一个定义："幸福的人"就是由于理性的天赋而摆脱了恐惧和欲望的人；即使石头也没有恐惧和悲伤，田野中的野兽也是如此；然而不会有人因此就称这些东西是"幸福的"，因为它们根本不懂得什么叫"幸福"。这一类事物中还应该加上那些天性愚钝和不了解自我的人，他们的水平和野兽以及无生命的东西相差无几。他们之间没有多少区别，因为一方是没有理性的东西，另一方是理性扭曲了的人——扭曲的理性的用力方向完全错了，只会伤到自己；被拒于真理之门之外的人绝不能说是幸福的。故而幸福的生活建立在正确可靠的判断上，无法变更。这样的心灵当然摆脱了一切遮蔽和邪恶，因为它不仅知道如何避开深处的创伤，而且知道如何避开表层的擦伤；它无论开了什么头，都能坚决贯彻到底，它甚至能坚守岗位，抵抗愤怒的命运之神的袭击。说到感性的快乐，虽然它弥漫在我们的四周，通过每一个毛孔溜进来，用它的欺骗打消我们的斗志，一计不成，又生一计，以期整个地或部分地诱惑我们；但是，有哪一个人，只要他身上还存留着一丝人性，会选择让自己的感官日以继夜地受挑逗，抛弃理性，把整个心思都交付给肉体？"但是心灵也要享受快乐。"有人会说。那就让它快乐去吧，让它陷入奢侈与快乐，让它狼吞虎咽各种美味吧；而且让它回忆旧日的快乐，沉醉在过去的体验中，渴望享受即将到来的乐子，让它提出计划；并且，尽管身体眼下撑饱了，容不下了，让它还想着攫取新来的东西吧。在我看来，这样的心灵将比过去更悲惨,因为选择坏事而非好事,完全是疯了。然而,一个人如果头脑不清醒,是不可能幸福的;而一个人追求的是伤害自己的东西而非最好的东西,又怎么能说拥有清醒的头脑呢?所以,幸福之人是拥有正确判断的人;幸福之人满足于当下的命运,无论它是什么,而且与环境友好相处。幸福的人乃是让理性决定存在的所有情况的价值的人。即使是那些宣称最高的"好"在于口腹之乐的人也明白自己糟蹋了这一高尚的观念。所以他们说快乐不可能与美德分开,他们宣称没有人能在不快乐中保持德性,也没有人能在没有德性时快乐。① 但是,我看不出如此截然相反的东西怎么能被捏到一个模子里面。请问,为什么快乐就不能与德性分开?你的意思是不是:既然一切好的东西都源于德性,那么你喜爱和欲求的东西必然也从这一根子上生发出来?但是,如果这二者确乎不可分离,那么我们就不会看到有的东西虽然带来快乐,却不高尚;有的东西极为高尚,但却令人痛苦,只有经过苦难才能实现。而且,我们看到快乐即使在最下贱的生活中也存在,但是德性却断然不会使生活成为邪恶的;而且,有的人虽然不缺快乐,但是并不幸福——或毋宁说正是因为快乐而不幸福!如果快乐与美德不可分割,这一切就是不可思议的。美德常常缺少快乐,而且从不需要它。你为什么要把不同的,甚至是对立的东西捆绑在一起?美德是高贵的、昂扬的和庄重的,它无法征服,永不疲倦;而快乐是低贱的、奴性的、虚弱的和容易毁掉的,它如鱼得水之处是妓院和酒馆。你在哪儿找到德性呢?在神庙,在广场,在元老院;你会看到它站立在城墙之前,风尘仆仆,筋疲力尽,满手粗粝的老茧;你在哪儿找到快乐呢?它常常溜出人的视线之外,它找寻黑暗,挤在公共浴室和健身房以及法网不及之处;它软绵绵的、阴柔无力的、散发着美酒和香水的味道,面色苍白,浓妆涂抹,像一具尸体一样。最高的"好"是不朽的,它没有极限,它不会餍足,也永不

---

① 这是伊壁鸠鲁的一条著名格言化原则。——译者注

后悔，因为思考正确的心灵永不改变；它不会自怨自艾，也用不着变化，它永远是最好的。但是，快乐恰恰在它的享受的高潮之际消失殆尽，它的空间很小，很快就能填满——它在第一次袭击之后就疲软下来，一下就被耗得干干净净。事实上，本性就是运动的事物是不可能确定不变的。所以，那种来去不定、在行使中就消灭的东西，怎么可能有实质呢？它挣扎着奔向自己可以停止存在的某个点，刚刚开始就看到了结束。

那么，怎么解释快乐同时属于好人和坏人这一事实呢？下贱的人在不光彩的事中得到的快乐似乎一点也不少于高贵者在被人赞颂中感到的快乐。古人提醒我们，不要过最快乐的生活，而要过最好的生活；从而，不要让快乐领导生活，而要让它担任正当合宜的欲望的伴侣。因为我们必须以自然为向导；理性只倾听自然的指示，依言而行。因此，幸福生活就是根据自然的生活。这是什么意思，我下面会解释的。如果我们小心但是无畏地看护着身体的禀赋和自然的需求，认为它们流逝不定；如果我们不想当它们的奴隶，也不想让这些异己的事物充当我们的主子，如果我们明白身体的满足并无根本性价值，只不过是像军营中的辅助人员和轻装部队，如果我们让它们服务而不是命令我们，那么，这些东西才有可能有益于心灵。我们不要被身外之物腐化，要不可被征服，只看重自己，英勇地面对命运的任何打击；我们应当塑造自己的生活，我们的信心不应是盲目无知的，我们的知识也不应是无信心的；我们的决定一旦作出，就应该坚守不移，不为任何打击所动。我不用多说了，很明显这样的人将沉稳有序，一举一动中无不透出高贵与谦和。理性在感官刺激下应当研究外部事物，因为理性只能在这一基础上运用自己，冲击真理；但是，当它从中获得了最初知识之后，它就应当返回到自身中。因为至高之神，那无所不包的世界和宇宙的统治者，也伸展到外物之中；但是之后便从各处抽身退回。我们的心灵也应当这么做；它首先沿着为自己服务的感官指出的路走，在由此而达到身外之物后，它就应当成为它们和自己的主人。如此一来，就能产生统一的能量，自我和谐的力量，还有可靠的理性——这一理性不再自我分裂冲突，也不会对自己的看法、认识或信念犹疑不定；这一理性在把自己调理得处处和谐一致后，就达到了最高的"好"。因为在它当中再也看不到任何扭曲和障碍，再也没有任何东西会绊倒它。它将完全在自己的指导之下行事，它将不会遇上任何意想不到的事情；无论它做什么，都会是好的，而且轻易自如，用不着躲躲闪闪；因为迟疑和不情愿表明心里有冲突，不坚定。因此，你可以大胆宣布：最高之好就是心灵的和谐；哪儿有和谐与统一，哪儿就有美德。冲突不和总是伴随着邪恶。

有人可能回嘴说："但是甚至连你自己培养美德都只不过是为了从中获得快乐。"但是，首先，尽管美德肯定会带来快乐，我们却不是为此而追求美德，因为美德给我们的不是这个，而是比这个更高级的东西。而且美德也不是为此而辛劳；应当说美德在为别的东西辛劳当中，也能得到快乐，就像在一片犁过的田里会这里那里冒出些野花来，然而这块田地辛辛苦苦地开垦出来是为了长庄稼，而不是为了长这些微不足道的小玩意儿的，尽管它们也可能挺好看。耕种者有其他的目的，那些小花不过是另外添加上去的。同样，快乐既非德性的原因，也不是它的回报，而只是其副产品。我们接受美德不是因为她使我们开心，毋宁这么说：如果我们接受美德，她也会让我们开心。最高之好就在对它的选择本身中；心灵的态度自足。当心灵完成了自己的工作，坚定地固守于自身内部之后，最高之好就已经完满地实现了，再也不需要额外地添加了。在整体之外没有任何别的东西，正如在终点之外再也没有别的点。因此，你问"为什么让我追求美德"，这问题本身就问得不对。你是想在最高的境界之外再寻找什么其他的东西。你问我为什么要寻找美德吗？只为她自己！因为她不会提供更好的东西了——她自己是自己的回报。或许，你认为这不算什么？那么我会告诉你："最高之好是一个永不屈服的坚定心灵，是它的远见卓识，它的高尚，它的正确，它的自由，它的和谐，它的美好——这些无上的福祉还能再被添加到什么其他'更伟大的'的东西上去吗？"你干什么对我提到快乐呢？我要寻找的乃是人的"好"，而不是他的肚子——牛羊野兽的肚子的体积要大得多！

你反驳说："你曲解了我说的，因为我承认在没有美德的时候不能快乐地生活，而不会说话的野兽和仅仅把食物当成'好'的人显然不懂这一点。我讲得很明白，而且公开为此做证：我讲的那种快乐如果不附加美德就是不可能的。"然而，谁不知道那些最容易被你们的那种快乐充斥的人都是些大笨蛋，在其享乐之中充满邪恶，而且心灵自己还提供了各种各样卑鄙的乐子？骄傲是自视太高，居高临下看别人，对自己的利益盲目愚蠢地追求，腐败奢华，幼稚可笑地傻开心，以及出言不逊，傲慢无礼，以侮辱别人取乐，懒散堕落，昏昏欲睡。美德摆脱了这一切，她竖起警惕耳朵，在认可任何快乐之前都仔细审查一番，即使对于那些她认可的快乐，她也并不把它们当成什么了不起的大事，只不过允许其存在而已。她不是在享用它们，而是在节制它们中才感到快乐。可是，既然节制会减少快乐，你们的"最大之好"［事］就要受到伤害了。你们拥抱快乐，我锁起它；你们享受快乐，我使用它；你们把它看成最大的好事，我甚至不认为它是好的；你为了快乐什么都干，我则什么都不会干。

我在讲"我"不会为快乐干任何事时，指的是理想化了的贤哲；你们［学派］认为只有这样的人才可能是快乐的。但我不会把任何被统治的人称为"贤哲"，更别说是被快乐统治了。如果他迷醉于快乐，他怎么能抵抗辛苦、危险、欲求以及处处可见的灾难呢？如果他被这么一个阴柔的敌手诱惑去了，他又怎么敢承受死亡、悲伤、宇宙的毁灭和他要面对的凶狠敌人？你说："他会按照快乐的指导行动。"可是，难道你不知道快乐指导的东西太多了吗？你说："它不可能找到卑鄙的事情的，因为它与美德联系在一起。"但是，你难道没看到，如果最高之好有赖于一个保护者才能成为"好"的,那它自己成了什么东西了?
而且,美德如果跟着快乐,又怎么指导它呢?你应该知道:服从者应当
跟在后面,发号施令者才应当引导在前。你会把发号施令者放到后面去
吗?你真是给美德找了个好位置——担任你的"快乐"的最先品尝者!
后面我们将会看到,对于那些如此轻蔑地对待美德的人来说,美德是否
还能依然是"美德";因为她在放弃了自己的位置之后,就不能再保住
自己的名称了。同时我想指出一个关键之处:许多人命运亨通,生长在
蜜罐之中,但是你依然得承认,这些人是恶棍。诺门塔努斯
(Nomentanus)和阿皮休斯(Apicius)吞噬着大地与海洋的贡品,观赏
着他们游艇上陈列的各国艺术品,躺在成堆的玫瑰花上,饱餐精美的烹
调食物,享受着音乐之声,眼睛饱览奇异景象,舌头品尝各种佳肴,美
女温柔地为他们全身按摩,而且鼻孔也不能闲着——他们的房中在献祭
奢侈之神,弥漫着各种香味。你会承认这是生活在快乐之中。但是这对
他们并不"好",因为他们引以为乐的东西不是真正好的。

"这对他们很不好,"你说,"因为挤入那么多东西后,灵魂会受到
干扰。""他们不是真正的伊壁鸠鲁派,因为他们缺乏理性,他们的意
见相互冲突,使心灵不得安宁。"这一点我承认。但是尽管如此,这些
人——虽然愚蠢、矛盾、常常后悔痛苦——确乎体验着极大的快乐,所
以你必须承认,虽然在这一状态中他们没有任何痛苦,但他们同样也没
有一颗清醒的头脑;而且,他们以及其他许多人都是在癫狂中享乐,在
撒野中开怀大笑。但是相反,贤哲的快乐是宁静的、适中的、几乎水波
不兴、含蓄内敛;当其不召自来之际,几乎无人知晓;而且,尽管它们
自行到来,却并不被看得很高。体验到它们的人并没乐成什么样子;因
为他们只允许快乐时不时地点缀于生活中,就像我们有时允许在严肃的
事务中掺入某些娱乐玩笑一样。

所以,请他们别再把无法相互妥协的东西捏到一起,把快乐和美德
联系在一块儿——这一阴险的方案只会令低劣的人兴奋不已。一头扎进

快乐中的人，连续不断地宴饮作乐；他知道自己生活得快乐，便认为自己也生活得很有德性，因为他听人说"快乐和美德不可能分开"；于是他便在他自己的邪恶上缀以"智慧"之名，并把本来应该藏之于密室的事情拿出来大肆张扬。所以，并不是伊壁鸠鲁把他们赶到纵欲生活中的，毋宁说是他们早已向邪恶投降，然后在哲学的膝下隐藏自己的纵欲生活，并涌向可以听到对快乐的赞美和首肯的地方；他们可不会去想伊壁鸠鲁的"快乐"事实上是多么清醒和节制（虽然我是这么看的），他们只是扑向一个名字，以便为自己的贪欲寻找辩护和掩盖。这么一来，他们就丧失了他们在邪恶中的唯一之"好"——对恶行的羞耻感，因为他们现在赞美那些曾经令自己脸红的事情，他们在苟且之行中神气活现；因此，当一个曾一度名声很好的名字成了他们无耻放纵的挡箭牌之时，他们甚至连自己的少年童真时代都永远失去了。

就个人而言，我是这么看的——虽然我们学派的其他成员都表示异议——伊壁鸠鲁的教导是正当和圣洁的，而且如果你仔细考察，你会发现它是严肃的；因为他著名的"快乐论"最终讲得很有限；而我们斯多亚派为美德所立下的规则，伊壁鸠鲁也同样为他的"快乐"立下，即"服从自然"。但是为了满足自然，却要动用一些奢侈！为什么会这样？一个把"幸福"用在懒散闲逛、声色犬马之中的人总是想为自己的人生选择个庄严的庇护者，于是他被这一美名吸引；尽管他所追求的快乐不是此处所教导的快乐，但是他借用其形式，并以为他的堕落与老师的规则正好吻合，于是就放开胆子沉迷其中，肆无忌惮，不仅可以说敢于见人了，甚至可以说是从此在光天化日之下嚣张地放纵起来。所以，我不会像我们学派中的大多数人那样说：伊壁鸠鲁派乃是一个"邪恶学派"，我会说：它名声不好，担了个恶名，但是其实冤枉。没有深入内殿之中的人如何能懂得这一点？它的外貌确乎使它声名狼藉并激起邪恶者的念想。这就像一个壮汉穿上了女人的衣服；你固然坚贞，你依然勇敢，你的身体不向肉欲投降——然而你手里却拿着一把小手鼓！所以，你们应当选择一个体面的、吸引心灵的称号和格言；你们现在用的名称，只会吸引邪恶之徒。

谁被美德一方吸引，谁就证明了自己的高贵天性；谁跟着快乐走，谁就是虚弱的、失败的、丧失男子气概的，必然向卑鄙堕落。只有别人为他在各种快乐之间进行区分鉴别，他才知道哪些快乐位于自然欲望的边界之中，哪些一泻千里，毫无节制；越去满足它，它就越难满足。来吧，让美德领路，每一步就会平安无事。而且，快乐的过度是伤害人的原因，但是在德性中我们不必害怕任何过度，因为德性中有着"节制"。一个东西如果被自己的扩大和缩小所伤害，那就不会是个好东西。此外，对于具有理性本质的生物来讲，还有比理性更好的向导吗？即使你喜欢那一组合①，你愿意在这样的相伴中走向幸福生活，也请你让美德在前面引路吧，让快乐跟着她，就像身体边上的影子一样。如果让尊贵的夫人——美德——给快乐当婢女，那只表明你的灵魂太渺小。让美德先行，让她举旗。我们会有快乐的，不过我们将支配和控制快乐；我们会时不时地倾听她的请求，但我们决不受她制约。但是那些向快乐交出领导权的人，就两样都没有了；因为他们既丧失了美德，也不可能拥有快乐，而是被快乐占有；结果或是被快乐的缺少所折磨，或是被快乐的过度所窒息——当快乐抛弃他们而去时，他们可怜巴巴；当他们被快乐充满时，他们更加可怜。他们就像陷入西特斯（Syrtes）旋涡中的水手，被抛上海滩没多久又被涨潮的浪头卷回去。不过这一切都是因为完全缺乏自我控制和盲目恋眷一个对象；要知道，一个人如果追求邪恶而非美好，他的成功就危机四伏了。捕猎野兽是一件充满艰辛和危险的事，即使被抓获的野兽也依然是令你不安的财物——因为它们常常撕咬自己的主人。巨大的快乐也是如此，因为它们最终是个祸害，被捕获的快乐又成了捕获者。快乐越多越大，被众人称为"幸福"的那个

---

① 即美德+快乐。

人就越是低下，要服侍的主子就越多。我还想再从这一类比生发出一些看法。正如一个人循着踪迹追到野兽的老巢之中，

  用套索套住了凶狠的野兽。

  于是感到非常高兴，并且

  放出一队猎犬围住了茂密的林木。

  以便追查出野兽的路径，这人丢下了更有价值的东西，忽视了许多责任。同理，那些追求快乐的人把其他一切事务都当成次要的了，首先便是放弃了自由，因为他不得不听他的肚子的指挥。而且，不能说他为自己购买了快乐，应该说他把自己卖给了快乐。

  "然而，"有人问，"为什么就不可能把美德与快乐混合为一体，构建最高之好，使得高尚者与惬意者成为一个东西？"答案是：高尚的东西中没有任何不高尚的东西，最高之好如果掺杂进去了任何异己的、低级的东西，就丧失了自己的完整性。即使是源于美德的快乐，虽然它是一种"好"，但是也不是绝对之好的一部分，欣然静谧也是如此；尽管它们的起源非常高贵，尽管它们都是"好"的，但是它们只不过伴随至高之好，而不是使至高之好完满。但是，一个人只要在美德和快乐之间组建联盟——尽管不认为它们势均力敌，他就会使其中之一的弱点影响另一个的力量，并且使自由戴上枷锁；自由唯有在认为没有任何东西比自己更有价值时，才是不可征服的。

  它现在开始需要命运的帮助了，这乃是奴役的深渊；紧接着而来的就是焦虑、怀疑、惊恐的生活，害怕不幸，害怕时间中的变化。你没有为美德建立一个坚固不移的基础，而是让它立足于流沙之上；你如果把信心交给命运的偶然际遇、身体状况的变化以及影响身体的各种东西

上,你还指望得到稳定吗?如果一个人被快乐和痛苦的小小干扰弄得心神不宁,他又如何能服从神明,乐观面对发生的一切,善意地解释他的不幸遭遇,从不抱怨命运不公?如果他一心趋向快乐,那他甚至不能成为国家的一个勇敢卫士或复仇者,也不能保护自己的朋友。所以,让最高之好上升到一个任何力量都无法把它拖下来的高处,痛苦、希望和恐惧都无力达到那里,其他任何东西也都不能减损最高之好的权威;唯有美德能上升到那个高度。我们应当追寻美德的芳踪,上升才不会困难;她将勇敢地抵抗,她将耐心地而且愉快地承受一切发生的事情。她将懂得:时间中的一切艰辛都是自然法定下的,她将像一个好的战士那样受伤,她会历数伤疤,而且在被标枪刺中之后,她会在对指挥官的挚爱之中死去——她是为了她而战死沙场的。她将牢记这一古老的命令:"遵循神灵"!但是,埋怨呻吟、哭哭啼啼的人也还是得服从指示,即使不愿意,也不得不接受任务被赶上前线。可是,宁愿被拖着走也不愿意跟着走,这岂不是太糊涂了吗!同理,只有蠢到极点和对自己的命运一无所知的人才会由于匮乏或不幸的遭遇而悲哭,并且在看到好人和坏人一样遭灾——诸如疾病、死亡、残疾以及其他料想不到的扰乱生活的灾祸——时吃惊、愤怒。

  宇宙的构造给我们带来的上述所有一切灾害,我们都必须英勇无比地承受。这是我们必须承担的神圣职责——服从人类的命运,不为我们无力避免的那些事心神不宁。我们生于君主制之下,服从神明就是自由。因此,真正的幸福建立在美德之上。这一美德会给你什么呢?你不要把任何不是来自美德或邪恶的东西看成是好或坏的;你应当在邪恶眼前站稳脚跟,纹丝不动;你应该享受"好",以便展现神明的精神。美德为你的这一作为承诺了什么呢?很多好处,几乎与神灵齐肩。你将不受任何约束,你将不缺乏任何东西,你将自由、安全、不受伤害;你将样样成功,圆通无碍,心想事成,无灾无难;你的一切期盼和愿望都不会遇到反对。

"什么！难道幸福生活只要有美德就够了？"它完满神圣，这难道不就够了吗——甚至都要漫溢出来了！如果一个人超出了一切欲望之上，那他还缺什么呢？

如果一个人聚齐了所有自己的东西，他还需要什么身外之物呢？不过，一个还走在通向美德的道路上的人，虽然已经走了不少路了，仍然还在人间事务的劳苦中挣扎；在最终解开所有俗世的束缚之前，他还是需要一些命运的恩赐的。那么区别何在呢？区别在于这些人①是被松松地绑着，而另外一些人手脚戴着重镣②。那些朝着更高领域进发和提升自己境界的人，后面拖着根松开的链子；他尚未自由，不过几乎已经堪称自由。

那些朝哲学狂吠的家伙责问说："为什么你说起来勇敢，做起来胆小？为什么你在上级面前谦恭小声？为什么你把钱看得那么重，为什么为损失伤心？为什么在听到妻子或友人的死讯时潸然泪下？你为什么看重面子，被别人诽谤时感到刺痛？为什么你拥有超出你自然需求的更多的田地？为什么与你同桌进餐的人不听你的教诲？你为什么拥有如此豪华的家具？为什么你餐桌上的酒比你都要年长？为什么炫耀这些东西？为什么你种这些除了遮荫之外一无所用的树木？为什么你老婆耳朵上戴着富贵人家才戴得起的耳环？为什么你家的青年奴隶衣着昂贵？为什么你的餐具排列精致讲究，一丝不苟？为什么有专人为你切肉割鱼？"你如果愿意，不妨再加上："为什么你在海外有产业？为什么多得连你自己都无法巡视过来？可耻啊，你或是心不在焉，甚至当面看见你那几个奴隶都认不出来；或是奴隶太多，以至于脑子无法容下并记住！"下面，我会比你骂得还凶，并严肃指责我自己，甚至出乎你的意料之外。至于现在，我想这么回答："我并非一个贤哲，也并不想接受你的辱

---

① 即已经走上通往美德的路的人。
② 即根本不想走向美德的人。

骂。请你别拿最好的人的标准来要求我。我只要比恶棍好就行了。如果我能日复一日地减少我的邪恶，批判我的错误，那就够了。我还没有获得完满的健康，实际上我也永远无法获得。我只打算缓解我的顽症，而没有企图治好它。如果它发作的次数减少并使我痛得不是那么厉害，我已经很满足了。但是我虽然跛足，与你的脚一比，我可以说是健步如飞了！"我这话不是为我说的，因为我陷入了各种邪恶之中。我是为那些已经实际取得了一定成就的人说的。

"你说的一套，做的一套。"你说。你们这些心怀恶意、仇视所有好人的家伙啊，你们这种指责早就被用来攻击柏拉图、伊壁鸠鲁、芝诺。但是这些哲学家讲的不是他们自己的现实生活状况，而是应当怎么生活的问题。我是在讲美德，不是在讲我自己。我的论辩反对所有的邪恶，尤其反对我自己的。当我能够时，我一定会按照我应该的生活方式生活。你浸满毒汁的恶意别想阻挡我追求最好的事物；你播撒在别人头上的毒药——你也在用它杀害你自己——也不能阻止我继续褒扬那种我应该过的生活（并非我眼下过的生活）：尊崇美德，追随美德，尽管我落在后面，尽管我跌跌撞撞。这种恶意甚至连鲁提留斯（Lutilius）和伽图都不放在眼里，还会放过别的人吗？如果在一个人的眼里，连犬儒派的德米特里乌斯都还不够贫穷，那么还不把任何人都看得富得过头了？要知道这位最勇敢的英雄与一切自然欲望斗争，他比所有其他犬儒派学者都穷；因为其他人禁止拥有财产，他却连拥有财产的欲望都禁止——这样一个人他们还要说不够贫穷！可是你知道：他不宣称自己知道美德，只说自己知道贫穷。

他们还说，伊壁鸠鲁派哲学家狄奥多罗斯（Diodorus）在生命的最后几天自刎违背了伊壁鸠鲁的教义。有人认为他自杀的原因是发疯了，有人认为原因是鲁莽乱来，但是他自己却幸福而且心安理得，在离开人世时能为自己做见证。他称颂自己在美好的家园中安安稳稳地度过了宁静的岁月。他的话你大概从未听过，你听了就会感到自己也应当这么做的：

> 我活过了；我已经跑完了我命定的历程。

你争论过一个人的生，另一个人的死；当你听到有人因为某些出众的优点而伟大时，你狂吠不已，就像犬吠陌生人一样；因为你发现无人优秀对你是最有利的，似乎别人的美德在无言地指责你的所有毛病。你妒火中烧地把他们的光辉形象与你的丑陋样子相比较，却不明白你胆敢这么做，对你其实大为不利。因为如果追求美德的人尚且还是贪婪的、色迷迷的、野心勃勃的，那么你们这些连美德的名字都恨之入骨的人还能是什么东西呢？

你说，他们无人实行自己的教导，或者按照自己的话塑造自己的生活。但这又有什么好奇怪的呢？要知道他们的话是高贵的、伟大的、经受得了人类生活的所有风暴！虽然他们也都努力从被你们亲手钉上的十字架上解脱下来，但是他们即使受处罚，也是每人钉在一个绞架上，可其他那些自己给自己带来惩罚的人，却趴在许许多多的十字架上，与他们的欲望一样多。可他们在大肆侮辱别人时居然还秽语连连，满口损人的话。我想他们有权利这么做，他们中的一些人不是在十字架上还向旁观者吐口水吗？

"哲学家从来不实践他们所教导的。"你说。但是他们事实上实践了不少他们良善的心灵所领会的道理。如果他们言行一致，谁还能比他们更幸福呢？同时，你没有任何理由蔑视充满高贵思想的高贵话语和心灵。研究好的学问本身就值得赞许，即使它没有任何实际效果。在陡路上攀登的人如果没有登顶，这又有什么可奇怪的呢？但是，如果你是一个婆婆妈妈的人，那就请你看着这些努力追求伟大事业的人，即使他们失败了。一个不是以自己的力量、而是以自己天性的力量衡量自己的努力的人，一个志向远大的人，一个胸怀唯有巨人般勇气才能完成的伟大抱负的人，展示出的是自己的高贵。

如果一个人为自己树立这样的理想："就我而言，我将以同样的表情观看死亡与喜剧；就我而言，我将精神抖擞地承受所有的艰辛，不管它们有多么大；就我而言，无论是穷还是富，我都要鄙视财富：如果我不是富人，我不会垂头丧气；如果我身价百万，我也不会神气活现；就我而言，无论好运临门还是离我而去，我都毫不在意；就我而言，我将永远生活在为他人服务的心态中，我还会感谢自然这么安排我；因为她这是在真正照顾我的最佳利益。她把我给了所有人，又把所有人都给我。我不管拥有什么，都不会像一个小气鬼那样藏得严严实实，也不会像一个败家子那样挥霍殆尽。在我看来，我真正拥有的东西就是自然聪明地赋予我的秉性。我不会从数量、大小等方面估价我得到的好处；我只会从对接受者的评价来看——在我眼里，一个有价值的人所接受的东西决不能算大。我决不会为了他人的意见做任何事情，我做的一切都是为自己的良心。当我独自一人做事时，我会把它看成是在整个罗马人民的注视下进行。我的吃喝只是为了消除自然的欲望，而不是去填满我的肚子。我要对朋友和蔼可亲，对敌人温和宽容。别人尚未开口请求，我就会原谅他；别人所有的正当要求，我都会连忙满足。我将会明白：整个世界是我的国家，它的统治者是众神，他们位居我的上面和我的四周，他们监督着我的一言一行。当自然向我索回生命，或是我的理性决定放弃它时，我就会离开尘世，心里知道自己无愧于心，一生为善，不曾伤害过任何人的自由，更别说伤害过我自己的自由了。"一个下定决心、希望并着手这么做的人，就是走上了通向神明的道路——啊，这样的人即使最后没有达到神圣，也是在高级的王国中失败。至于你，你对德性的仇视和对实践美德的人的敌意毫不奇怪。因为阴火在太阳面前感到恐惧，夜间生活的动物仇恨灿烂的白昼；面对黎明的第一道曙光，它们震惊惶恐，四处走避，钻进洞里躲藏起来，因为它们害怕阳光。哇哇喊吧，翻动你那下贱的舌头污蔑美好的事物吧，亮出你的毒牙死命咬吧，你牙都咬崩了也别想在上面留下任何痕迹！你问："为啥这个人推崇哲学却过着奢侈的生活？为啥他说应当鄙视财富却拥有钱财？为啥他说生命不值一提却还活着？为啥他说健康不重要却小心养生，还把健康说成是最好的事情？为啥他说流放只不过是一个空洞的字眼，还说'换个国家住住算什么坏事呢？'但同时却想尽办法终老故乡？"

为什么他相信生命的长短毫无区别，但是一旦情况许可就延长寿命，颐养天年？他说应该看清这些东西，意思不是说不去拥有它们，而是说不为拥有它们而焦虑不安。他不打发它们走；但是如果它们离开他，他会毫不在意地把它们送到门口。确实，命运唯有把财富存放在那些当她要求归还时会毫无怨言地迅速归还的人手里，才是最安全放心的。马库斯·伽图在赞扬库里乌斯（Curius）和库兰坎尼乌斯（Corancannius）时，即使拥有几个小银币也有违监察官职责，但是他却拥有4百万赛斯特赛斯（sesterces）——无疑比克拉苏的钱少，但是肯定比监察官伽图的多。如果作一个比较的话，那么他超出他祖父的程度要大于克拉苏超出他的程度。而且，如果更大的财富降临到他的头上，他也不会反对的。因为贤哲并不认为自己配不上命运的任何馈赠。他并不爱财，不过他宁愿拥有之；他不会让它们进入他的心，但是会让它们进入他的屋；他不会排斥自己的钱财，他会保留它们，并希望它们为自己发挥慷慨之美德提供更充分的物质保障。

谁会怀疑贤哲在财富而非贫穷中找到展示自己力量的更充分的资源呢？在贫穷中只能存在一种美德——不被贫穷压弯了腰；但是在富裕中，可以为节制、慷慨、勤勉、有条理和宏大胸襟等美德找到广阔的空间。贤哲即使矮小也不会自轻自贱，但是他会宁愿长高；他即使身体虚弱或目盲，也很坚强，但是他还是宁愿身强体壮。虽然他知道在他身上有某种更强壮的东西，而且不必依赖机体的健壮就能存在，但是二者都有岂不更好吗？如果他身体不好，他会忍受的；但是他也会希望身体健康。因为有些东西尽管与整体比起来微不足道，即使去掉也不会损害根本之好，但是还是可以对发自美德的持续快乐有所贡献的。正像和风习习，拂面而过，当然令水手心旷神怡；又如寒冬当中有个好天，阳光温暖，当然让人开心。同样，财富也会影响贤哲，让他高兴。此外，贤哲——我指的是斯多亚派讲的贤哲，他们把美德视为唯一的"好"——当中有谁会否认：即使我们称作"无所谓好坏"的东西也有某些内在价值，其中有些比另一些更值得向往？对于其中的一些，我们评价不高；对于另一些，我们看得很重。所以别犯错误吧，财富确乎属于更值得向往的东西。你问："那你在耍我吗，既然它们在你的眼里和在我眼里的位置是一样的？"你真想知道它们的位置有何不同吗？在我看来，如果财富溜走了，不会从我这里拿走任何东西，只是它们自己；但是在你看来，如果财富失去，这是惊天大事，你会感到你的真实自我被剥夺了。在我眼里，财富有一定的位置；在你眼里，它们占据最高的位置。总而言之，我拥有我的财富，而你的财富拥有你。

  所以，不要再禁止哲学家拥有钱财吧。没人命令智慧一定要受穷。哲学家可以拥有可观的财富，但这不会是从别人那里抢来的，也不会沾满别人的鲜血。这样获得的财富不是通过伤害他人，不是通过诈骗；而且它的花费也不会比它的获得更不像话；这样的财富不会让任何人不满，除了心地不正的人。你尽管堆积这样的财富吧；这完全是光荣的，只要它包括的是你可以当之无愧地称为你自己的，而不包括任何别人会称为他们的东西。哲人当然不会把命运的慷慨馈赠推开。正大光明获得的遗产不会让他脸红，也不会让他飘飘然。他甚至有可能有理由自夸呢，如果他打开自家的门，让全城的人参观他的财物，并理直气壮地宣布："如果有任何人看到这儿有他的东西，请他拿走。"如果这么说了之后他还能拥有同样多的东西，那他是何等伟大的人、何等卓越富有的人啊！我的意思是：如果一个人毫不在意地让人进去搜索，如果没人能在他的财物中找到一件属于自己的东西，那么他的富裕就是勇敢的、公开的。贤哲甚至不会让一分不名誉的钱进入他的家门。但是，他不会反感或排斥命运的馈赠或美德工作带来的巨大财富。他有什么理由抱怨命运的好意的分配？让它来吧，让它受到欢迎。但他不会四处夸耀，也不会藏藏掖掖；前者是愚蠢，后者是胆怯和小家子气——把如此伟大的福祉放在口袋里。而且正如我前面说的，他也不会把它赶出家门；因为他会对它说什么呢？是"你没有用"还是"我不知道怎么运用财富"？

正如他即使步行也能走完旅途，他也还是更愿意乘车而行一样；即使他能甘守清贫，他也宁愿宽裕。所以，他会拥有财富，但是同时很清楚它摇曳不定，转眼即逝。他不会让它成为自己或他人的负担。他会散财。你竖起耳朵走来干什么？你为什么不准备好口袋？他既会把财物送给好人，也会送给他能改造好的人。在仔细考察之后，他挑出最佳人选，送给他财物。他正确地记住这样的原则：不仅要想到自己的花费是多少，而且要想到接受人是谁。他赠送财物的动机必须是正当的和能站得住脚的，因为错误的赠送等于可耻的浪费。他不会把钱袋藏起来，但也不会让上面有漏洞：慷慨解囊是可以的，但随意撒落就绝不应该了。

如果谁以为赠送是一件容易的事，那他就错了。这是一件非常困难的事情，因为礼物的送出必须深思熟虑，决不能漫不经心，任意抛撒。我给此人一个帮助，给那人一个回报；对这个人我伸以援手，对那个人我表示怜悯。我帮这个人，因为他不该陷入窘境；我不帮那些人，尽管他们也有需要，因为即使我给了他们东西，他们的需要也还是会绵绵不断。对有些人我提供帮助，对另一些人，我强迫他们接受。在这件事上，我万万不能随意从事；我在馈赠时会极为认真地列出名单。"什么！"你说，"你在赠送时还想着拿回来？"不，我想的是不要浪费。施惠的原则应当是：不得索取任何回报，但是要能够令人想回报。

一个恩惠应当深埋如宝藏，不到需要的时候决不挖出。富人之家正是提供施惠的好资源！谁的声音唤起慷慨？当然是身着宽袍者。自然命令我对全人类行善——不管是奴隶还是自由人，不管是天生自由人还是释放的奴隶，不管是法律赋予他们自由的还是在朋友面前释放的——这些有什么区别呢?只要有人,就有行善的机会。所以,即使在自家之中也可能好善乐施,找到慷慨的对象。"慷慨大方"(liberality)并非得名于这种德性只是自由人的专利,而是得名于发自一颗自由的心灵。一个有智慧的贤哲不会把钱财扔给卑鄙下贱的家伙,也不会轻易花光它们,以至于在碰到一个应该帮助的对象时却无力出手。

因此,你没有借口说听错了那些追求智慧的人所说的光荣的、豪迈的和英雄般的话语。你首先应当注意这一点:追求智慧是一回事,已经得到了智慧是另一回事。前者会对你说:"我的话非常美好,但是我自己还在许多罪恶中打滚。你没有权利要求我按照我自己的标准生活。目前我依然在塑造自己,努力把自己提升到崇高的理想的高度;当我将来完成了我给自己提出的所有目标之后,那时你再来要求我言行一致吧。"但是已经获得人类至高之好的人,对你就会别有一番要求了:"首先,你没有权利对比你好的人指手画脚,评头论足。"就我而言,我已经有幸引起恶人的不快,这就足以证明我的正直了。不过,为了向你解释一下我不会抱怨任何人,请你听听我的看法以及我对各种东西的评价。我否认财富是一种"好",因为否则的话它就能把人变好。而且,恶人手中的东西不能被称作"好"的,所以我将不把"好"这个词用于财富。然而,我承认财富是值得向往的,它是有用的,能给生活带来相当的舒适。

"请注意听,既然我们都同意财富是值得向往的,我为什么不把它包括在各种'好'之中?我对它的态度在什么方面和你的不一样呢?把我放在一座一流的豪宅之中,让我住在金盘银具习以为常的地方,我不会因为这些东西而仰视自己;它们尽管属于我,却并不是我的一部分。把我带到苏布里西安(Sublician)桥下,把我扔到乞丐群中,和那些伸手要饭的人坐在一起,我也看不出有什么理由应该看低自己。因为一个人在不缺少死亡的可能时,他是否缺乏一片面包,这又有什么区别呢?那么结论是什么?比起那座桥,我更喜欢那座豪宅!把我放到奢华的家具和富丽堂皇的地毯中,我绝不会因为拥有柔软大氅、招待身穿紫袍的贵客而认为自己更幸福半分。改变我的床垫,如果我疲倦的脖子不得不在一把干草上靠着休息,如果我睡在一个马戏团的垫子上,垫子里的东西都从破旧的补丁口中漏了出来,我也不会比以前悲惨半分。

"那么结论到底是什么呢?我宁愿我的灵魂穿着袍子和鞋子,也不愿意袒露臂膀,脚被刺破。让每一天都如意地度过,让好运日复一日地到来;我不会因此而妄自尊大。如果时运倒转,此后我的灵魂遭受损失、悲伤、各种灾害的打击,我时时刻刻都不顺,我也不会因此称自己是天下最可怜的倒霉鬼;我不会因此诅咒任何一天。因为我相信对我来说,没有一天是黑暗的。那么结论是什么呢?我喜欢节制我的快乐,甚于节制我的悲伤。"①

这是苏格拉底这样的人对你说的:如果我战胜世界各国,乘酒神狂欢之车凯旋,从日出之地直到底比斯,如果万国之君请我立法,人人尊我为神,我还是首先记得我是一个人。此后,如果我从这样的巅峰直接跌入厄运之中,被放到外国的小推车中②,以便为一个骄傲凶残的胜利者的凯旋游行队伍增添光彩,被驱赶在别人的马车之前,此时我也决不会比独自昂首挺胸而立时更为奴颜婢膝。那么结论是什么呢?总而言之,我宁愿征服而非被征服;我对整个命运的领域表示蔑视,但是如果可以选择的话,我将选择其中较好的那部分。无论什么降临在我身上,我都会把它转化为好的,但是我还是宁愿降临在我身上的是更为愉快和惬意的事情,是不那么难以处理的事。因为尽管一切德性都要通过努力才能获得,但是有的德性需要激励,有的需要约束。正如身体在下坡时要向后收回,在攀登陡壁时需要向前用力;有的德性可以说走的是下坡之路,有的德性是在奋力上山。谁会怀疑忍耐、坚强、坚持以及一切奋

---

① 塞涅卡的意思是:我宁愿在富裕生活中体验节制的美德,而不愿在贫困中展示对于艰苦和悲伤的克服坚忍等一类的美德。——译者注
② 凯旋式中陈列战利品和被俘的王公贵族的车子。

勇斗争呢？告诉我，难道这不也是同样清楚的：慷慨、节制和友善都是走下坡之路的？在这一情况下，我们必须对灵魂有所阻挡，以免它滑倒；在前一种情况之下，我们要用尽全力激励鼓舞自己向上。所以，在贫穷中，我们要更多地运用那些知道如何斗争的坚定德性；在富裕中，我们要更多地运用那些小心翼翼、踮着脚平衡行走的德性。既然德性之间存在这样的差别，我个人比较愿意得到那些较为平静地实践的德性，而非那些需要经过流血流汗才能实践的德性。"所以，"贤哲说，"我并非说一套，做一套；而是我讲的是东，你听成了西——达到你耳朵的只是我的话的声音；你没有好好想想它们的意思。"

"那么，"你说，"既然你们贤哲和我们愚人都希望拥有财富，我们之间有什么不同？"大为不同。因为财富在贤哲眼中是奴隶，在愚人眼中是主子。贤哲不认为财富有什么重要性，你却认为财富就是一切。你和财富套近乎，抱住不放，就像是有人向你保证它们能被永远拥有。贤哲当身处财富之中时，却更多想到贫穷。不会有哪位将军在战争宣布之后，尽管尚未交手，却还相信和平，不做好打仗的准备。可你呢，你的华屋豪宅傲视群雄，就像它永远不会起火烧毁或轰然崩塌。你被你的财富迷住了，好像它百害不侵，无比伟大，以至于命运已经丧失摧毁它的所有力量了。你百无聊赖地在你的财富中玩物丧志，不去察觉它们的危险——你就像那些野蛮人，通常他们在被包围时，因为不懂攻城器械，漠然地观看着围攻者的忙碌，却猜不到正在竖立起来的器械的目的；你也一样；你在你的财物上懒洋洋地躺着，却不注意四面八方的灾难威胁，不知道它们一下子就会抢走你昂贵的战利品。但是贤哲就不同了，谁抢走他的财物都还会留下属于他的东西；因为他总是幸福地生活于现在，从不关心将来。

"我最坚信无疑的，"苏格拉底说——或其他拥有和苏格拉底一样处置人事的权威与能力的人说，"就是决不改变我的生活道路来适应你的意见。从四面八方向我身上堆积你们惯常的奚落吧；我不会认为你是在辱骂我，我认为你像个可怜的小毛娃一样哇哇大哭。"这就是那找到了智慧的人的话，他的灵魂摆脱了所有邪恶；他批评别人，不是因为他恨别人，而是为了医治他们。他还会加上别的话："你关于我的看法打动了我，不是为了我，是为了你的缘故；因为你声嘶力竭地仇恨和攻击美德，表明你放弃成为好人的希望。"你丝毫伤不到我，就像人如果推翻祭坛也别想伤到神一样。但是恶人之动机与目的即使无力伤害人的时候也昭然若揭。我忍受你的狂人呓语，就像最伟大、美好的朱庇特忍受诗人们的愚蠢想象一样，有的诗人说神有翅膀，有的说神有角，有的把神描写成彻夜不归的大通奸犯，有的说神残暴，有的说他对自由民青少年甚至亲戚施暴，有的说他弑父篡位。这些诗人所达成的效果就是人们在干坏事时毫无羞耻感，因为他们以为神也是这么干的。但是，虽然你的话伤害不到我，为了你的缘故，我还是提一些建议。请你尊重美德，相信这样的人——他们长期追求美德，宣布自己在追求伟大的事物，日有所进。你尊重美德就应该像敬奉神明一样，尊重美德的宣扬者就像尊敬众神的祭司一样。在提到神圣的文字时，"嘴里放尊重一些"这一表述并不是像许多人想象的那样来自"听众合唱称颂"，而是来自命令我们静默无语，从而使献祭能依礼而行，不被不吉祥的话打断。但是你更应当这样命令自己，以便占卜师发布神谕时，你能一言不发，洗耳恭听。当有人摆动眼镜蛇，一本正经地庄严宣告，当有人敏捷地切开自己的肌肉，血染肩膀；当某个妇女沿街爬行，吼叫如老鹰；当某个老头身披麻片，在青天白日下打着灯笼，举着一枝月桂树枝，吆喝说有一位神愤怒了，你们成群结队跑去倾听，相互感染目瞪口呆的惊恐，居然以为他是一位神灵！

看吧，苏格拉底走进了一座监狱，于是便使它净化，使它比任何元老院都更为荣耀；看吧，苏格拉底从监狱中呼喊："你们为什么要疯狂地与神、与人为敌，为什么要咒骂美德，满口污言秽语地亵渎神圣的东西？如果你们能够，赞颂美好者吧；如果不能，忽略它们吧。但是，如果你们以下三滥的辱骂为最大的乐子的话，那就互相攻击去吧。因为当你对天发怒时，我并不会说：'你在犯下渎神大罪。'而是说：'你在浪费你的时间。'我曾经让阿里斯多芬找到了嘲笑我的材料，一大帮喜剧诗人在我头上喷泻他们恶毒的小聪明。但是他们诽谤我的美德的言行本身只是增添了它的光彩；因为美德受益于公开和受到检验，而且只有那些攻击它之后感受到它的力量的人才能最好地理解它的伟大。谁也不会比击打了燧石的人能更好地知道燧石的坚硬。我就像大海中一块孤独的礁石，四面八方涌来的浪头日复一日地拍打着它，但是它们无法把它从它的根基上移开，也不能用无穷岁月的打击侵蚀掉它。跳到我的身上来吧，发起进攻吧；我将通过忍耐征服你。任何对坚硬的、不可征服的东西的打击，都只会伤害自己，增加对方的力量。因此，去找那些柔软顺从的东西吧，你可以对它们戳戳捣捣。"

但是就你而言，你哪来的空闲去挖掘人家的邪恶并严词审判？"为什么这位哲学家有那么大的豪宅？""为什么这一位吃得那么丰盛？"你说道。你盯着别人的小斑疹，但是自己却已经全身溃烂。这就像某人全身都是污秽的炎症，却嘲笑他人的美丽身体上的斑点和疣子。你奚落柏拉图，因为他找钱；奚落亚里士多德，因为他收钱；指责德谟克利特，因为他忽视钱；指责伊壁鸠鲁，因为他花钱；你还把阿尔西比亚得斯（Alcibiades）和菲德罗扔入我的牙齿之间——虽然你如果有幸能模仿我的"邪恶"，你会感到幸福无比！

你为什么不好好打量自己全身，看看正在全身上下撕碎着你的罪恶，有的从外面进攻你，有的从你的五脏六腑中爆发。即使你对你自己的处境尚不明了，你也应当懂得，人类尚没发达到可以让你有如此空闲的多余时间来嚼舌头侮蔑比你好得多的人的地步。

你不懂这些；你的神情与你的情况极不般配——你就像那些在马戏团或剧院消磨时光的人，悲伤已经降临他们的家里，他们自己却还没有听到噩耗。但我立于高处俯瞰，看见风暴的威胁正在来临，不久之后滔天大浪将淹没你;它正在一步步逼近,即将横扫你和你的财物。有什么必要多说呢?你们的心灵岂非就是现在——虽然你对此几乎一无所知——也已经在沉浮旋转,就像被龙卷风抓住了一样;你们奔走逃避,追逐着同样的东西,一时被举升到天空上,一时又被推向深渊之中……①

---

① 本文其余部分缺失。

译名对照表

A

Acastus，阿喀斯都斯
Actium，阿克兴
Admetus，阿德麦图斯
Aeetes，埃提斯
Aeneas，埃尼阿斯
Aeolus，埃伊卢斯
Aeschines，埃斯金尼斯
Aeson，埃伊宋
Aetes，艾特斯
Aetna，埃特那（火山）
Aglaia，阿格拉伊亚
Agrippa，阿格里巴
Ajaxs，阿加克斯
Alcestis，阿尔希斯提斯
Alcibiades，阿尔西比亚得斯
Alcides，阿尔西德斯
Allecto，阿莱克多
Antigonus，安提柯
Antisthenes，安提西尼

Apicius，阿皮休斯
Apollodorus，阿波罗多罗斯
Appius，阿皮乌斯
Aquilo，阿奎罗
Arcesilaus，阿基劳斯
Aristippus，阿里斯提普斯
Aristogiton，阿里斯多基顿
Arruntius，阿伦提乌斯
Asiaticus Valerius，亚西亚狄克
　　斯·瓦勒理斯
Asinius，阿西尼乌斯
Asinius Pollio，阿希纽斯·泡里奥
Attalus，阿塔卢斯
Augustus，奥古斯都
Aulis，奥里斯

B

Bellona，柏洛娜
Betilienus Bassus，白提里艾努
　　斯·巴苏斯
Bion，比翁

Bootes，耕夫座
Boreas，北风
Burrus，布鲁斯
Busiris，布西里斯

C

Caelius，卡里乌斯
Caepio，凯皮欧
Calais，喀莱斯
Callistratus，卡里斯特拉图斯
Cambyses，冈比西斯
Campus Martius，马提乌斯营地
Castor，喀斯特
Cato，伽图
Cecrop，克科洛普
Chaerea，查伊雷
Charis，克里丝
Charybdis，叉里迪斯
Chrysippus，克吕西波
Claudius，克劳狄乌斯
Cleanthes，克里安提斯
Clitus，克里图斯
Clodius，克洛狄乌斯
Cocceeius，克塞乌斯
Colchi，科尔克斯（王国）
Corancannius，库兰坎尼乌斯
Cornelian Law，考奈连法

Cossi，高西
Creon，克里翁
Creusa，克柳萨
Crispus Passiennus，克力斯普斯·巴西恩努斯
Curius，库里乌斯
Cyrus，居鲁士

D

Danaus，达纳乌斯
Danube，达奴拜河
Darius，大流士
Deianira，戴阿尼娜
Deillius，戴利乌斯
Demades，德马得斯
Demaratus，德马拉图斯
Demetrius，德米特里乌斯
Demochares，德摩喀莱斯
Dictynna，狄克提娜
Dido，狄多
Diodorus，狄奥多罗斯
Dionysius，狄奥尼修斯
Dodona，多多呐
Domitius，多米提乌斯
Dorus，多罗斯
Draco，德喇库

E

Egnaius，埃格纳乌斯

Elius，艾黎乌斯

Ennius，恩尼乌斯

Erinys，幽立尼斯

Eryx，伊立克斯（山）

Euphrosyne，欧佛洛绪涅

Eurynome，欧律诺墨

F

Fabius，费边

Fabius Persicus，法比乌斯·波斯库斯

Fabius Verrucosus，法比乌斯·委如考苏斯

Fabricius，法布里休斯

Fidus Cornelius，费德斯·葛尼露斯

Furies，复力

Furnius，菲纽斯

G

Gaius Gracchus，盖伊乌斯·格拉古

Gallio，伽里奥

Gangues Lentulus，格纳乌斯·兰图卢斯

Gnaeus Piso，格纳乌斯·皮索

Gnaeus Pompeius，格纳乌斯·庞培

Graces，美惠女神

Gyndes，基恩德斯（河）

H

Harmodius，哈默狄乌斯

Harpagus，哈巴古斯

Harpy，哈皮

Haterius，海特里乌斯

Hecaton，海卡顿

Hekate，赫卡特

Helle，赫勒

Herennius Macer，赫雷尼乌斯·马瑟

Hesiod，赫西阿德

Hieronymus，希罗尼姆斯

Hippias，希比亚斯

Hortensius，郝登西乌斯

Hyades，西亚德（星座）

Hylas，希拉斯

I

Ida，艾达山

Idmon，伊德蒙
Iolcus，伊奥尔库斯（王国）
Ixion，伊克西翁

J

Jason，伊阿宋
Juba，朱巴
Julius Caesar，朱里乌斯·恺撒
Julius Graecinus，朱里乌斯·格拉齐努斯

L

Laberius，拉拜里乌斯
Lentulus，兰图卢斯
Lerna，勒纳
Leto，女神莱托
Liberalis，利玻拉理斯
Livia，李维亚
Livius Drusus，里乌斯·德鲁苏斯
Lucilius，鲁西历乌斯
Lutilius，鲁提留斯
Lyaeus，里埃乌斯
Lysimachus，里西马赫乌斯

M

Maecenas，马伊西纳斯

Magian，马基安
Malea，马莱阿
Marcus Brutus，马库斯·布鲁图斯
Marius，马略
Marius Nepos，马略·那普斯
Mark Antony，马克·安东尼
Maximus，麦克希姆斯
Medea，美狄亚
Megaera，麦伽喇
Meleager，麦里阿戈尔
Messala，梅萨拉
Metellus，麦泰卢斯
Mindyrides，明狄里德斯
Minyans，明彦
Mopsus，茅普苏斯
Mucius，穆西乌斯
Murena，慕勒纳
Muse，缪斯

N

Nauplius，纳普留斯
Nessus，奈苏斯
Nomentanus，诺门塔努斯
Novatus，诺维图斯
Nysa，尼萨山

O

Oeobazus，奥伊欧巴族斯
Oileus，奥伊留斯
Olenian，奥莱尼亚（星座）
Onesicritus，奥尼西克里图斯
Ophiuchus，奥菲库斯（星座）
Ovidius Naso，奥维德斯·纳索

P

Palamedes，巴拉弥得斯
Pasithea，巴西特亚
Pastor，帕斯多
Paulus，泡卢斯
Pelasigi，派拉斯基
Pelias，帕里阿斯
Pelos，波罗斯
Perusia，培鲁西埃
Petreius，派特莱乌斯
Phalaris，法拉里斯
Phathon，法通
Pherae，菲拉伊
Phidias，菲狄阿斯
Philip，腓力
Phrixus，富里库司
Pindus，品都斯山
Pisistratus，皮希斯特拉图斯

Pluto，普鲁图
Poliorcete，泊里欧客莱特斯
Pompeius Pennus，庞培乌斯·派努斯
Porsina，波西那
Praexaspes，普拉克塞斯派斯
Procrustes，普罗克鲁丝坦
Proserpina，普洛舍皮娜
Pythius，皮休斯
Python，皮通

Q

Quintus Catulus，伽图卢斯
Quintus Fabius Maximus，费边

R

Rabirius，拉毕里乌斯
Rebilus，莱比卢斯
Regulus，莱古卢斯
Rhea，大地女神瑞亚
Rutilius，鲁提留斯

S

Sallustius，撒鲁斯提乌斯
Salvidienus，萨尔维第努斯
Sardis，萨迪斯

Scipio，斯奇比奥

Scylla，斯基喇

Scythian，斯基提亚人

Serenus，塞里纳

Servilii，舍维利

Servilius，舍维留斯

Sesterces，赛斯特赛斯

Sextus Papinius，塞克斯都·帕皮纽斯

Sidonians，西冬人

Silenus，赛利纳斯

Siren，塞壬女妖

Stilbo，斯蒂柏

Stymphalia，斯提姆法力亚（湖）

Sublician，苏布里西安

Sulla，苏拉

Sybaris，锡巴里斯

T

Tantalus，坦塔卢斯

Tarius，塔里乌斯

Tarpeian，塔培安（岩石）

Tarquin，塔奎因

Telesphorus，泰来斯甫洛斯

Terentia，泰壬提亚

Tethys，特提司

Thalia，塔利亚

the Arch of Fabius，法比乌斯拱门

the Decii，德西一家

Theodotus，色奥多图斯

Theophrastus，色奥弗拉斯多

Thule，涂勒

Tiberius，提比略

Tillius Cimber，提里乌斯·庆伯

Timagenes，提马歌乃斯

Tiphys，提菲斯

Tisiphone，提希风

Titus Livius，提图斯·李维乌斯

Trasumennus，德拉苏麦努斯（湖）

Tricho，特里克

Turnus，特努斯

V

Vatinius，瓦蒂涅

Vedius Pollio，费迪乌斯·珀里欧

Volesus，弗莱苏斯

X

Xanthippe，桑蒂帕

Xenophantus，塞诺方图斯

Xerxes，薛西斯

Z

Zeno,芝诺

Zephyrus,西风

Zetes,宰提斯